중학
신입생
예비과정

국어

정답과 해설 PDF 파일은 EBS 중학사이트(mid.ebs.co.kr)에서 내려받으실 수 있습니다.

교 재
내 용
문 의 | 교재 내용 문의는 EBS 중학사이트 (mid.ebs.co.kr)의 교재 Q&A 서비스를 활용하시기 바랍니다.

교 재
정오표
공 지 | 발행 이후 발견된 정오 사항을 EBS 중학사이트 정오표 코너에서 알려 드립니다. 교재 검색 ▶ 교재 선택 ▶ 정오표

교 재
정 정
신 청 | 공지된 정오 내용 외에 발견된 정오 사항이 있다면 EBS 중학사이트를 통해 알려 주세요. 교재 검색 ▶ 교재 선택 ▶ 교재 Q&A

효과가 상상 이상입니다.

예전에는 아이들의 어휘 학습을 위해 학습지를 만들어 주기도 했는데,
이제는 이 교재가 있으니 어휘 학습 고민은 해결되었습니다.
아이들에게 아침 자율 활동으로 할 것을 제안하였는데,
"선생님, 더 풀어도 되나요?"라는 모습을 보면,
아이들의 기초 학습 습관 형성에도 큰 도움이 되고 있다고 생각합니다.

ㄷ초등학교 안OO 선생님

어휘 공부의 힘을 느꼈습니다.

학습에 자신감이 없던 학생도 이미 배운 어휘가 수업에 나왔을 때 반가워합니다.
어휘를 먼저 학습하면서 흥미도가 높아지고
동기 부여가 되는 것을 보면서 어휘 공부의 힘을 느꼈습니다.

ㅂ학교 김OO 선생님

학생들 스스로 뿌듯해해요.

처음에는 어휘 학습을 따로 한다는 것 자체가 부담스러워했지만,
공부하는 내용에 대해 이해도가 높아지는 경험을 하면서
스스로 뿌듯해하는 모습을 볼 수 있었습니다.

ㅅ초등학교 손OO 선생님

앞으로도 활용할 계획입니다.

학생들에게 확인 문제의 수준이 너무 어렵지 않으면서도
교과서에 나오는 낱말의 뜻을 확실하게 배울 수 있었고,
주요 학습 내용과 관련 있는 낱말의 뜻과 용례를
정확하게 공부할 수 있어서 효과적이었습니다.

ㅅ초등학교 지OO 선생님

학교 선생님들이 확인한 어휘가 문해력이다의 학습 효과! 직접 경험해 보세요

학기별 교과서 어휘 완전 학습
<어휘가 문해력이다>
— 예비 초등 ~ 중학 3학년 —

중학 신입생 예비과정

국어

Structure

무엇을 배울까?
이번 단원에서 배울 내용을
확인할 수 있습니다.

학습 내용 정리
꼭 알아 두어야 할 교과서의 주요
개념을 정리하였습니다.

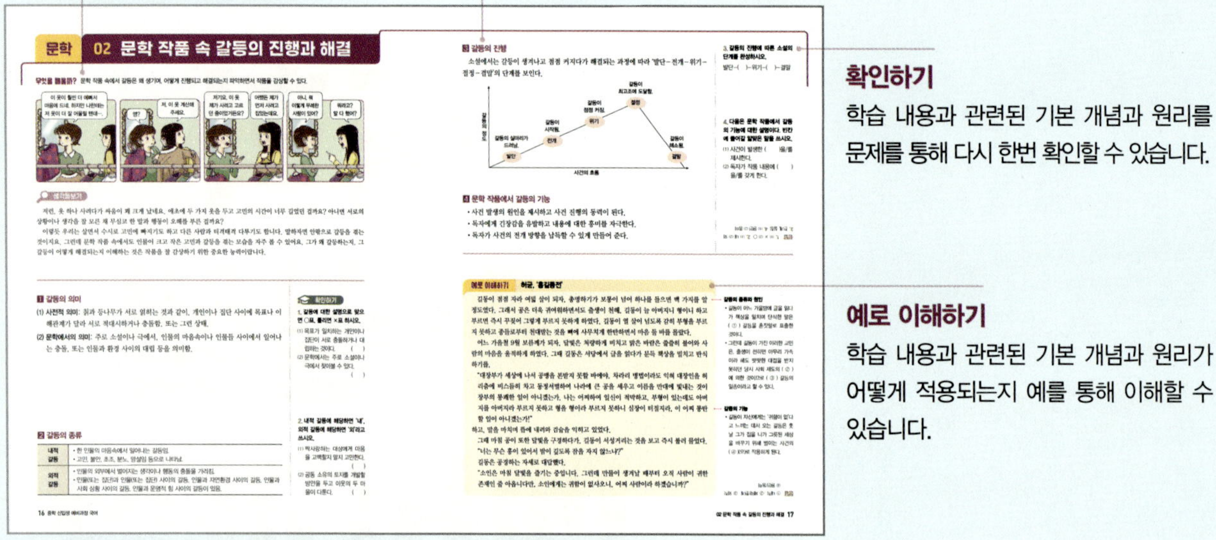

확인하기
학습 내용과 관련된 기본 개념과 원리를
문제를 통해 다시 한번 확인할 수 있습니다.

예로 이해하기
학습 내용과 관련된 기본 개념과 원리가
어떻게 적용되는지 예를 통해 이해할 수
있습니다.

꼭! 나오는 문제
학습 목표에 따른 필수 유형을 제시하였습니다.

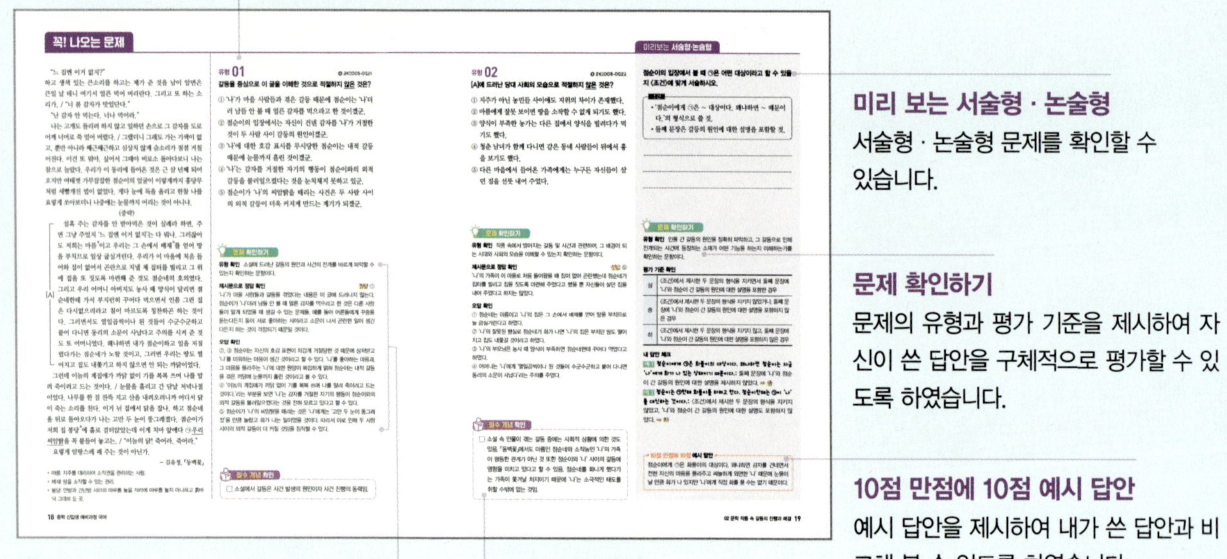

미리 보는 서술형 · 논술형
서술형 · 논술형 문제를 확인할 수
있습니다.

문제 확인하기
문제의 유형과 평가 기준을 제시하여 자
신이 쓴 답안을 구체적으로 평가할 수 있
도록 하였습니다.

10점 만점에 10점 예시 답안
예시 답안을 제시하여 내가 쓴 답안과 비
교해 볼 수 있도록 하였습니다.

문제 확인하기
문제 유형과 정답, 오답을
확인할 수 있습니다.

필수 개념 확인
주요 개념과 어휘, 용어 등을
확인할 수 있습니다.

교과서 따라잡기

주요 지문을 학습하고 문제를 통해 학습한 내용을 점검할 수 있도록 하였습니다.

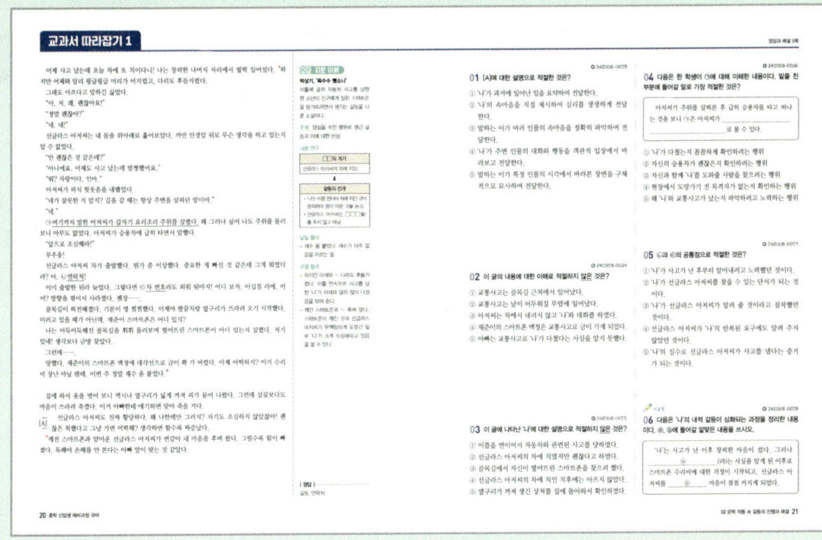

정답과 해설

정답과 오답에 대한 상세한 해설을 통해
부족한 학습 내용을 보완할 수 있도록 하였습니다.

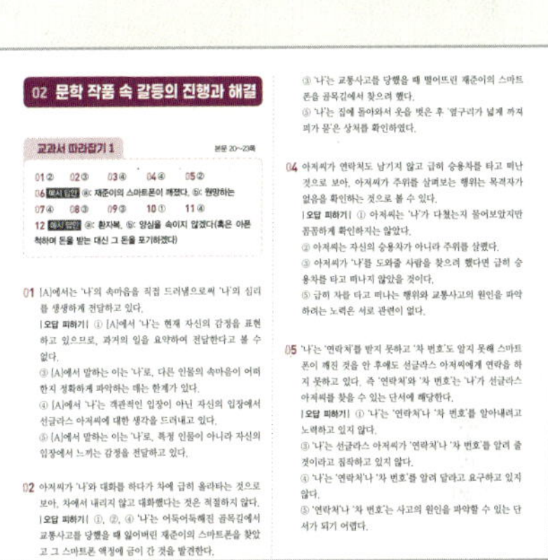

인공지능 DANCHOO 푸리봇 문|제|검|색

EBS 중학사이트와 EBS 중학 APP 하단의
AI 학습도우미 푸리봇을 통해 문항코드를
검색하면 푸리봇이 해당 문제의 해설 강의를
찾아 줍니다.

Contents

중학교, 이렇게 시작하세요!

많아지는 학습량

새롭게 시작되는 중학교 생활! 중학교는 초등학교에 비해 수업 시간이 40분에서 45분으로 늘어납니다. 또 배우는 과목도 많아지고 과목별 선생님이 달라집니다. 그러나 두려워할 필요는 없습니다. 달라지는 평가 방법을 파악하고 학습 전략을 제대로 수립한다면 중학교에서도 좋은 성적을 거둘 수 있습니다.

평가계획서 확인하기

중학교에서는 1년간 학습 내용과 평가 운영 계획을 작성하여 미리 안내합니다. 중학교에서의 평가는 지필평가와 수행평가로 구성되고, 반영비율을 적용하여 절대평가로 성적이 산출됩니다. 평가계획서에는 지필평가와 수행평가를 시행하는 횟수, 수행평가 방법, 반영비율 등 평가와 관련된 모든 정보를 담고 있습니다. 각 평가계획서는 학교 홈페이지와 '학교알리미'를 통해 확인 가능합니다.

[국어 평가계획서 예시]

평가 종류	지필평가			수행평가	
반영비율	60%			20%	20%
횟수 및 평가 영역	1차(중간고사)		2차(기말고사)	설명문 쓰기	고민 처방전 공유하기
	선택형	서·논술형	선택형		
만점(반영비율)	60점(18%)	40점(12%)	100점(30%)	100점(20%)	100점(20%)
평가 시기	4월 29, 30일 ~ 5월 1일		7월 3, 4, 5일	3월	6월

과목별 학습 전략의 필요성

중학교는 교과목에 따른 학습 전략을 세울 필요가 있습니다. 특히 중학교의 교과는 고등학교 과목의 기초가 되기 때문에 고교까지 연결되는 교과 특성에 맞게 학습 습관을 만들어야 합니다.

국어 과목

학교에 따라 공부하는 국어 교과서가 다르고, 다양한 작품이 등장하기 때문에 교과서 수록 작품과 연관된 독해력을 길러야 합니다. 중학 국어는 학습의 주요 개념이 한자어로 표현되어 어렵게 느껴질 수 있어 미리 대비하면 좋습니다.

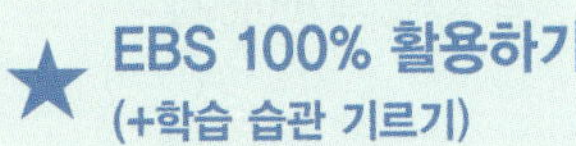

★ **EBS 100% 활용하기**
(+학습 습관 기르기)

- 교재에 수록된 문항코드로 모르는 문제만 골라 강의로 확인하기
- EBS에서 제공하는 다양한 내신 대비 특강 & 수행평가 대비 특강 수강하기

무엇을 배울까? 문학 작품에 사용된 비유, 상징, 운율의 특성과 효과를 이해할 수 있다.

생각돋보기

　어떻게 회장 선거 연설을 준비할까 고민하던 학생이 자기의 뜻을 다른 대상에 빗대는 랩 가사를 써 보자는 전략을 세웠군요. 자기가 하고 싶은 말을 다른 무언가에 빗대어 표현했기 때문에, 그냥 '우리 반을 활력이 넘치게 만들고, 친구들의 말을 잘 듣겠습니다.'라고 이야기한 것보다 훨씬 더 좋은 반응을 얻을 수 있었겠지요? 또 비슷한 소리가 만들어 낸 리듬감 때문에 더욱 인상적으로 전달되었을 테고요.

　이처럼 우리는 일상생활 속에서도 흔히 무엇을 다른 대상에 빗대거나 구체적인 사물로 대신하여 표현하는 방법, 즉 비유나 상징을 사용하곤 합니다. 또 말에 리듬을 넣을 때도 있지요. 그런데 일상생활뿐 아니라 우리가 읽는 문학 작품, 특히 시에서도 비유와 상징, 그리고 운율이 주제와 정서를 효과적으로 전달하는 데 아주 중요한 역할을 한답니다.

　그럼, 시에서 비유, 상징, 운율이 어떤 특성과 효과를 지니는지 어디 한번 배워 볼까요?

1 비유

(1) 의미: 표현하려는 대상을 그것과 비슷하거나 관련이 있는 다른 대상에 빗대어 표현하는 방법

(2) 종류

직유법	'같이, 처럼, 듯이' 등과 같은 연결하는 말을 사용하여, 표현하고자 하는 대상을 비슷한 대상에 직접 빗대어 표현하는 방법	예 쟁반같이 둥근 달
은유법	'A는 B(이다.)'의 형식을 사용하여, 표현하고자 하는 대상을 비슷한 대상에 빗대어 표현하는 방법	예 나는 나룻배 / 당신은 행인
의인법	사람이 아닌 대상을 사람에 빗대어 사람인 것처럼 표현하는 방법	예 풀 아래 웃음 짓는 샘물

2 상징

(1) 의미: 사상이나 감정처럼 눈에 안 보이는 추상적 대상을 눈에 보이는 구체적 사물이나 현상으로 나타내는 방법

확인하기

1. 직유법에 해당하면 '직', 은유법에 해당하면 '은', 의인법에 해당하면 '의'라고 쓰시오.

(1) 내 마음은 호수요. （　　）
(2) 땀이 비 오듯 흐른다. （　　）
(3) 까치가 내게 인사를 하네.
（　　）

2. 상징에 대한 설명으로 맞으면 ○표, 틀리면 ×표를 하시오.

(1) 하나의 표현이 하나의 의미로만 해석된다. （　　）
(2) 추상적 대상을 구체적인 것으로 표현하는 방법이다.
（　　）

(2) 특징

- 표현하려는 대상인 추상적 관념은 겉으로 드러나지 않는다.
- 대상이 나타내는 의미가 다양하게 해석될 수 있다.

🔳 비유와 상징의 표현 효과

- 대상을 구체적이고 생생하게 표현할 수 있다.
- 대상을 재미있고 참신하게 표현할 수 있다.
- 대상을 통해 표현하고자 하는 의미를 풍부하게 해 준다.
- 작품의 주제를 보다 효과적으로 드러낼 수 있다.

4 운율

(1) **의미**: 시를 읽을 때 느껴지는 말의 가락으로, 주로 같은 시어나 시구를 반복할 때, 비슷한 구조의 문장을 반복할 때, 일정한 글자 수로 시구를 구성할 때 생겨난다.

> 📖 자주꽃 핀 건 자주감자, / 파 보나 마나 자주감자.
> 하얀 꽃 핀 건 하얀 감자, / 파 보나 마나 하얀 감자.

(2) 효과

- 시를 읽을 때 리듬감을 느끼게 해 준다.
- 시에서 강조하는 부분이 도드라지게 해 준다.
- 시의 정서와 분위기를 드러내는 데 도움을 준다.

---

3. 시의 운율에 대한 설명으로 적절하지 않은 것은?

① 시를 읽을 때 느껴지는 말의 가락이다.
② 동일한 시어가 반복될 때 느낄 수 있다.
③ 일정한 글자 수로 시구를 구성하면 생길 수 있다.
④ 시를 읽을 때 머릿속에 그려지는 그림을 뜻한다.
⑤ 시의 분위기를 효과적으로 드러내는 데 도움이 된다.

예로 이해하기   오규원, '3월'

아침부터 / 펑 펑
봄눈이 내리더니

점심 무렵에는
산과 / 들이
눈부시게 / 하얀 이불을 덮고
잠이 들었다

골짝을 / 타고 내리는 물소리만
나즉 나즉

자장가처럼 들리던 / 하루가 지나고
다시 아침이 오고 / 해가 떠오르더니

점심 무렵에는
산과 / 들에
좌아악 깔린 이불을
모조리 / 걷어 가 버렸다

이불이 걷힌 / 그 자리에는
잠자리에서 뛰어나온
아이들처럼

파란 싹들이
왁자지껄 / 일어나 있다

비유의 표현 효과

- 하얗고 포근하다는 공통점을 바탕으로 '(①)'을/를 '이불'에 빗대고, '물소리'가 '(②)'처럼 들린다고 함으로써 대상을 참신하게 표현하였다.
- '산'과 '들'이 '잠이 들었다'라고 하고, '파란 싹들'을 '잠자리에서 뛰어나온 아이들'에 빗댄 것은 대상을 사람처럼 표현한 (③)을/를 사용해 재미를 준 것이다.

운율의 표현 효과

이 시를 읽을 때 '점심 무렵에는 / 산과 / 들이(에) ~'의 반복이 (④)을/를 느끼게 해 준다.

내 벗이 몇인가 하니 물과 바위, 소나무와 대나무라
동산에 달 오르니 그 더욱 반갑구나
두어라 이 다섯밖에 또 더하여 무엇하리

〈제1수〉

구름 빛이 깨끗하다 하나 검기를 자주 한다
바람 소리 맑다고 하나 그칠 때가 많으니라
㉠깨끗하고도 그칠 때 없기는 물뿐인가 하노라

〈제2수〉

㉡꽃은 무슨 일로 피면서 쉬이 지고
풀은 어이하여 푸르는 듯 누르나니
아마도 변치 않을 건 바위뿐인가 하노라

〈제3수〉

더우면 꽃 피고 추우면 잎 지거늘
㉢소나무야 너는 어찌 눈서리를 모르는가
땅속에 뿌리 곧은 줄을 그로 하여 아노라

〈제4수〉

나무도 아닌 것이 풀도 아닌 것이
㉣곧기는 누가 시켰으며 속은 어이 비었는가
㉤저렇게 사계절 푸르니 그를 좋아하노라

〈제5수〉

작은 것이 높이 떠서 만물을 다 비추니
밤중의 환한 빛이 너만 한 이가 또 있느냐
보고도 말 아니 하니 내 벗인가 하노라

〈제6수〉
– 윤선도, 「오우가」

유형 01

◎ 242008-0001

이 시조의 표현상 특징에 대한 설명으로 적절한 것끼리 짝 지은 것은?

┌ 보기 ┐
ㄱ. 비슷한 구조의 시구를 반복하여 운율을 형성하고 있다.
ㄴ. 대상에게 물음을 던짐으로써 특정 행동을 요구하고 있다.
ㄷ. 자연물을 의인화하여 대상에 대한 친근감을 표현하고 있다.
ㄹ. 시간의 흐름에 따라 내용을 전개하여 대상에 대한 태도의 변화를 드러내고 있다.

① ㄱ, ㄴ ② ㄱ, ㄷ ③ ㄴ, ㄷ
④ ㄴ, ㄹ ⑤ ㄷ, ㄹ

💡 문제 확인하기

유형 확인 비유, 상징, 운율 등과 관련하여 작품의 표현상 특징과 그 효과를 바르게 파악할 수 있는지 확인하는 문항이다.

제시문으로 정답 확인 정답 ②

이 작품은 다섯 가지 자연물을 통해 인간이 갖추어야 할 성품을 노래한 조선 시대의 시조이다. 이 시조는 물, 바위, 소나무, 대나무, 달을 자신의 벗인 것처럼 표현한 의인법을 활용하여 그 대상들에 대한 친근감을 드러내었다. 따라서 ㄷ은 적절하다.

한편 '구름 빛이 깨끗하다 하나 검기를 자주 한다 / 바람 소리 맑다고 하나 그칠 때가 많으니라', '꽃은 무슨 일로 피면서 쉬이 지고 / 풀은 어이하여 푸르는 듯 누르나니', '더우면 꽃 피고 추우면 잎 지거늘', '나무도 아닌 것이 풀도 아닌 것이' 등은 비슷한 구조의 시구를 반복하여 리듬감을 드러냄으로써 운율을 형성한 부분이라고 할 수 있다. 따라서 ㄱ도 적절하다.

오답 확인

ㄴ. '소나무야 너는 어찌 눈서리를 모르는가', '밤중의 환한 빛이 너만 한 이가 또 있느냐' 등은 대상에게 물음을 던진 것으로 볼 수 있지만, 대상에게 특정 행동을 요구한 것이 아니라 그 대상에 대한 감탄을 표현한 것이다.

ㄹ. 〈제1수〉에서는 자신이 벗으로 여기는 다섯 가지 자연물을 소개하고, 〈제2수〉~〈제6수〉까지 각 수가 그 다섯 가지 자연물을 차례로 다루고 있다. 따라서 시간의 흐름에 따라 내용이 전개된 것이라고 볼 수 없다. 또 대상에 대해 계속해서 덕을 칭찬하며 친근감을 표현하고 있으므로 대상에 대한 태도가 변화하는 것도 아니다.

📖 필수 개념 확인

□ 시에서 운율은 주로 시어나 시구의 반복을 통해 형성됨.

□ **의인화**: 사람이 아닌 대상을 사람인 것처럼 표현하는 것.

유형 **02**

⊙ 242008-0002

ⓐ~ⓔ에 대한 감상으로 적절하지 <u>않은</u> 것은?

① ⊙: 물을 통해, 깨끗함이 한결같이 유지되는 덕을 상징적으로 드러낸 것 같아.

② ⓛ: 환경에 따라 변화무쌍한 모습을 지니는 것을, 꽃이 지닌 덕이라고 말하려 한 것 같아.

③ ⓒ: 소나무가 마치 사람인 것처럼 표현하며 소나무에게 말을 건네고 있는 것 같아.

④ ⓓ: 대나무의 생김새를 통해, 올곧으면서도 헛된 욕심을 갖지 않은 성품을 상징적으로 표현하려 한 것 같아.

⑤ ⓔ: 대나무의 색깔을 통해, 환경의 변화에도 신념을 지키는 태도를 상징적으로 드러내려 한 것 같아.

문제 **확인하기**

유형 확인 작품의 주제를 드러내는 데 활용된 상징과 비유의 의미에 대해 바르게 파악할 수 있는지 확인하는 문항이다.

제시문으로 정답 확인   정답 ②
ⓛ에서 꽃은 피자마자 져 버리는 것으로, 변치 않는 바위와 달리 너무 쉽게 변화하는 대상이라서 부정적으로 언급된 것이다. 따라서 환경에 따라 변화무쌍한 모습을 지니는 것을 꽃의 덕이라고 말하려 한 것이라고 볼 수 없다.

오답 확인
① ⊙은 물이 깨끗하면서도 그 깨끗함이 그칠 때가 없이 한결같이 지속된다는 의미이다. 여기서 물은 구름 빛이나 바람 소리처럼 깨끗함이나 맑음이 그칠 때가 많은 대상과 대비되고 있다.
③ ⓒ은 '소나무야'라고 소나무를 부른 뒤 어찌하여 눈서리를 모르느냐고 질문을 던지는 부분이다. 따라서 소나무가 마치 사람인 것처럼 표현하며 소나무에게 말을 건네고 있다는 설명은 적절하다.
④ ⓓ의 '곧기'는 올곧은 성품에, '속'이 '비었'다는 것은 헛된 욕심이 없는 성품에 해당하는 상징적 표현으로 해석할 수 있다.
⑤ ⓔ에서는 대나무가 계절의 변화에도 푸른 색깔을 유지하는 것을 통해 어떤 환경에서도 신념을 지키는 태도를 상징적으로 표현한 것이라고 이해할 수 있다.

 **필수 개념 확인**

☐ 깨끗하고 한결같은 품성이나 신념을 지키는 태도와 같은 인간의 바람직한 품성을, 자연물이라는 구체적 대상을 통해 드러냈으므로, 상징의 표현 기법이 사용된 것임.

<제6수>에 담긴 상징적 의미에 관해 <조건>에 맞게 서술하시오.

조건

• 말을 듣는 대상인 '너'가 무엇을 가리키는지 쓰고, 그렇게 판단할 수 있는 이유를 덧붙일 것.
• '너'를 통해 드러내고자 한 인간의 바람직한 품성은 무엇인지 설명할 것.

 **문제 확인하기**

유형 확인 상징적 표현에 담긴 의미를 이해하고, 그 이면에 담긴 작가의 의도를 파악할 수 있는지 확인하는 문제이다.

평가 기준 확인

상	'너'가 달인 이유를 정확히 설명하고, 세상을 환히 비춘다는 점과 말을 하지 않는다는 점을 통해 상징한 인간의 바람직한 품성을 적절히 서술한 경우
중	'너'가 달인 이유를 정확히 설명했으나, 달을 통해 상징적으로 드러낸 인간의 품성을 충분히 설명하지 못한 경우 / 달을 통해 상징적으로 드러낸 인간의 품성을 적절히 서술했으나, '너'가 달인 이유에 대한 설명이 정확하지 않은 경우
하	'너'가 달인 이유와 달의 상징적 의미 중 한 가지를 서술하지 않은 경우 / '너'가 달인 이유와 달의 상징적 의미 모두 적절히 설명하지 못한 경우

내 답안 체크

예1 '너'는 달이다. 밤중에 높이 떠서 환한 빛을 비춘다고 했기 때문이다. 달을 통해 남을 위해 희생하는 인간의 품성을 상징하려고 하였다.: '너'가 달인 이유는 구체적으로 서술했으나 달의 상징적 의미에 대한 설명이 충분하지 않았다. ➡ 중

예2 '너'는 달이다. 밤하늘에 떠서 만물을 다 비춰 준다고 했기 때문이다.: 달의 상징적 의미에 대한 설명이 이루어지지 않았다. ➡ 하

10점 만점에 10점 예시 답안

<제6수>에서 말을 듣는 대상인 '너'는 달이다. 밤중에 높이 떠서 환한 빛을 비춘다고 했(고, <제수>에서 소개한 다섯 가지 중 마지막 벗인 달이 올 차례이)기 때문이다. 여기서는 달을 통해 다른 이를 돋보이게 해 주면서도 말이 많지 않은 인간의 품성을 상징한 것이라고 할 수 있다.

나도 ㉠별과 같은 사람이
될 수 있을까
외로워 쳐다보면
*눈 마주쳐 마음 비쳐 주는
그런 사람이 될 수 있을까

나도 꽃이 될 수 있을까
세상일이 괴로워 쓸쓸히 밖으로 나서는 날에
가슴에 ㉡화안히 안기어
㉢눈물짓듯 웃어 주는
하얀 들꽃이 될 수 있을까

가슴에 사랑하는 별 하나를 갖고 싶다
외로울 때 부르면 다가오는
별 하나를 갖고 싶다

마음 어두운 밤 깊을수록
우러러* 쳐다보면
*반짝이는 그 맑은 눈빛으로 나를 씻어
길을 비추어 주는
그런 사람 하나 갖고 싶다

지문 이해

이성선, '사랑하는 별 하나'
자신이 타인의 외로움이나 괴로움을 위로해 줄 수 있는 존재가 될 수 있을지 생각해 보고, 그러한 존재가 자신의 곁에 있어 자신도 위로받기를 바라는 마음을 표현한 시이다.

주제 타인의 외로움을 위로하고, 자신의 외로움도 위로받기를 바라는 마음

내용 연구
• 시어의 상징적 의미

별, □
외로움과 괴로움을 위로해 주는 존재

↕

□
외로움과 괴로움을 느끼는 상황

• 이 시의 운율

유사한 문장 구조의 반복
'～이 될 수 있을까.', '～(를) 갖고 싶다.'

낱말 풀이
* 화안히: 환히.
* 우러르다: 위를 향하여 고개를 정중히 쳐들다.

구절 풀이
* 눈 마주쳐 마음 비쳐 주는: 누군가와 눈을 마주친다는 것은 그 상대와 함께 있어 준다는 것을 의미한다.
* 가슴에 화안히 안기어: '화안히'는 문법적으로 '환히'라고 쓰는 것이 맞다. 그러나 일부러 '화안히'라고 써서 시어의 의미를 강조하고 있다. 이와 같이 시에서 시적 효과를 위해 문법적으로 틀린 표현을 허용해 주는 것을 '시적 허용'이라고 한다.
* 반짝이는 그 ～ 갖고 싶다: 화자가 갖고 싶은 사람은 맑은 마음을 지녔고 화자를 맑고 깨끗하게 해 주는 존재임을 나타내고 있다.

| 정답 |
꽃, 밤

● 242008-0003

01 이 시에 등장하는 '나'에 대한 설명으로 적절한 것은?

① 자신의 외롭고 힘겨운 삶을 하소연하고 있다.
② 자신을 사랑하는 이에게 고마운 마음을 전달하고 있다.
③ 자신이 바라보고 있는 풍경의 아름다움에 대해 묘사하고 있다.
④ 자신의 과거를 돌아보고 나아가야 할 미래에 대해 말하고 있다.
⑤ 자신을 위로해 줄 누군가가 있기를 바라는 소망에 대해 말하고 있다.

● 242008-0004

02 ㉠이 의미하는 바로 가장 적절한 것은?

① 외로움을 위로해 주는 존재
② 자신의 내면을 돌아보는 존재
③ 순수한 마음으로 삶을 사는 존재
④ 다른 사람들보다 더 눈에 띄는 존재
⑤ 스스로 자신의 미래를 개척하는 존재

● 242008-0005

03 ㉡과 같은 표현이 쓰인 것은?

① 내 고장 칠월은 청포도가 익어 가는 시절
② 하늘 밑 푸른 바다가 가슴을 열고
③ 흰 돛단배가 곱게 밀려서 오면
④ 내 그를 맞아 이 포도를 따 먹으면
⑤ 하이얀 모시 수건을 마련해 두렴

● 242008-0006

04 〈보기〉를 참고할 때, 시각적 이미지가 쓰인 구절로 적절한 것은?

> **보기**
>
> '반짝이는 그 맑은 눈빛'이라는 구절을 읽으면 독자들은 반짝이는 눈빛을 눈으로 보는 것처럼 머릿속에 떠올릴 수 있습니다. 이처럼 눈으로 빛깔이나 모양 등을 보는 듯한 느낌을 주는 것을 '시각적 이미지'라고 합니다.

① 그런 사람이 될 수 있을까
② 나도 꽃이 될 수 있을까
③ 하얀 들꽃이 될 수 있을까
④ 별 하나를 갖고 싶다
⑤ 그런 사람 하나 갖고 싶다

● 242008-0007

05 ㉢에 대한 설명으로 적절한 것은?

① 같은 단어를 여러 번 반복하고 있다.
② 성격이 비슷한 대상을 둘 이상 나열하고 있다.
③ 감탄을 드러내는 말을 써서 정서를 강조하고 있다.
④ 사람이 아닌 대상을 사람인 것처럼 표현하고 있다.
⑤ 두 대상의 특징이 부각되도록 서로 비교하고 있다.

✎ 서술형

● 242008-0008

06 다음은 이 시에 대한 설명이다. ⓐ, ⓑ에 들어갈 내용을 〈조건〉에 맞게 쓰시오.

> 이 시는 유사한 문장 구조를 반복하여 운율감을 주고 있다. 1, 2연에서는 ___ ⓐ ___, 3, 4연에서는 ___ ⓑ ___ 등의 문장 구조가 반복되고 있다.

조건

• ⓐ, ⓑ에 해당하는 시구를 찾아 쓸 것.

아씨처럼 나린다
보슬보슬 햇비*
*맞아 주자 다 같이
㉠옥수숫대처럼 크게
닷 자 엿 자 자라게
㉡해님이 웃는다
나 보고 웃는다.

㉢하늘 다리 놓였다
알롱알롱* 무지개
노래하자 즐겁게
동무들아 이리 오나
다 같이 춤을 추자
해님이 웃는다
즐거워 웃는다.

지문 이해

윤동주, '햇비'
햇비를 맞으며 즐거워하는 친구들의 모습을 그린 시이다.

주제 햇비를 맞으며 노는 즐거움

내용 연구
- 이 시의 비유적 표현

직유법
• □□처럼: 햇비가 잠깐 내리다가 금세 그치는 모양을 '아씨'의 모습에 빗댐. • 옥수숫대처럼: □을/를 맞고 쑥쑥 자라는 아이들의 모습을 '옥수숫대'에 빗댐.

은유법
• 하늘 다리: 비 온 후 뜬 □□□을/를 '하늘 다리'에 빗댐.

의인법
• 해님이 웃는다: 사람이 아닌 해님을 웃고 있는 □□처럼 표현함.

낱말 풀이
* 햇비: 여우비. 볕이 나 있는 날 잠깐 오다가 그치는 비.
* 알롱알롱: 여러 가지 빛깔의 작고 또렷한 점이나 줄 따위가 고르고 촘촘하게 무늬를 이룬 모양.

구절 풀이
* 맞아 주자 ~ 엿 자 자라게: 비를 맞고 놀면서 성장하는 아이들의 모습을 그리고 있다.

| 정답 |
아씨, 비, 무지개, 사람

01 이 시의 말하는 이에 대한 설명으로 적절하지 <u>않은</u> 것은?

◯ 242008-0009

① 햇비를 맞고 있다.
② 무지개를 바라보고 있다.
③ 비가 그치기를 기다리고 있다.
④ 즐겁게 노래를 부르고 싶어 한다.
⑤ 동무들에게 춤을 추자고 권하고 있다.

02 ㉠을 통해 표현하려는 내용으로 적절한 것은?

◯ 242008-0010

① 햇비가 내리는 모양
② 햇비가 내리는 자연의 모습
③ 햇비를 피하고 있는 아이들의 모습
④ 햇비를 맞으며 자라는 아이들의 모습
⑤ 햇비를 맞으며 자라는 옥수숫대의 모습

03 ㉡에 쓰인 표현법이 쓰이지 <u>않은</u> 것은?

◯ 242008-0011

① 새가 노래하며 지나간다.
② 나무가 우쭐우쭐 춤을 춘다.
③ 강아지들이 무리 지어 따라온다.
④ 바위가 온화한 미소를 짓고 있다.
⑤ 파도가 시끄럽게 떠들며 달려온다.

04 〈보기〉의 밑줄 친 부분에 들어갈 말로 가장 적절한 것은?

◯ 242008-0012

> **보기**
>
> 　이 시에는 '-다'로 끝맺는 문장이 반복되고 있다. 또한 '닷 자 엿 자'에서 '자'를 반복하거나, '보슬보슬', '알롱알롱'처럼 같은 소리가 두 번 반복되어 나오는 시어가 사용되고 있다. 이러한 특징 때문에 독자들은 ____________
> ____________

① 비 오는 장면을 상상하게 된다.
② 리듬감을 느끼며 시를 읽을 수 있다.
③ 비를 맞는 듯한 생동감을 느낄 수 있다.
④ 비 내리는 소리를 머릿속에 떠올리게 된다.
⑤ 말하는 이가 독자에게 말하는 듯한 느낌을 받는다.

05 다음에 제시된 구절들에 공통으로 사용된 표현상 특징으로 적절한 것은?

◯ 242008-0013

맞아 주자 다 같이	노래하자 즐겁게

① 말의 순서를 바꾸어 내용을 강조하고 있다.
② 사람이 아닌 대상을 사람처럼 표현하고 있다.
③ 같은 시어를 반복하여 운율을 형성하고 있다.
④ 한 대상을 다른 대상에 빗대어 표현하고 있다.
⑤ 감탄을 드러내는 말을 써서 의미를 강조하고 있다.

✏️ 서술형

06 ㉢의 내용을 다음과 같이 정리할 때, 빈칸에 들어갈 알맞은 내용을 찾아 쓰시오.

◯ 242008-0014

표현하려는 대상	
빗댄 대상	

㉠해야 솟아라, 해야 솟아라, 말갛게 씻은 얼굴 고운 해야 솟아라. 산 너머 산 너머서 어둠을 살라* 먹고, 산 너머서 밤새도록 어둠을 살라 먹고, 이글이글 애띤 얼굴 고운 해야 솟아라.

달밤이 싫여, 달밤이 싫여, ㉡눈물 같은 골짜기에 달밤이 싫여, 아무도 없는 뜰에 달밤이 나는 싫여…….

해야, 고운 해야, 늬가* 오면 늬가사 오면, 나는 나는 ㉢청산이 좋아라. *훨훨훨 깃을 치는 청산이 좋아라. 청산이 있으면 홀로래도 좋아라.

사슴을 따라, 사슴을 따라, 양지*로 양지로 사슴을 따라, 사슴을 만나면 사슴과 놀고,

칡범*을 따라, 칡범을 따라, 칡범을 만나면 칡범과 놀고…….

해야, 고운 해야, 해야 솟아라. 꿈이 아니래도 너를 만나면, 꽃도 새도 짐승도 한자리에 앉아, 워어이 워어이 모두 불러 한자리 앉아, 애띠고 고운 날을 누려 보리라.

📖 지문 이해

박두진, '해'

어둠과 달밤으로 나타나는 부정적인 현실 속에서 이를 극복하게 해 줄 존재인 해의 등장에 대한 화자의 염원을 표현한 시이다.

주제 부정적 현실을 극복하게 해 줄 존재의 등장에 대한 염원

내용 연구

• 시어의 상징적 의미

□
어둠을 먹는 존재, 달밤이 지났음을 알리는 존재

↓

부정적 현실을 극복하게 해 줄 존재

어둠, □□
'나'가 싫어하고 사라지기를 바라는 대상

↓

'나'가 처한 부정적인 현실

청산
• 사슴, 칡범과 노는 곳 • 꽃, 새, □□이/가 함께 어우러지는 곳

↓

생명력이 넘치고 조화로운 이상 세계

낱말 풀이

* 사르다: 불에 태워 없애다.
* 늬가: 네가.
* 양지: 볕이 바로 드는 곳.
* 칡범: 몸에 칡덩굴 같은 어룽어룽한 줄무늬가 있는 범.

구절 풀이

* 훨훨훨 깃을 치는 청산이 좋아라.: 청산이 생명력 넘치는 역동적인 공간임을 나타내고 있다.

| 정답 |

해, 달밤, 짐승

● 242008-0015

01 이 시의 말하는 이에 대한 설명으로 가장 적절한 것은?

① 현실의 아름다움에 대해 예찬하고 있다.
② 이상적인 세계가 다가오기를 소망하고 있다.
③ 과거를 돌아보고 자신의 잘못을 반성하고 있다.
④ 시간의 흐름에 따른 자연의 변화를 묘사하고 있다.
⑤ 공간의 이동에 따라 보이는 풍경을 설명하고 있다.

● 242008-0016

02 ㉠과 상징적 의미가 상반된 시어에 해당하는 것은?

① 달밤　　　② 청산　　　③ 양지
④ 칡범　　　⑤ 꽃

● 242008-0017

03 ㉡에 대한 설명으로 적절한 것은?

① '눈물'을 '골짜기'에 빗대어 표현하고 있다.
② '눈물'을 통하여 '골짜기'의 특성을 나타내고 있다.
③ '골짜기'를 '눈물' 흘리는 사람처럼 표현하고 있다.
④ '눈물'과 '골짜기'를 동일한 대상으로 나타내고 있다.
⑤ '눈물'과 '골짜기'의 차이점을 강조하여 표현하고 있다.

● 242008-0018

04 이 시를 읽을 때 리듬감이 느껴지는 이유로 적절하지 <u>않은</u> 것은?

① 솔잎: '해야 솟아라'라는 구절을 여러 번 제시하고 있어.
② 민지: '나는 나는'과 같이 동일한 시어를 반복한 부분이 나타나.
③ 인호: '~을 따라'와 같이 일정한 문장 구조가 여러 번 나타나.
④ 진혁: '깃을 치는 청산'과 같이 무생물을 생물처럼 나타내고 있어.
⑤ 재윤: '꽃도 새도 짐승도'와 같이 '도'가 붙은 구절을 나열하고 있어.

● 242008-0019

05 ㉢의 의미로 적절한 것은?

① 약육강식의 세계
② 생명력 넘치는 공간
③ 참고 견뎌야 하는 현실
④ 꿈을 이루게 해 줄 수단
⑤ 고난과 시련을 주는 존재

✏️ 서술형　　● 242008-0020

06 이 시에서 의인법이 쓰인 구절을 한 가지만 찾아 쓰고, 의인법을 사용함으로써 얻을 수 있는 효과를 쓰시오.

의인법이 쓰인 구절	
표현 효과	

02 문학 작품 속 갈등의 진행과 해결

무엇을 배울까? 문학 작품 속에서 갈등은 왜 생기며, 어떻게 진행되고 해결되는지 파악하면서 작품을 감상할 수 있다.

생각돋보기

저런, 옷 하나 사려다가 싸움이 꽤 크게 났네요. 애초에 두 가지 옷을 두고 고민의 시간이 너무 길었던 걸까요? 아니면 서로의 상황이나 생각을 잘 모른 채 무심코 한 말과 행동이 오해를 부른 걸까요?

이렇듯 우리는 살면서 수시로 고민에 빠지기도 하고 다른 사람과 티격태격 다투기도 합니다. 말하자면 안팎으로 갈등을 겪는 것이지요. 그런데 문학 작품 속에서도 인물이 크고 작은 고민과 갈등을 겪는 모습을 자주 볼 수 있어요. 그가 왜 갈등하는지, 그 갈등이 어떻게 해결되는지 이해하는 것은 작품을 잘 감상하기 위한 중요한 능력이랍니다.

1 갈등의 의미

(1) **사전적 의미**: 칡과 등나무가 서로 얽히는 것과 같이, 개인이나 집단 사이에 목표나 이해관계가 달라 서로 적대시하거나 충돌함. 또는 그런 상태.

(2) **문학에서의 의미**: 주로 소설이나 극에서, 인물의 마음속이나 인물들 사이에서 일어나는 충돌, 또는 인물과 환경 사이의 대립 등을 의미함.

2 갈등의 종류

내적 갈등	• 한 인물의 마음속에서 일어나는 갈등임. • 고민, 불안, 초조, 분노, 망설임 등으로 나타남.
외적 갈등	• 인물의 외부에서 벌어지는 생각이나 행동의 충돌을 가리킴. • 인물(또는 집단)과 인물(또는 집단) 사이의 갈등, 인물과 자연환경 사이의 갈등, 인물과 사회 상황 사이의 갈등, 인물과 운명적 힘 사이의 갈등이 있음.

확인하기

1. 갈등에 대한 설명으로 맞으면 ○표, 틀리면 ×표 하시오.

⑴ 목표가 일치하는 개인이나 집단이 서로 충돌하거나 대립하는 것이다. ( )

⑵ 문학에서는 주로 소설이나 극에서 찾아볼 수 있다. ( )

2. 내적 갈등에 해당하면 '내', 외적 갈등에 해당하면 '외'라고 쓰시오.

⑴ 짝사랑하는 대상에게 마음을 고백할지 말지 고민한다. ( )

⑵ 공동 소유의 토지를 개발할 방안을 두고 이웃의 두 마을이 다툰다. ( )

❸ 갈등의 진행

소설에서는 갈등이 생겨나고 점점 커지다가 해결되는 과정에 따라 '발단-전개-위기-절정-결말'의 단계를 보인다.

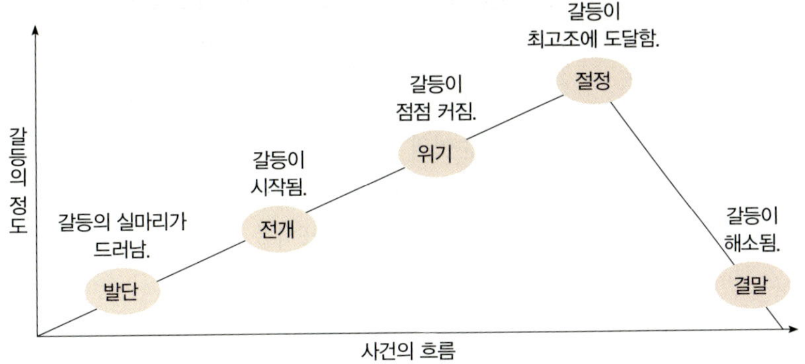

❹ 문학 작품에서 갈등의 기능

- 사건 발생의 원인을 제시하고 사건 진행의 동력이 된다.
- 독자에게 긴장감을 유발하고 내용에 대한 흥미를 자극한다.
- 독자가 사건의 전개 방향을 납득할 수 있게 만들어 준다.

3. 갈등의 진행에 따른 소설의 단계를 완성하시오.

발단-(　　)-위기-(　　)-결말

4. 다음은 문학 작품에서 갈등의 기능에 대한 설명이다. 빈칸에 들어갈 알맞은 말을 쓰시오.

(1) 사건이 발생한 (　　)을/를 제시한다.
(2) 독자가 작품 내용에 (　　)을/를 갖게 한다.

정답 1. (1) × (2) ○ 2. (1) 내 (2) 외
3. 전개, 절정 4. (1) 원인 (2) 흥미

예로 이해하기　**허균, '홍길동전'**

　길동이 점점 자라 여덟 살이 되자, 총명하기가 보통이 넘어 하나를 들으면 백 가지를 알 정도였다. 그래서 공은 더욱 귀여워하면서도 출생이 천해, 길동이 늘 아버지니 형이니 하고 부르면 즉시 꾸짖어 그렇게 부르지 못하게 하였다. 길동이 열 살이 넘도록 감히 부형을 부르지 못하고 종들로부터 천대받는 것을 뼈에 사무치게 한탄하면서 마음 둘 바를 몰랐다.

　어느 가을철 9월 보름께가 되자, 달빛은 처량하게 비치고 맑은 바람은 쓸쓸히 불어와 사람의 마음을 울적하게 하였다. 그때 길동은 서당에서 글을 읽다가 문득 책상을 밀치고 탄식하기를,

　"대장부가 세상에 나서 공맹을 본받지 못할 바에야, 차라리 병법이라도 익혀 대장인을 허리춤에 비스듬히 차고 동정서벌하여 나라에 큰 공을 세우고 이름을 만대에 빛내는 것이 장부의 통쾌한 일이 아니겠는가. 나는 어찌하여 일신이 적막하고, 부형이 있는데도 아버지를 아버지라 부르지 못하고 형을 형이라 부르지 못하니 심장이 터질지라, 이 어찌 통탄할 일이 아니겠는가!"

하고, 말을 마치며 뜰에 내려와 검술을 익히고 있었다.

　그때 마침 공이 또한 달빛을 구경하다가, 길동이 서성거리는 것을 보고 즉시 불러 물었다.

　"너는 무슨 흥이 있어서 밤이 깊도록 잠을 자지 않느냐?"

　길동은 공경하는 자세로 대답했다.

　"소인은 마침 달빛을 즐기는 중입니다. 그런데 만물이 생겨날 때부터 오직 사람이 귀한 존재인 줄 아옵니다만, 소인에게는 귀함이 없사오니, 어찌 사람이라 하겠습니까?"

갈등의 종류와 원인

- 길동이 어느 가을밤에 글을 읽다가 책상을 밀치며 탄식한 말은 (①) 갈등을 혼잣말로 표출한 것이다.
- 그런데 길동이 가진 이러한 고민은, 출생이 천하면 아무리 가족이라 해도 떳떳한 대접을 받지 못하던 당시 사회 제도의 (②)에 의한 것이므로 (③) 갈등의 일종이라고 할 수 있다.

갈등의 기능

- 길동이 자신에게는 '귀함이 없'다고 느끼는 데서 오는 갈등은 훗날 그가 집을 나가 그릇된 세상을 바꾸기 위해 벌이는 사건의 (④)(으)로 작용하게 된다.

정답 ① 내적 ② 사회/제도 ③ 외적 ④ 원인/동력

"느 집엔 이거 없지?"

하고 생색 있는 큰소리를 하고는 제가 준 것을 남이 알면은 큰일 날 테니 여기서 얼른 먹어 버리란다. 그리고 또 하는 소리가, / "너 봄 감자가 맛있단다."

"난 감자 안 먹는다, 너나 먹어라."

나는 고개도 돌리려 하지 않고 일하던 손으로 그 감자를 도로 어깨 너머로 쑥 밀어 버렸다. / 그랬더니 그래도 가는 기색이 없고, 뿐만 아니라 쌔근쌔근하고 심상치 않게 숨소리가 점점 거칠어진다. 이건 또 뭐야, 싶어서 그때야 비로소 돌아다보니 나는 참으로 놀랐다. 우리가 이 동리에 들어온 것은 근 삼 년째 되어 오지만 여태껏 가무잡잡한 점순이의 얼굴이 이렇게까지 홍당무처럼 새빨개진 법이 없었다. 게다 눈에 독을 올리고 한참 나를 요렇게 쏘아보더니 나중에는 눈물까지 어리는 것이 아니냐.

(중략)

[A]
설혹 주는 감자를 안 받아먹은 것이 실례라 하면, 주면 그냥 주었지 '느 집엔 이거 없지'는 다 뭐냐. 그러잖아도 저희는 마름*이고 우리는 그 손에서 배재*를 얻어 땅을 부치므로 일상 굽실거린다. 우리가 이 마을에 처음 들어와 집이 없어서 곤란으로 지낼 제 집터를 빌리고 그 위에 집을 또 짓도록 마련해 준 것도 점순네의 호의였다. 그리고 우리 어머니 아버지도 농사 때 양식이 달리면 점순네한테 가서 부지런히 꾸어다 먹으면서 인품 그런 집은 다시없으리라고 침이 마르도록 칭찬하곤 하는 것이다. 그러면서도 열일곱씩이나 된 것들이 수군수군하고 붙어 다니면 동리의 소문이 사납다고 주의를 시켜 준 것도 또 어머니였다. 왜냐하면 내가 점순이하고 일을 저질렀다가는 점순네가 노할 것이고, 그러면 우리는 땅도 떨어지고 집도 내쫓기고 하지 않으면 안 되는 까닭이었다.

그런데 이놈의 계집애가 까닭 없이 기를 복복 쓰며 나를 말려 죽이려고 드는 것이다. / 눈물을 흘리고 간 담날 저녁나절이었다. 나무를 한 짐 잔뜩 지고 산을 내려오려니까 어디서 닭이 죽는 소리를 친다. 이거 뉘 집에서 닭을 잡나, 하고 점순네 울 뒤로 돌아오다가 나는 고만 두 눈이 뚱그레졌다. 점순이가 저희 집 봉당*에 홀로 걸터앉았는데 이게 치마 앞에다 ㉠우리 씨암탉을 꼭 붙들어 놓고는, / "이놈의 닭! 죽어라, 죽어라."

요렇게 암팡스레 패 주는 것이 아닌가.

– 김유정, 「동백꽃」

* 마름: 지주를 대리하여 소작권을 관리하는 사람.
* 배재: 땅을 소작할 수 있는 권리.
* 봉당: 안방과 건넌방 사이의 마루를 놓을 자리에 마루를 놓지 아니하고 흙바닥 그대로 둔 곳.

유형 01

◐ 242008-0021

갈등을 중심으로 이 글을 이해한 것으로 적절하지 <u>않은</u> 것은?

① '나'가 마을 사람들과 겪은 갈등 때문에 점순이는 '나'더러 남들 안 볼 때 얼른 감자를 먹으라고 한 것이겠군.

② 점순이의 입장에서는 자신이 건넨 감자를 '나'가 거절한 것이 두 사람 사이 갈등의 원인이겠군.

③ '나'에 대한 호감 표시를 무시당한 점순이는 내적 갈등 때문에 눈물까지 흘린 것이겠군.

④ '나'는 감자를 거절한 자기의 행동이 점순이와의 외적 갈등을 불러일으켰다는 것을 눈치채지 못하고 있군.

⑤ 점순이가 '나'의 씨암탉을 때리는 사건은 두 사람 사이의 외적 갈등이 더욱 커지게 만드는 계기가 되겠군.

💡 문제 확인하기

유형 확인 소설에 드러난 갈등의 원인과 사건의 전개를 바르게 파악할 수 있는지 확인하는 문항이다.

제시문으로 정답 확인　　　　　　　　　　　　　　**정답 ①**

'나'가 마을 사람들과 갈등을 겪었다는 내용은 이 글에 드러나지 않는다. 점순이가 '나'더러 남들 안 볼 때 얼른 감자를 먹으라고 한 것은 다른 사람들이 알게 되었을 때 생길 수 있는 문제들, 예를 들어 어른들에게 꾸중을 듣는다든지 둘이 서로 좋아하는 사이라고 소문이 나서 곤란한 일이 생긴다든지 하는 것이 걱정되기 때문일 것이다.

오답 확인

②, ③ 점순이는 자신의 호감 표현이 차갑게 거절당한 것 때문에 상처받고 '나'를 미워하는 마음이 생긴 것이라고 할 수 있다. '나'를 좋아하는 마음과, 그 마음을 몰라주는 '나'에 대한 원망이 복잡하게 얽혀 점순이는 내적 갈등을 겪은 까닭에 눈물까지 흘린 것이라고 볼 수 있다.

④ '이놈의 계집애가 까닭 없이 기를 복복 쓰며 나를 말려 죽이려고 드는 것이다.'라는 부분을 보면 '나'는 감자를 거절한 자기의 행동이 점순이와의 외적 갈등을 불러일으켰다는 것을 전혀 모르고 있다고 할 수 있다.

⑤ 점순이가 '나'의 씨암탉을 때리는 것은 '나'에게는 '고만 두 눈이 뚱그레졌'을 만큼 놀랍고 화가 나는 일이었을 것이다. 따라서 이로 인해 두 사람 사이의 외적 갈등이 더 커질 것임을 짐작할 수 있다.

📖 필수 개념 확인

☐ 소설에서 갈등은 사건 발생의 원인이자 사건 진행의 동력임.

유형 **02**

● 242008-0022

[A]에 드러난 당대 사회의 모습으로 적절하지 <u>않은</u> 것은?

① 지주가 아닌 농민들 사이에도 지위의 차이가 존재했다.
② 마름에게 잘못 보이면 땅을 소작할 수 없게 되기도 했다.
③ 양식이 부족한 농가는 다른 집에서 양식을 빌려다가 먹기도 했다.
④ 청춘 남녀가 함께 다니면 같은 동네 사람들이 뒤에서 흉을 보기도 했다.
⑤ 다른 마을에서 들어온 가족에게는 누구든 자신들이 살던 집을 선뜻 내어 주었다.

🔆 문제 확인하기

유형 확인 작품 속에서 벌어지는 갈등 및 사건과 관련하여, 그 배경이 되는 시대와 사회의 모습을 이해할 수 있는지 확인하는 문항이다.

제시문으로 정답 확인　　　　　　　　　　　**정답 ⑤**
'나'의 가족이 이 마을로 처음 들어왔을 때 집이 없어 곤란했는데 점순네가 집터를 빌리고 집을 짓도록 마련해 주었다고 했을 뿐 자신들이 살던 집을 내어 주었다고 하지는 않았다.

오답 확인
① 점순네는 마름이고 '나'의 집은 그 손에서 배재를 얻어 땅을 부치므로 늘 굽실거린다고 하였다.
② '나'의 잘못된 행실로 점순네가 화가 나면 '나'의 집은 부치던 땅도 떨어지고 집도 내쫓길 것이라고 하였다.
③ '나'의 부모님은 농사 때 양식이 부족하면 점순네한테 꾸어다 먹었다고 하였다.
④ 어머니는 '나'에게 '열일곱씩이나 된 것들이 수군수군하고 붙어 다니면 동리의 소문이 사납다'라는 주의를 주었다.

📖 필수 개념 확인

☐ 소설 속 인물이 겪는 갈등 중에는 사회적 상황에 의한 것도 있음. 「동백꽃」에서도 마름인 점순네와 소작농인 '나'의 가족이 평등한 관계가 아닌 것 또한 점순이와 '나' 사이의 갈등에 영향을 미치고 있다고 할 수 있음. 점순네를 화나게 했다가는 가족이 쫓겨날 처지이기 때문에 '나'는 소극적인 태도를 취할 수밖에 없는 것임.

점순이의 입장에서 볼 때 ㉠은 어떤 대상이라고 할 수 있을지 〈조건〉에 맞게 서술하시오.

> **조건**
> • '점순이에게 ㉠은 ～ 대상이다. 왜냐하면 ～ 때문이다.'의 형식으로 쓸 것.
> • 둘째 문장은 갈등의 원인에 대한 설명을 포함할 것.

🔆 문제 확인하기

유형 확인 인물 간 갈등의 원인을 정확히 파악하고, 그 갈등으로 인해 전개되는 사건에 등장하는 소재가 어떤 기능을 하는지 이해하는가를 확인하는 문항이다.

평가 기준 확인

상	〈조건〉에서 제시한 두 문장의 형식을 지키면서 둘째 문장에 '나'와 점순이 간 갈등의 원인에 대한 설명을 포함한 경우
중	〈조건〉에서 제시한 두 문장의 형식을 지키지 않았거나, 둘째 문장에 '나'와 점순이 간 갈등의 원인에 대한 설명을 포함하지 않은 경우
하	〈조건〉에서 제시한 두 문장의 형식을 지키지 않고, 둘째 문장에 '나'와 점순이 간 갈등의 원인에 대한 설명을 포함하지 않은 경우

내 답안 체크

예1 점순이에게 ㉠은 화풀이의 대상이다. 왜냐하면 점순이는 지금 '나'에게 화가 나 있는 상태이기 때문이다.: 둘째 문장에 '나'와 점순이 간 갈등의 원인에 대한 설명을 제시하지 않았다. ➡ 중

예2 점순이는 ㉠한테 화풀이를 하려고 한다. 점순이한테는 ㉠이 '나'를 대신하는 것이다.: 〈조건〉에서 제시한 두 문장의 형식을 지키지 않았고, '나'와 점순이 간 갈등의 원인에 대한 설명도 포함하지 않았다. ➡ 하

• 10점 만점에 10점 예시 답안 •
점순이에게 ㉠은 화풀이의 대상이다. 왜냐하면 감자를 건네면서 전한 자신의 마음을 몰라주고 싸늘하게 외면한 '나' 때문에 눈물이 날 만큼 화가 나 있지만 '나'에게 직접 화를 풀 수는 없기 때문이다.

어제 사고 났는데 오늘 차에 또 치이다니! 나는 창피한 나머지 자리에서 벌떡 일어섰다. *하지만 어제와 달리 핑글핑글 머리가 어지럽고, 다리도 후들거렸다.

그래도 아프다고 말하긴 싫었다.

"아, 저, 괘, 괜찮아요!"

"정말 괜찮아?"

"네, 네!"

선글라스 아저씨는 내 몸을 위아래로 훑어보았다. 까만 안경알 뒤로 무슨 생각을 하고 있는지 알 수 없었다.

"안 괜찮은 것 같은데?"

"아니에요. 어제도 사고 났는데 멀쩡했어요."

"뭐? 자랑이다, 인마."

아저씨가 피식 헛웃음을 내뱉었다.

"네가 잘못한 거 알지? 길을 갈 때는 항상 주변을 살피란 말이야."

"네."

㉠여기까지 말한 아저씨가 갑자기 요리조리 주위를 살폈다. 왜 그러나 싶어 나도 주위를 둘러보니 아무도 없었다. 아저씨가 승용차에 급히 타면서 말했다.

"앞으로 조심해라!"

부우웅!

선글라스 아저씨 차가 출발했다. 뭔가 좀 이상했다. 중요한 게 빠진 것 같은데 그게 뭐였더라? 아, ㉡연락처!

이미 출발한 뒤라 늦었다. 그렇다면 ㉢차 번호라도 외워 둬야지! 어디 보자, 이십칠 라에, 어어? 방향을 꺾어서 사라졌다. 젠장⋯⋯.

골목길이 허전해졌다. 기분이 영 찜찜했다. 이제야 팔꿈치랑 옆구리가 쓰라려 오기 시작했다. 이러고 있을 때가 아닌데. 재준이 스마트폰은 어디 있지?

나는 어둑어둑해진 골목길을 휘휘 둘러보며 떨어뜨린 스마트폰이 어디 있는지 살폈다. 저기 있네! 생각보다 금방 찾았다.

그런데⋯⋯.

망했다. 재준이의 스마트폰 액정에 대각선으로 금이 쫙 가 버렸다. 이제 어떡하지? 이거 수리비 장난 아닐 텐데. 이번 주 정말 재수 옴 붙었다.*

집에 와서 옷을 벗어 보니 역시나 옆구리가 넓게 까져 피가 묻어 나왔다. 그런데 살갗보다도 마음이 쓰라려 죽겠다. 이거 아빠한테 얘기하면 맞아 죽을 거다.

[A] 선글라스 아저씨도 진짜 황당하다. 왜 나한테만 그러지? 자기도 조심하지 않았잖아! 괜찮은 척했다고 그냥 가면 어떡해? 생각하면 할수록 짜증났다.

*깨진 스마트폰과 얄미운 선글라스 아저씨가 번갈아 내 마음을 후벼 팠다. 그럴수록 힘이 빠졌다. 독해야 손해를 안 본다는 아빠 말이 맞는 것 같았다.

지문 이해

박상기, '옥수수 뺑소니'

이틀에 걸쳐 자동차 사고를 당한 한 소년이 친구에게 빌린 스마트폰을 망가뜨리면서 생기는 갈등을 다룬 소설이다.

주제 양심을 속인 행위로 생긴 갈등과 이에 대한 반성

내용 연구

□□의 계기
선글라스 아저씨의 차에 치임.

↓

갈등의 전개
• '나'는 이틀 연이어 차에 치인 것이 창피하여 몸이 아픈 것을 숨김.   • 선글라스 아저씨는 □□□을/를 주지 않고 떠남.

낱말 풀이

* 재수 옴 붙었다: 재수가 아주 없음을 이르는 말.

구절 풀이

* 하지만 어제와 ～ 다리도 후들거렸다.: 이틀 연속으로 사고를 당한 '나'가 어제와 달리 많이 다쳤음을 보여 준다.

* 깨진 스마트폰과 ～ 후벼 팠다.: 스마트폰이 깨진 것과 선글라스 아저씨가 무책임하게 도망간 일로 '나'가 크게 속상해하고 있음을 알 수 있다.

| 정답 |

갈등, 연락처

01 [A]에 대한 설명으로 적절한 것은? ▶ 242008-0023

① '나'가 과거에 일어난 일을 요약하여 전달한다.
② '나'의 속마음을 직접 제시하여 심리를 생생하게 전달한다.
③ 말하는 이가 여러 인물의 속마음을 정확히 파악하여 전달한다.
④ '나'가 주변 인물의 대화와 행동을 객관적 입장에서 바라보고 전달한다.
⑤ 말하는 이가 특정 인물의 시각에서 바라본 장면을 구체적으로 묘사하여 전달한다.

02 이 글의 내용에 대한 이해로 적절하지 <u>않은</u> 것은? ▶ 242008-0024

① 교통사고는 골목길 근처에서 일어났다.
② 교통사고는 날이 어두워질 무렵에 일어났다.
③ 아저씨는 차에서 내리지 않고 '나'와 대화를 하였다.
④ 재준이의 스마트폰 액정은 교통사고로 금이 가게 되었다.
⑤ 아빠는 교통사고로 '나'가 다쳤다는 사실을 알지 못했다.

03 이 글에 나타난 '나'에 대한 설명으로 적절하지 <u>않은</u> 것은? ▶ 242008-0025

① 이틀을 연이어서 자동차와 관련된 사고를 당하였다.
② 선글라스 아저씨의 차에 치였지만 괜찮다고 하였다.
③ 골목길에서 자신이 떨어뜨린 스마트폰을 찾으려 했다.
④ 선글라스 아저씨의 차에 치인 직후에는 아프지 않았다.
⑤ 옆구리가 까져 생긴 상처를 집에 돌아와서 확인하였다.

04 다음은 한 학생이 ㉠에 대해 이해한 내용이다. 밑줄 친 부분에 들어갈 말로 가장 적절한 것은? ▶ 242008-0026

> 아저씨가 주위를 살펴본 후 급히 승용차를 타고 떠나는 것을 보니 ㉠은 아저씨가 ＿＿＿＿＿＿＿＿＿＿＿＿＿＿＿＿＿＿＿＿＿로 볼 수 있다.

① '나'가 다쳤는지 꼼꼼하게 확인하려는 행위
② 자신의 승용차가 괜찮은지 확인하려는 행위
③ 자신과 함께 '나'를 도와줄 사람을 찾으려는 행위
④ 현장에서 도망가기 전 목격자가 없는지 확인하는 행위
⑤ 왜 '나'와 교통사고가 났는지 파악하려고 노력하는 행위

05 ㉡과 ㉢의 공통점으로 적절한 것은? ▶ 242008-0027

① '나'가 사고가 난 후부터 알아내려고 노력했던 것이다.
② '나'가 선글라스 아저씨를 찾을 수 있는 단서가 되는 것이다.
③ '나'가 선글라스 아저씨가 알려 줄 것이라고 짐작했던 것이다.
④ 선글라스 아저씨가 '나'의 반복된 요구에도 알려 주지 않았던 것이다.
⑤ '나'의 실수로 선글라스 아저씨가 사고를 냈다는 증거가 되는 것이다.

🖊 서술형

06 다음은 '나'의 내적 갈등이 심화되는 과정을 정리한 내용이다. ⓐ, ⓑ에 들어갈 알맞은 내용을 쓰시오. ▶ 242008-0028

> '나'는 사고가 난 이후 창피한 마음이 컸다. 그러나 ＿＿＿＿＿＿＿ⓐ＿＿＿＿＿＿＿(라)는 사실을 알게 된 이후로 스마트폰 수리비에 대한 걱정이 시작되고, 선글라스 아저씨를 ＿＿＿＿＿ⓑ＿＿＿＿ 마음이 점점 커지게 되었다.

[중략 부분 줄거리] '나'는 자신을 차로 친 선글라스 아저씨에게 연락할 방법이 없자, 그저께 '나'를 다치게 할 뻔했던 옥수수 아저씨에게 연락하여 아저씨 탓에 스마트폰이 망가졌다고 거짓말을 한다. 아빠는 '나'가 다친 것도 옥수수 아저씨 때문이라고 생각하게 된다.

"사실, 학생이랑 사고 났을 때가 아기 상태 심각하대서 장사 접고 달려가던 참이었어. 그땐 너무 정신 없어서 연락처만 남겼던 거야."

아저씨의 말에 아무런 대꾸도 할 수가 없었다. 갑자기 머리가 혼란스러웠다. 왠지 선글라스 아저씨가 이 광경을 봤다면 나를 실컷 비웃을 것 같았다.

"학생 이름이 현성이라고 했지?"

"네? 아, 네."

"현성아, 아빠한테 잘 좀 말해 줘. 아까 오면서 통화했는데, 나를 뺑소니*로 고소하겠대. ㉠내가 그래도 노력했잖니?"

"……네, 맞아요."

이 아저씨가 뺑소니라니. 아빠는 한술 더 뜨고 있었다. 서글프게 웃는 아저씨를 보니 내 마음이 아려 오기 시작했다.

아저씨가 주머니를 주섬주섬 뒤지고는 무언가를 꺼내어 내게 내밀었다.

"급하게 오느라 음료수도 못 사 왔네. 나중에 맛있는 거라도 사 먹어."

만 원짜리 지폐였다. 그것도 ㉡땀에 절어 쭈글쭈글 시든 배추 잎이었다.

(중략)

*문득 아저씨의 허름했던 뒷모습이 떠올랐다. 그러자 아저씨가 생계*를 꾸려 나가는 모습이 자연스럽게 그려졌다. 오늘도 나가서 열심히 옥수수를 팔겠지. 늦둥이 병원비 마련하느라 자기는 옷이나 신발도 못 샀을 거다. 당연히 스마트폰은 꿈도 못 꾸고.

또 다른 내 손엔 만 원짜리 한 장이 들려 있었다. 꼬깃꼬깃 볼품없는 지폐였다. 아저씨가 옥수수 몇 개를 팔아야 이걸 버는 걸까? 오늘도 여기저기 수습하느라* 하나도 못 판 건 아닐까? 점점 입안의 옥수수 감촉이 불편해졌다.

어쩌면 지금 나는 옥수수가 아닌, 가진 것 없는 아저씨의 살점을 뜯었는지도 모른다.

정신이 번쩍 들었다. 주위를 한번 둘러보았다. 이 병실에는 아파서 들어온 환자만 있는 게 아니었다. 안 그러면 대학생 형이 저렇게 병실을 자주 비울 리가 없었다. 그런데 돌아와 환자복만 입으면 신기하게도 죽은 사람처럼 누워 있었다.

*그건 나도 마찬가지였다. 나 역시 죽어 있었다. 그 대가로 백만 원을 받는 것이었다. 한번 죽은 척하고 ㉢성능 좋은 컴퓨터와 멋진 스마트폰을 장만할 계획이었다.

그런데 정말 죽을지도 모르는 사람이 생각났다. 옥수수 아저씨의 늦둥이 아기였다. 산소 호흡기를 쓰고 힘겹게 숨 쉬는 그 녀석은 진짜였다. 내 손에 들린 옥수수는 아직 따뜻했다.

나는 곧바로 자리에서 일어났다. 그리고 재빨리 평상복으로 갈아입었다.

지문 이해

내용 연구

갈등의 전개
• '나'가 옥수수 아저씨에게 백만 원을 받아 컴퓨터와 □□□□을/를 사고 싶은 욕심
↓
• 옥수수 아저씨의 힘겨운 삶과 □□이/가 아픈 일에 대한 연민

↓

갈등의 □□
환자복을 벗고 아픈 척하며 누워 있는 것을 그만두기로 함.

낱말 풀이

* 뺑소니: 몸을 빼쳐서 급히 몰래 달아나는 짓.
* 생계: 살림을 살아 나갈 방도. 또는 현재 살림을 살아가고 있는 형편.
* 수습하다: 어수선한 사태를 거두어 바로잡다.

구절 풀이

* 문득 아저씨의 ～ 못 꾸고: '나'가 아저씨의 힘겨운 삶을 머릿속으로 상상하면서 아저씨의 처지에 대해 이해하게 됨을 보여 준다.
* 그건 나도 ～ 죽어 있었다: '나'가 입원할 정도로 아픈 것이 아니라, 대학생 형처럼 많이 아픈 척하고 있었음을 보여 준다.

| 정답 |

스마트폰, 아기, 해소

07 이 글의 내용에 대한 이해로 적절하지 <u>않은</u> 것은? ▶ 242008-0029

① 옥수수 아저씨는 '나'에게 자신의 사연을 설명했다.
② '나'는 대학생 형이 아픈 상태라고 생각하지 않았다.
③ '나'는 옥수수 아저씨의 삶이 어떠할지 상상해 보았다.
④ 아빠는 사고가 '나'의 실수 때문에 일어났다고 말하였다.
⑤ 옥수수 아저씨의 늦둥이 아기는 산소 호흡기를 쓴 상태이다.

08 '옥수수 아저씨'가 ㉠과 같이 말하는 이유로 적절한 것은? ▶ 242008-0030

① 생계를 위해 옥수수를 팔며 노력하였기 때문이다.
② 아기를 낫게 하기 위해 최선을 다하였기 때문이다.
③ 사고가 난 후에 '나'에게 연락처를 남겼기 때문이다.
④ 사고가 난 후 '나'를 바로 병원에 데려왔기 때문이다.
⑤ 자신이 사고를 냈음을 늦게나마 인정하였기 때문이다.

09 ㉡에 대한 설명으로 적절하지 <u>않은</u> 것은? ▶ 242008-0031

① 옥수수 아저씨가 음료수 대신 '나'에게 준 것이다.
② 색상이 비슷한 만 원권 지폐를 빗대어 나타낸 말이다.
③ 볼품없이 시든 모양이 '나'에게 불쾌함을 느끼게 한다.
④ 옥수수 아저씨가 생계를 위해 노력한 흔적이 남아 있다.
⑤ 옥수수를 팔며 살아가는 삶에 대해 '나'가 생각해 보게 한다.

10 다음은 이 글을 읽고 제목인 '옥수수 뺑소니'의 의미를 추론한 것이다. 빈칸에 들어갈 내용으로 가장 적절한 것은? ▶ 242008-0032

> 옥수수는 옥수수 아저씨가 생계를 이어 가기 위한 수단이다. 이를 고려한다면 제목인 '옥수수 뺑소니'는 '나'가 ____________________ 것이 차로 뺑소니를 치는 행위와 다름이 없음을 표현한 것으로 볼 수 있다.

① 부당하게 옥수수 아저씨의 돈을 받아 생계를 위협하는
② 최선을 다해 살아가는 옥수수 아저씨를 불쌍히 여기는
③ 아기가 아파 힘든 옥수수 아저씨의 삶을 위로하지 못한
④ 자신을 다치게 한 옥수수 아저씨의 삶을 용서하지 않는
⑤ 선글라스 아저씨를 찾기 위해 더 많은 노력을 하지 않은

11 ㉢의 의미로 가장 적절한 것은? ▶ 242008-0033

① '나'가 겪고 있는 아픔
② '나'의 삶이 추구하는 목표
③ 옥수수 아저씨의 풍족한 삶
④ '나'가 지닌 과도한 욕심의 대상
⑤ 옥수수 아저씨가 추구하는 가치

✏️ **서술형**

12 '나'의 갈등이 해소되는 과정을 다음과 같이 정리할 때, ⓐ, ⓑ에 들어갈 알맞은 내용을 쓰시오. ▶ 242008-0034

> 별로 아프지 않지만 아픈 척하며 옥수수 아저씨에게 돈을 받으려던 '나'는 자리에서 일어나 평상복으로 갈아입는다. 계속 _____ⓐ_____을/를 입고 누워 있으면 양심을 속이는 대신 백 만 원을 받을 수 있겠지만, 평상복으로 갈아입는다는 것은 ____________ⓑ____________는 것을 의미한다.

"아, 저거 우리 따 먹으면 안 될까? 수박이 언제부터 저기 있었지? 왜 그동안 못 봤을까?"

*㉠내가 이상한 흥분에 휩싸여 마구 말을 쏟아 내고 있을 때, 벌처럼 윙 하고 수박에게로 날아간 인간이 있었다. 지원이었다.

"먹고 싶으면 따지 뭐."

아아, 그 아무도 말릴 새가 없었다. 마치 오랜 세월 수박 농사를 지어 온 농부라도 되는 양, 아주 능숙한 솜씨로 지원이는 수박을 뚝 따서, 가슴에 안고 환하게 웃었다.

"야, 너!"

거의 비명에 가까운 짧은 소리가 모두의 입에서 터져 나오고, 순간 정적*. 입을 벌린 채 아이들은 얼음이 되었다. 지원이 표정이 가장 볼 만했다. 수박을 가슴에 안고 우는 듯 웃는 듯 두려운 듯 오묘한 표정. 일단 일을 저질러 놓고 보는 지원이다웠다.

"왜에에에~~"

지원이는 친구들을 올려다보며 애절한 가락으로 호소하듯 내뱉었다. ㉡지원이의 호소에 누구도 선뜻 대답을 하지 않았다. 갑자기 근심에 휩싸인 지원이가 일부러 울음 섞인 소리를 내면서 다시 애원조*로 말했다.

"수박 먹고 싶지 않아? 니들."

"먹고 싶긴 하지…….."

인정이가 대답했다. 나도 먹고 싶다고 말을 보태려는데, 은비가 먼저 말했다.

"난 안 먹을래. 그, 리, 고."

글자를 끊어서 또박또박 발음한 뒤, 은비는 한 걸음 뒤로 물러나며 덧붙였다.

"나는 빠지겠어. 이 사건은 나와 무관한 거야. 난 결코 이 상황을 인정할 수 없어."

(중략)

그런 일들이 벌어지고 있는 동안 체육 시간은 끝이 나 버렸다. 나와 지원이, 세영이와 인정이는 잘 감춘 수박을 끌어안고 교실로 들어갔다. 다른 아이들이 접근하지 못하도록 나를 가운데에 두고, 세 아이들이 보호하면서 걸었다. 우리 넷의 눈빛 교환은 은밀했다. 다른 사람들 몰래 우리만의 비밀을 공유한다는 건 꽤 짜릿한 맛이 있었다. 더구나 뭔가 조금은 찜찜한 일, 곧 결코 선한 일이 아니며 들통이 난다면 비난을 받을 것이 분명한 비밀. 공범자로서 서로를 지켜 줘야 한다는 희한한 사명감까지 생기는 그것. *누가 심어 가꾼 수박인지는 알 수 없으나, 공공*의 장소에 심겨져 있었으므로 누구든 발견한 사람이 먹을 수 있지 않겠느냐고, 나는 그런 생각을 하며 이건 남의 것을 훔치는 게 아니다, 라고 스스로를 합리화하고 있었지만 마음이 불편한 건 사실이었다. 수박은 너무나 잘 가꿔져 있었기 때문이다. 수박 줄기 주변은 잡초를 제거하면서 흙을 돋워 놓는 등, 사람의 손길이 확연했다. 당연히 수박이 저절로 나서 자랐다면 그렇게 상품 가치가 있을 정도로 되진 못했을 것이다. 정성을 들여서 가꾼 사람이 있는 게 분명했다. 마음이 걸리는 것은 바로 그 부분이었다.

📖 지문 이해

장주식, '먹고 싶다, 수박'

학교에 심어진 수박을 따 버린 친구들이 수박을 어떻게 처리할 것인지를 둘러싸고 일어나는 갈등을 다룬 소설이다.

주제 수박을 둘러싼 갈등과 양심적인 행동의 어려움

내용 연구

• 갈등의 전개 과정

> '나'가 □□을/를 먹고 싶다고 말하고, 지원이가 이를 땀.

↓

> '나'가 친구들과 함께 수박을 잘 감춘 채로 □□(으)로 돌아옴.

• '나'의 심리

> 친구들과 함께 □□을/를 공유한다는 짜릿함을 느낌.

+

> 누군가 잘 가꾼 수박이라는 점이 마음에 걸림.

낱말 풀이

* 정적: 고요하여 괴괴함.
* 애원조: 슬프게 원망하는 투의 목소리.
* 공공: 국가나 사회의 구성원에게 두루 관계되는 것.

구절 풀이

* 내가 이상한 ~ 인간이 있었다.: 생각보다 행동이 앞서는 지원이의 성격을 보여 준다.
* 누가 심어 ~ 건 사실이었다.: 자신이 한 행동에 정당하지 못한 측면이 있음을 알고 있다.

| 정답 |

수박, 교실, 비밀

01 이 글에 대한 설명으로 가장 적절한 것은? ▶ 242008-0035

① '나'가 자신의 심리에 대해 구체적으로 설명하고 있다.
② '나'가 타인에게 들은 이야기를 요약하여 전달하고 있다.
③ '나'가 다른 인물이 겪은 사건을 객관적인 태도로 설명하고 있다.
④ 말하는 이가 모든 인물의 심리를 정확하게 파악하여 전달하고 있다.
⑤ 말하는 이가 여러 인물의 얼굴과 옷차림 등을 자세히 묘사하고 있다.

02 이 글의 내용에 대한 이해로 적절하지 <u>않은</u> 것은? ▶ 242008-0036

① '나'는 수박을 본 후 흥분해서 마구 말을 쏟아 내었다.
② 지원이는 빠르게 수박을 향해 다가가 능숙한 솜씨로 수박을 땄다.
③ 인정이는 지원이의 질문에 자신은 수박을 먹고 싶지 않다고 하였다.
④ 은비는 지원이가 수박을 딴 일과 자신은 관련이 없다고 선을 그었다.
⑤ 세영이는 세 명의 친구들과 함께 수박을 교실로 옮기는 일에 협조하였다.

03 ㉠을 통해 알 수 있는 '지원'의 성격으로 가장 적절한 것은? ▶ 242008-0037

① 평소 목표한 일에 적극적으로 도전하려는 경향이 있다.
② 다른 친구들이 자신에게 하는 말을 흘려듣는 경향이 있다.
③ 어떤 일에 대해 깊이 생각하기보다는 행동이 앞서는 경향이 있다.
④ 결정이 필요한 상황에서 마음을 쉽게 정하지 못하는 경향이 있다.
⑤ 친구들이 힘든 일에 빠졌을 때 앞장서서 도와주려는 경향이 있다.

04 친구들이 ㉡과 같이 반응한 이유로 가장 적절한 것은? ▶ 242008-0038

① 수박을 따는 것을 모두가 말렸기 때문이다.
② 누가 수박을 땄는지 알지 못했기 때문이다.
③ 수박을 먹고 싶은 사람이 없었기 때문이다.
④ 느닷없이 발견된 수박에 모두 놀랐기 때문이다.
⑤ 갑자기 수박을 딴 일에 놀라 당황했기 때문이다.

05 이 글에서 '수박'에 대한 설명으로 적절한 것은? ▶ 242008-0039

① '나'가 내적 갈등을 겪게 만드는 소재이다.
② '나'가 갈등을 해결하는 실마리가 되는 소재이다.
③ '나'와 친구 사이의 갈등이 깊어지게 하는 소재이다.
④ '나'가 자신의 부족함을 스스로 깨닫게 만드는 소재이다.
⑤ '나'와 친구들의 오해를 푸는 계기를 제공하는 소재이다.

🖉 서술형

06 다음은 '나'의 내적 갈등을 정리한 내용이다. ⓐ, ⓑ에 들어갈 알맞은 내용을 〈조건〉에 맞게 쓰시오. ▶ 242008-0040

> 수박을 들고 교실에 돌아온 '나'는 친구들과는 비밀을 공유한다는 점에서 ___ⓐ___ 을/를 느꼈지만, 수박이 _______ⓑ_______는 점에서 마음이 불편함을 느꼈다.

조건
• ⓐ는 한 단어로 쓸 것.
• ⓑ는 '나'의 마음이 불편한 이유를 쓸 것.

민아는 물을 차고 날아오르는 제비보다도 빠른 속도로 내 가방의 지퍼를 열었다. 나는 눈을 뜬 채로 코를 베인다는 게 꼭 이런 심정이겠구나, 하는 생각이 들었다.

"엥? 이게 뭐야? 이거 진짜야, 모조품*이야?"

"진짜야."

나는 얼른 가방을 벗어서 가슴에 안으며 지퍼를 닫았다. 민아가 가방을 뺏으려 대들며 물었다.

"그거 어디서 난 거야? 혹시, 조회대 옆에서 딴 거?"

가슴이 콕 찔렸다. 지원이도 똑같은 느낌이었나 보다. 입을 삐죽하며 나에게 두 손을 벌려 보였다. 말없이 선 지원이와 나를 번갈아 보며 민아가 말했다.

"맞구나. 헐, 대박! 야, 뭔 짓을 한 거니? 니들 클났다. 그거 교장쌤 수박이야."

"뭐?"

두 사람 입에서 놀란 소리가 터져 나왔다. 아마 이때 지원이와 내 눈의 크기는 황소 눈만 했을 것이다.

"몰랐어? 교장쌤이 지극정성으로 가꾼다고 소문이 짜하잖아*. 그거 모르는 애들 없는데, 이상하네. 니들은 그걸 알고도 딴 거? 교장쌤한테 뭐 저항할 거 있삼?"

㉠교장쌤의 얼굴이 절로 떠오른다. *평소에도 눈꼬리가 위로 살짝 들려 있고, 눈꼬리를 따라서인지는 몰라도 입꼬리도 들려 있는 세모꼴 얼굴. 교장쌤의 별명은 늙은 여우였다. 눈빛 하나만으로도 전교생을 침묵시킬 수 있는, 그 카리스마*. 지원이는 금세 울상이 되었다.

"어, 어떡하지?"

㉡"뭘 어떡해. 빨리 돌려놔야지."

민아가 시원시원하게 말했다. 무슨 말인지 감은 잡았으나, 나는 확인하기 위하여 다시 물었다.

"돌려놓다니?"

"수박을 있던 데 갖다 놓으라고."

"딴 거를? 그건 양심을 속이는 일이잖아."

"허허 참. 지금 양심 따지게 생겼니? 교장쌤이 알면 너 감당할 수 있어?"

"……."

㉢나는 선뜻 대답을 못 했다. 지원이가 내 손을 잡아끌었다.

"다정아. 민아 말대로 하자. 얼른 수박 갖다 놓자. 갖다 놓고 집에 가게. 응?"

㉣지원인 벌레 씹은 얼굴이 되어 있었다. 조금 전 교실에서 나와 건물 계단을 내려올 때 즐거워하던 얼굴과는 전혀 판판이다. 나는 망설여졌다. 이건 작은 잘못 에 대한 징벌을 피하기 위하여 더 큰 잘못 을 저지르는 게 틀림없다는 생각이 들었다. *강력 접착제가 땅과 내 발바닥을 붙여 놓은 느낌이 들었다. 지원이와 민아가 나를 잡아당겼지만 내 발은 떨어지지 않았다.

07 이 글의 내용에 대한 이해로 적절하지 <u>않은</u> 것은? ▶ 242008-0041

① '나'는 가방에 든 수박의 주인이 누군지 알게 된 이후에 울상이 되었다.
② '나'는 민아에게 자신이 수박을 가지고 있다는 것을 알리고 싶지 않았다.
③ 민아는 '나'의 가방에 수박이 있을 것이라고는 예상하지 못하고 있었다.
④ 민아는 조회대 옆에 교장 선생님이 가꾸는 수박이 있다는 사실을 알고 있었다.
⑤ '나'와 지원이는 민아를 만나기 전에는 수박이 누구의 것인지 모르고 있었다.

08 ㉠에 대한 설명으로 적절한 것은? ▶ 242008-0042

① '나'가 생각하는 '교장쌤'의 성격을 직접적으로 밝히고 있다.
② 외양 묘사를 통해 '교장쌤'의 성격을 짐작할 수 있도록 하고 있다.
③ '교장쌤'의 성격에 대한 여러 사람의 공통적인 견해를 제시하고 있다.
④ 일화를 제시함으로써 '교장쌤'의 성격을 추측할 수 있도록 하고 있다.
⑤ '교장쌤'이 스스로 자신의 성격이 어떠하다고 생각하는지 설명하고 있다.

09 ㉡에 담겨 있는 민아의 의도로 가장 적절한 것은? ▶ 242008-0043

① 앞으로 수박이 잘 자랄 수 있도록 우리가 돕도록 하자.
② 너희가 딴 수박을 내가 원래 있던 자리에 돌려놓도록 하겠다.
③ 이미 딴 수박은 어쩔 수 없으니 너희들이 스스로 책임져야 한다.
④ 수박을 원래 있던 자리에 가져다 놓고 수박을 땄다는 사실은 숨기도록 하자.
⑤ 수박을 딴 일로 교장 선생님께서 화나지 않으시게 함께 잘 말씀드려 보도록 하자.

10 '나'가 ㉢과 같이 반응하는 이유로 가장 적절한 것은? ▶ 242008-0044

① 지원이와 민아가 수박을 어떻게 해결할지에 대해 무관심하기 때문이다.
② 수박을 있던 데 갖다 놓자고 친구들을 설득할 방안을 찾지 못했기 때문이다.
③ 지원이의 말을 따라야 할지 민아의 말을 따라야 할지 결정하지 못했기 때문이다.
④ 양심을 속이는 일은 하기 싫지만 교장 선생님의 화를 감당할 자신도 없기 때문이다.
⑤ 교장 선생님께 혼나지 않으면서 이번 사태를 조용히 넘어갈 방법을 찾아야겠다고 마음먹었기 때문이다.

11 ㉣을 바탕으로 알 수 있는 지원이의 심리로 가장 적절한 것은? ▶ 242008-0045

① 민아가 제안한 방식에 만족하고 안심하고 있다.
② '나'가 민아의 말을 거절하기를 내심 기대하고 있다.
③ 수박을 어떻게 처리해야 할 것인지 아직도 고민하고 있다.
④ 민아가 수박을 원래 자리에 갖다 놓아 주기를 기대하고 있다.
⑤ '나'가 빨리 수박을 있던 데 갖다 놓자고 말하기를 바라고 있다.

✏️ 서술형 ▶ 242008-0046

12 '작은 잘못'과 '더 큰 잘못'이 가리키는 것이 무엇인지 쓰시오.

작은 잘못	
더 큰 잘못	

무엇을 배울까? 자신을 성찰하며 성장해 가는 모습이 담긴 문학 작품 감상을 통해 문학의 가치를 이해할 수 있다.

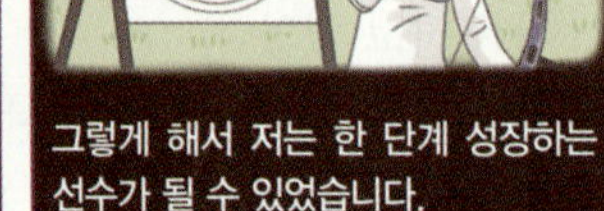
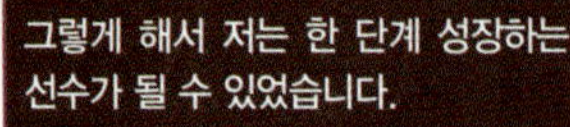

🔍 생각돋보기

　과거의 실패 덕분에 오늘날 최고의 선수가 될 수 있었다는 내용의 인터뷰네요. 이처럼 어떤 경험들은 나에게 스스로를 돌아보게 해 주고, 그 결과 내가 발전하는 데 밑바탕이 되어 줍니다. 마음과 정신이 성장하여 내가 조금 더 나은 사람이 되는 것이지요.

　이와 같은 성찰과 성장의 경험은 문학 작품 속에도 자주 등장해요. 우리가 그런 작품을 읽을 때 영혼의 키가 한 뼘씩 자라는 것이랍니다. 문학을 통해 성찰하고 성장할 준비, 다들 되었나요?

---

1 성찰과 성장의 의미

(1) 사전적 의미

- 성찰: 자기의 마음을 반성하고 살핌.
- 성장: 사람이나 동식물 따위가 자라서 점점 커짐.

(2) 문학에서의 의미

- 시에서 말하는 이, 소설이나 극에서 인물, 수필에서 글쓴이 등이 어떤 경험을 계기로 자신을 돌아보며 자신의 부족한 점을 깨닫는 것이 '성찰'임.
- 자신을 성찰하고 더 나은 사람이 되기 위해 노력하는 과정에서 여러 가지 어려움을 극복하고 고민을 해결하면서 정신적으로 성숙해 가는 모습이 그려지는 것이 문학 작품에서의 '성장'임.

2 문학 작품을 통해 삶을 성찰하는 방법

- 내용 이해에 그치는 작품 감상이 아니라, 작가의 경험과 그로부터 얻은 교훈 등을 통해 자기가 지닌 삶의 자세를 돌아본다.
- 작품 속 인물이 겪는 어려움과 고민을 자신이 경험한 어려움과 고민에 견주어 이해해 본다.
- 작품 속에 등장하는 삶의 모습을 인간의 보편적인 삶의 모습과 관련지어 보고, 그에 비추어 볼 때 자기의 삶은 어떠한지 생각해 본다.

🎓 확인하기

1. 다음 문장의 빈칸에 들어갈 알맞은 말을 쓰시오.

⑴ 글쓴이가 자기의 삶을 돌아보게 된 경험을 적은 것은 (　　)이/가 담긴 수필이다.

⑵ 문학에서 성장은 주로 (　　) 적인 측면에서의 성숙을 의미한다.

2. 성찰 및 성장과 관련하여 문학 작품을 탐색하고 감상하는 방법에 대한 설명으로 맞으면 ○표, 틀리면 ×표 하시오.

⑴ 작가가 전달하고자 한 교훈을 통해 자기가 지닌 삶의 자세를 돌아보는 것이 좋다.
（　　）

⑵ 인간의 보편적인 삶의 모습에 비추어 작품 속 인물과 자기의 삶을 이해해 본다.
（　　）

③ 인간의 성장을 다룬 좋은 작품을 고르는 방법

- 작품 속 인물이 성장 과정에서 겪는 다양한 고민과 갈등을 구체적으로 그려 낸 작품을 찾는다.
- 영상물이나 다른 나라의 문학 작품 등으로까지 범위를 넓혀, 자신이 성장 과정에서 경험하게 된 고민과 관련이 있는 작품을 찾아본다.

④ 문학 작품 감상과 자기의 삶을 관련짓는 질문 던지기

문학 작품 감상 시 떠올려야 하는 질문
• 작품 속 인물이 겪은 어려움, 고민과 갈등은 무엇인가? • 작품 속 인물은 어려움, 고민과 갈등을 어떻게 해결했는가? • 작가는 작품을 통해 독자에게 어떤 점을 이야기하려 했는가?

↓

자기의 삶과 연결 짓는 데 필요한 질문
• 작품 속 인물과 비슷한 어려움, 고민이나 갈등을 겪은 일이 있는가? • 작품 속 인물과 비슷한 문제 상황을 어떻게 극복했는가? • 작품 속 인물과 비슷한 문제 상황의 극복을 통해 무엇을 배웠는가? • 자기가 작품 속 인물이라면 어떤 선택을 하고 어떻게 행동하겠는가? • 작품 속 인물과 비슷한 어려움, 고민이나 갈등을 겪는 사람에게 어떤 조언을 하고 싶은가? • 작품 감상 이후에 자기의 생각은 어떻게 달라졌는가?

(3) 작품 속 인물이 겪는 고민과 갈등은 최대한 추상적으로 그려지는 것이 좋다.

(   )

3. 문학 작품을 읽고 자기 삶과 관련짓기 위해 필요한 질문이 아닌 것은?

① 작품 감상 이후에 자기의 생각은 어떻게 달라졌는가?
② 작품 속 인물과 비슷한 문제 상황을 어떻게 극복했는가?
③ 자기가 작품 속 인물이라면 어떤 선택을 하고 어떻게 행동하겠는가?
④ 작품 속에서 발견할 수 있는 아름다움의 요소로는 무엇을 꼽을 수 있는가?
⑤ 작품 속 인물과 비슷한 어려움, 고민이나 갈등을 겪는 사람에게 어떤 조언을 하고 싶은가?

정답 **1.** (1) 상처 (2) 장식 **2.** (1) ○ (2) ○ (3) × **3.** ④

예로 이해하기   **장철문, '거꾸로 말했다'**

괜찮아요, 라고 말할 때
괜찮지 않았다

저는 됐어요, 라고 말할 때
되지 않았다

아니에요, 라고 말할 때
아니지 않았다

하나 마나 한 말이지만,
내가
나라고 부르는 애야,
너한테 분명히 말해 둘게

아무 때나 웃지 마,
어색할 때는 그냥 있어도 돼

← **시에 담긴 성찰**
'나'는 지난 삶을 돌아보면서, 자기가 이제껏 (①)을/를 있는 그대로 드러내지 못하고 (②) 말해 왔다는 것을 깨닫게 되었다.

← **시에 담긴 성장**
지나치게 남의 눈치를 보며 자기의 감정을 숨길 필요가 없다는 말을 스스로한테 하는 것은 고민을 극복하고 정신적으로 (③)하게 된 결과로 볼 수 있다.

정답 ① 마음 ② 거꾸로 ③ 성숙

나는 초등학교 6학년 때 큰맘 먹고 머리를 짧게 자른 적이 있다. 그때 내 머릿속에는 ㉠어떤 일에도 결코 호들갑 떨지 않고 상대의 심장을 쿡쿡 찌르는 말을 내뱉는 머리 짧은 여자애가 있었다. 초등학교에서의 마지막 해였고, 나는 그런 애로 아이들 기억 속에 남고 싶었던 것 같다. 그런데 머리를 자르고 학교에 간 날, 아이들의 반응이 내 예상과 좀 달랐다. 표현의 차이는 조금씩 있었지만 결국은 다 같은 얘기였다.

"자르지 말지. 너 얼굴 엄청 커 보여."

애들이 돌아가며 하는 말들이 내 심장을 쿡쿡 찔렀다.

[중략 부분 줄거리] 엄마가 일하러 며칠간 다른 지방에 간 사이 '나'와 8살짜리 동생 '한아'만 남은 집의 세면대가 막힌다. 수리 비용이 비싸다는 걸 알게 된 '나'는 고민 끝에 자전거 가게에서 멍키 스패너를 빌려다가 영상에서 보고 배운 방법대로 세면대를 고쳐 낸다.

나는 유리컵 두 개에 오렌지 주스를 따랐다. 엄마는 한아한테 유리컵 주지 말라고, 깨뜨리면 다친다고 했지만 그렇다고 언제까지나 플라스틱 컵만 쓰게 할 수는 없다.

ⓐ"두 손으로 꼭 쥐어."

주스는 유리컵에 마셔야 더 맛있고 더 멋있다. 한아도 이 맛과 멋을 누릴 자격이 있다. 우리는 챙 소리 나게 건배하고 주스를 마셨다. / 밤에 엄마한테 전화가 왔다.

"한아는?" / "자." / "무슨 일 없지?" / "어."

"엄마 월요일 밤에 올라갈 거야. 집에 가면 열두 시 넘을지도 몰라." / "알았어. 근데 엄마, 나 엄마가 준 돈으로 뭐 하나만 사도 돼?" / "뭐?" / "그냥 갖고 싶은 거 있어서. 만 오천 원이야. 너무 비싸?" / "아니야, 사고 싶은 거 사. 밥 잘 챙겨 먹고."

전화를 끊고 누워서 오른쪽 손바닥을 폈다. 멍키 스패너를 꽉 쥐었을 때의 느낌이 아직도 생생했다. 내 손아귀의 힘이 스패너를 통과하면서 몇 배로 커지는 느낌이었다. 스패너를 쥔 내 손이 단단히 조여져 도무지 풀릴 것 같지 않던 너트를 거뜬히 움직였고 나는 그런 내 모습이 마음에 들었다. 어떤 일에도 호들갑 떨지 않고 상대의 심장을 쿡쿡 찌르는 말을 내뱉는 사람은 되지 못했지만, ㉡스패너를 손에 쥐고 고장 난 것들을 스스로 척척 고치는 사람은 될 수 있을 것 같았다.

아까 철물점에 전구 사러 갔을 때 벽에 걸린 스패너들을 봤다. 반짝이는 새 스패너들이 크기별로 나란히 걸려 있었다. (중략) 나는 초록색 손잡이 스패너를 만지작대다가 도로 걸어 두었다.

옆에서 쌕쌕 숨 쉬는 소리가 들렸다. 한아는 저녁밥을 먹자마자 잠이 들었다. 나도 잠이 쏟아졌다. 일어나 불을 끄고 다시 누웠다. 우리는 엄마 없는 다섯 번째 밤을 보내는 중이고

모든 것이 제자리로 돌아와 있었다.

ⓑ잘했어, 김한경. / 나는 눈을 감은 채 혼자 웃었다. 엄마가 오려면 이제 이틀 남았다.

– 진형민, 「멍키 스패너」

유형 01

▶ 242008-0047

이 글의 내용으로 적절하지 <u>않은</u> 것은?

① 엄마는 한아가 유리컵을 사용하다가 다칠까 봐 걱정했다.

② '나'는 전구를 사러 철물점에 가서 스패너를 눈여겨보았다.

③ 엄마는 '나'가 위험한 일을 하게 될까 봐 스패너를 사지 못하게 막았다.

④ '나'는 머리를 짧게 잘랐다가 친구들의 반응 때문에 마음에 상처를 입은 경험이 있다.

⑤ '나'는 세면대를 고칠 때 스패너를 사용하면서 받았던 느낌을 나중까지 기억하고 있었다.

💡 문제 확인하기

유형 확인 소설의 내용 흐름을 정확히 파악했는지 확인하는 문항이다.

제시문으로 정답 확인　　　　　　　　　**정답 ③**

'나'는 아직 스패너를 사겠다는 말을 엄마에게 하지 않았다. 그저 사고 싶은 게 있는데 사도 되는지, 만 오천 원인데 비싸지 않은지를 물었을 뿐이다.

오답 확인

① 엄마는 한아한테 유리컵을 주지 말라고, 깨뜨리면 다친다고 '나'에게 말했었다.

② '나'는 전구를 사러 철물점에 갔을 때 크기별로 나란히 걸린 스패너들을 보고, 초록색 손잡이 스패너를 만지작대기도 했다.

④ '나'는 초등학교 6학년 때 머리를 짧게 잘랐다가 친구들이 얼굴 커 보인다며 자르지 말지 그랬냐는 말을 하자 심장이 쿡쿡 찔리는 것 같은 기분을 느꼈다.

⑤ '나'는 엄마의 전화를 끊고 나서, 세면대를 고치면서 스패너를 꽉 쥐었을 때의 느낌을 생생하게 떠올렸다.

📖 필수 개념 확인

☐ **소설 속 인물의 성장을 이해하는 작품 감상**

인물에게 의미 있는 경험 발견하기

⇩

인물이 그 경험으로 인해 겪은 변화 파악하기

⇩

바람직한 변화를 성장과 연관 지어 보기

유형 02

● 242008-0048

㉠과 ㉡에 대한 설명으로 가장 적절한 것은?

① '나'는 ㉠이면서 동시에 ㉡이기도 한 사람이 되려고 노력한다.
② ㉠이 되는 데에 실패한 '나'는 절망적인 심정으로 ㉡이 되려고 한다.
③ ㉠은 정신적인 성장 이후에, ㉡은 정신적인 성장 이전에 가진 '나'의 꿈이다.
④ ㉠을 향한 꿈을 후회하게 된 '나'는 ㉡이 되는 것을 통해 엄마를 기쁘게 해 드리려고 한다.
⑤ 과거에 ㉠을 희망하던 '나'는 스스로 세면대를 고친 일을 통해 성장을 경험한 이후 ㉡을 꿈꾸게 된다.

 **문제 확인하기**

유형 확인 인물이 경험한 성장의 내용과 의미에 대해 바르게 파악했는지 확인하는 문항이다.

제시문으로 정답 확인　　　　　　　　　**정답 ⑤**
㉠이 되고 싶어 머리를 짧게 잘랐던 '나'는 예상과 다른 반응에 맞닥뜨린다. 이후 엄마가 안 계신 동안 어린 동생을 혼자 돌보며 세면대를 스스로 고친 일을 통해 성장을 경험하고 ㉡이 되고 싶다는 새로운, 더 건강하고 구체적인 희망을 갖게 된다.

오답 확인
① '나'는 ㉠과 ㉡에 대한 희망을 동시에 이루기 위해 노력하고 있지 않다.
② ㉡에 대한 '나'의 희망은 ㉠이 되는 일에 실패한 절망 때문에 생긴 것이 아니다.
③ ㉠이 정신적인 성장 이전, ㉡이 정신적인 성장 이후와 관련이 있다.
④ '나'는 엄마를 기쁘게 해 드리려고 ㉡이 되려는 게 아니다.

 **필수 개념 확인**

☐ **문학 작품을 통한 삶의 성찰**

> 문학 작품에 담긴 삶에 대한 깨달음 파악하기
>
> ⇩
>
> 자기의 삶 돌아보기
>
> ⇩
>
> 문학 작품에 드러난 깨달음을 삶에 적용해 보기

ⓐ, ⓑ에는 각각 '나'의 어떤 생각이나 마음이 담겨 있는지 〈조건〉에 맞게 서술하시오.

> **조건**
> • 내용의 흐름을 바탕으로, 각 서술의 근거를 제시할 것.
> • ⓐ와 ⓑ에 관한 서술 모두 '성장'이라는 단어를 활용할 것.

 **문제 확인하기**

유형 확인 인물이 경험하는 성장과, 그에 대한 인물의 심리를 이해하고 있는지 확인하는 문항이다.

평가 기준 확인

상	ⓐ에 담긴 '나'의 생각과 ⓑ에 담긴 '나'의 마음을 '성장'이라는 단어를 사용해 적절히 설명한 경우
중	ⓐ에 담긴 '나'의 생각과 ⓑ에 담긴 '나'의 마음 중에서 하나만 '성장'이라는 단어를 사용해 적절히 설명한 경우
하	ⓐ에 담긴 '나'의 생각과 ⓑ에 담긴 '나'의 마음 중에서 어느 하나도 적절히 설명하지 못한 경우

내 답안 체크

예1 '한아'도 유리컵에 주스를 마시는 맛과 멋을 누릴 자격이 있다고 한 것으로 볼 때, ⓐ에는 동생 '한아'도 나이에 맞게 성장해야 한다는 '나'의 생각이 담겨 있고, ⓑ에는 엄마가 안 계신 동안 동생을 잘 돌본 자기 자신에 대한 뿌듯함이 담겨 있다.: ⓑ에 담긴 '나'의 마음을 서술한 부분에서 근거도 제시하지 않았고 '성장'이라는 단어를 활용하라는 조건도 지키지 않았다. ➡ **중**

예2 ⓐ에는 동생에 대한 걱정이, ⓑ에는 자기 행동에 대한 자랑스러움이 담겨 있다.: ⓐ와 ⓑ에 담긴 '나'의 마음이나 생각에 관한 서술이 모두 조건에 어긋났다. ➡ **하**

● **10점 만점에 10점** 예시 답안 ●
뒤에서 '한아'도 유리컵에 주스를 마시는 맛과 멋을 누릴 자격이 있다고 한 것으로 볼 때, ⓐ에는 동생 '한아'도 어린애로만 취급받는 상태를 벗어나 나이에 맞게 성장해야 한다는 '나'의 생각이 담겨 있다. 한편 엄마가 안 계신 상태에서도 세면대를 고치고 동생을 잘 돌봐 모든 것이 제자리로 돌아왔다고 한 것으로 볼 때, ⓑ에는 자신이 경험을 통해 더 나은 사람으로 성장했다는 뿌듯함이 담겨 있다.

가 나는 어릴 때부터 그랬다.
칠칠치 못한 나는 걸핏하면 넘어져
무릎에 딱지를 달고 다녔다.
그 흉물* 같은 딱지가 보기 싫어
손톱으로 득득 긁어 떼어 내려고 하면
아버지는 그때마다 말씀하셨다.
딱지를 떼어 내지 말아라 그래야 낫는다.
아버지 말씀대로 그대로 놓아두면
까만 고약* 같은 딱지가 떨어지고
㉠딱정벌레 날개처럼 하얀 새살이
돋아나 있었다.
지금도 칠칠치 못한 나는
사람에 걸려 넘어지고 부딪히며
마음에 딱지를 달고 다닌다.
그때마다 그 딱지에 아버지 말씀이
얹혀진다.
딱지를 떼지 말아라 *딱지가 새살을 키운다.

나 나에게도
자물쇠가 철컥 열리는 순간 같은
그런 때가 있어요
그러니 기다려 주세요

처음 자전거를 배울 때
수십 번 넘어지고 일어나 다시 타도
또 넘어질 때
그러다 어느 순간
나도 모르게 두 바퀴로 세상을 씽씽 달릴 때처럼
㉡자물쇠가 철컥 열리는 순간이 / 있답니다

수영을 배울 때도 / 공부할 때도
바이올린 켜거나 / 탁구를 칠 때도

아무리 아등바등해도 넘지 못하던 벽을
어느 순간 훌쩍 뛰어넘는 / 그런 때가 있답니다

그러니 기다려 주세요 / 너무 재촉하지는 말아 주세요
가을에 심은 나무는 / 봄이 되어야 꽃 피울 수 있잖아요

지문 이해

가 이준관, '딱지'

상처를 입은 후 딱지를 떼지 않고 기다려야 새살이 돋듯이 시련을 극복하며 성숙하는 인생에 대한 깨달음을 다룬 시이다. '딱지'는 상처가 낫도록 돕는 시간을 의미한다.

주제 상처를 입은 후 회복하는 과정의 중요성

내용 연구
- 1~7행: 자주 넘어지던 '나'에게 □□을/를 떼지 말라던 아버지
- 8~11행: 딱지가 떨어지면 돋아나 있던 □□
- 12~17행: 힘든 일이 생길 때마다 아버지의 말씀을 떠올림.

낱말 풀이
* 흉물: 모양이 흉하고 괴상한 것.
* 고약: 상처에 붙이는 끈끈한 약.

구절 풀이
* 딱지가 새살을 키운다.: 상처를 입고 회복하는 과정에서 성장하게 된다는 가르침을 담고 있다.

나 조재도, '자물쇠가 철컥 열리는 순간'

성장을 위해서는 기다림이 필요하다는 인생의 교훈을 다룬 시이다. '자물쇠'와 '벽'은 기다림을 통해 극복해야 할 대상을 의미한다.

주제 성장을 위한 기다림

내용 연구
- 1연: □□□이/가 열리는 순간 같은 때를 기다려 주길 원함.
- 2~4연: 한계를 넘어서는 순간이 있음.
- 5연: 재촉하지 말고 기다려 주기를 원함.

| 정답 |

딱지, 새살, 자물쇠

01 이 글에 대한 설명으로 가장 적절한 것은? ▶ 242008-0055

① 인물이 자신이 속한 사회와 겪는 갈등이 드러나 있다.
② 인물이 자신의 운명과 맞서다 포기하는 과정이 서술되어 있다.
③ 인물과 인물 사이에 발생한 갈등이 심화되는 과정이 드러나 있다.
④ 인물의 내부에서 발생한 갈등을 중심으로 사건이 서술되어 있다.
⑤ 인물이 자연의 힘이나 환경에 직면하여 발생하는 갈등이 묘사되어 있다.

02 이 글의 내용과 일치하지 <u>않는</u> 것은? ▶ 242008-0056

① 은비는 연극 중 다섯 번의 실수를 했다.
② 은비는 미리 대본을 읽지 않은 것을 후회했다.
③ 윤서는 은비가 긴장을 풀 수 있도록 응원했다.
④ 배우와 조명 팀, 소품 팀이 모두 협동하여 극을 마쳤다.
⑤ 은비는 커튼콜을 하며 다음 커튼콜을 기다리게 되었다.

03 (다)를 통해 알 수 있는 삶의 자세와 관련이 깊은 속담으로 적절한 것은? ▶ 242008-0057

① 모난 돌이 정 맞는다.
② 백지장도 맞들면 낫다.
③ 발 없는 말이 천 리 간다.
④ 돌다리도 두들겨 보고 건너라.
⑤ 열 길 물속은 알아도 한 길 사람의 속은 모른다.

04 ㉠의 상징적 의미로 가장 적절한 것은? ▶ 242008-0058

① 겸손하고 정직하게 사는 것
② 자신에게 주어진 운명에 순응하는 것
③ 다른 사람을 위해 자신을 희생하는 것
④ 상황을 살펴서 안전한 길을 선택하는 것
⑤ 시련을 두려워하지 않고 앞으로 나아가는 것

05 ㉡이 전달하고자 하는 바로 가장 적절한 것은? ▶ 242008-0059

① 은비는 자신의 실수를 책임져야 한다.
② 연극 부원들은 최선을 다하지 않았다.
③ 다음 주인공은 은비가 아닌 윤서이다.
④ 연극이 성공하지 못한 이유를 찾아야 한다.
⑤ 연극 부원 모두의 성장은 앞으로도 계속될 것이다.

✏️ 서술형

06 (가)~(다)에 드러난 '은비'의 변화를 다음과 같이 정리할 때, ⓐ, ⓑ에 들어갈 알맞은 내용을 쓰시오. ▶ 242008-0060

(가)	실수를 하니 지금까지의 노력이 하찮게 느껴졌다.
(나)	친구들이 (ⓐ)을/를 인정해 주고 있다는 것을 알게 되었다.
(다)	(ⓑ)을/를 깨달았다.

무엇을 배울까? 읽기 목적과 글의 구조를 고려하여 내용을 요약하며 읽을 수 있다.

생각돋보기

  두 학생이 대화를 나누는데 여학생의 물음에 남학생이 제대로 답을 하고 있는 것 같지는 않네요. 여학생은 지구 온난화의 원인이 무엇인지 묻고 있는데 남학생은 생각 없이 글을 읽었더니 글의 내용이 잘 기억이 나지 않는다고 답합니다. 남학생이 보고서를 자신만의 방식으로 요약, 정리하면서 읽었다면 친구의 물음에 잘 답할 수 있었을 텐데 말이죠.

  글의 핵심 내용이 잘 드러나게 요약하며 읽으면 글의 내용을 정확하고 체계적으로 이해할 수 있습니다. 또한 읽은 내용을 오래 기억할 수 있죠. 읽기 목적과 글의 구조, 글의 종류를 고려하여 내용을 요약하는 연습을 꾸준히 하면 어렵지 않게 주제를 파악하고 글쓴이의 의도를 이해할 수 있답니다.

---

1 요약하며 읽기의 뜻과 과정

(1) 뜻: 글의 중심 내용을 간추려 정리하며 읽는 것

(2) 과정

글을 읽으며 중요한 내용에 밑줄 긋기 → 밑줄 친 내용을 종합하여 각 문단의 중심 내용 간추리기 → 글의 구조나 읽기 목적을 고려하여 각 문단의 중심 내용 연결하기 → 연결한 내용을 선택, 삭제, 일반화, 재구성의 방법으로 간추리기

2 요약하는 방법

선택	문단의 핵심어나 중심 문장을 고름.
삭제	중요하지 않은 내용이나 반복되는 내용 등을 지움.
일반화	구체적이고 개별적인 내용은 그것들을 포괄하는 상위 개념으로 바꿈.
재구성	중심 문장이 명확히 드러나지 않은 경우 설명 대상과 그에 관련된 내용을 찾아 연결하여 중심 문장을 새롭게 만듦.

확인하기

1. 다음 설명이 맞으면 ○표, 틀리면 ×표를 하시오.

⑴ 요약하며 읽기란 글의 중심 내용을 정리하며 읽는 것이다. (　　)

⑵ 요약하며 읽으면 글의 내용을 체계적으로 파악할 수 있다. (　　)

2. 다음은 요약하는 방법에 대한 설명이다. 초성을 참고하여 빈칸에 들어갈 알맞은 말을 쓰시오.

⑴ 구체적이고 개별적인 내용을 그것들을 포괄하는 개념으로 바꾸는 것을 ㅇㅂㅎ 라고 한다.

3 읽기 목적에 따라 요약하기

정보 습득	자신에게 필요한 정보가 나온 부분, 새롭게 알게 된 정보를 중심으로 요약함.
즐거움이나 감동 얻기	자신이 감동을 받거나 즐거움을 느낀 인상 깊은 장면이나 구절을 중심으로 요약함.
교과 학습	목차나 글의 제목, 소제목 등을 고려해 글의 핵심 내용을 구조화하여 요약함.

4 글의 구조에 따라 요약하기

설명하는 글	설명의 대상과 문단별 중심 내용을 파악하고, '처음-중간-끝'의 구조에 따라 요약함.
주장하는 글	주장과 그것을 뒷받침하는 근거를 중심으로 하되, 내용 전개 방식을 고려하여 요약함.
이야기 글	주요 등장인물을 둘러싸고 일어나는 사건과 그것의 해결 과정, 갈등의 양상 등을 중심으로 하되, 서술상 특징을 고려하여 요약함.

5 요약하며 읽기의 효과

- 글의 내용을 정확하게 이해하고 오래 기억할 수 있다.
- 글의 주제 및 글쓴이의 의도를 효과적으로 파악할 수 있다.
- 자신에게 필요한 정보를 쉽게 얻을 수 있으며, 읽기 목적을 쉽게 달성할 수 있다.

(2) 읽은 내용을 바탕으로 중심 내용을 새롭게 만드는 것을 ☐☐☐이라고 한다.

3. 빈칸에 공통적으로 들어갈 알맞은 말을 쓰시오.

> 글의 종류나 구조가 같아도 글을 읽는 ☐☐에 따라 요약하는 방법이 다르므로, 읽기 ☐☐을 분명히 한 후 요약해야 한다.

정답 1. (1) ○ (2) ○ 2. (1) 읽는목적 (2) 재구성 3. 읽는목적

예로 이해하기 **패스트 패션**

합성 섬유는 스웨터, 등산복, 속옷 등의 재료로 사용된다. 최근에 생산되는 의류 10벌 중 약 7벌 이상이 합성 섬유로 만들어진다고 하니, 합성 섬유 없이는 최신 트렌드를 반영한 저렴한 가격의 패스트 패션 산업은 불가능하다. 패스트 패션으로 인해 소비자는 최신 유행의 옷을 싸게 살 수 있고, 업체는 빠른 회전으로 재고 부담을 줄일 수 있다. 그러나 이러한 장점 이면에는 플라스틱의 한 종류인 합성 섬유가 쉽게 버려지고, 소각될 때 각종 유해 물질을 발생시킨다는 문제가 있다. 천연 섬유인 캐시미어 스웨터에서 양털이, 면 티셔츠에서 면사가 나오듯 합성 섬유에서는 합성 섬유 보풀이 떨어져 나온다. 이때 합성 섬유에서 떨어져 나온 가늘고 긴 미세 섬유 역시 미세 플라스틱이다.

최근 기사에 따르면 1.5kg의 옷을 세탁할 때마다 약 0.009%의 미세 섬유가 발생한다고 한다. 이를 총세탁량을 기준으로 계산해 보면 1년에 1,000톤이 넘는 미세 섬유가 나오는 셈이다. 그런데 바다나 하천으로 흘러간 미세 섬유는 물속 독성 물질을 빨아들인 후 바다 생물에 흡수되고 이것은 결국 사람들의 밥상에 올라오게 된다. 싸고 편하다고 쉽게 사서 입은 옷이 유해한 물질이 되어 인간에게 되돌아오는 것이다.

다행히 국내 하수도 처리 시설은 미세 플라스틱의 99%를 걸러 낼 정도로 효과적이라고 알려져 있으나, 워낙 많은 양의 하수가 하수 처리장에 흘러들기 때문에 소량이라고 해도 바다로 흘러드는 미세 플라스틱의 총량은 적지 않다. 그러므로 합성 섬유를 대신할 수 있는 친환경 섬유의 개발이 시급하다.

글의 종류에 따라 요약하기

- 글의 종류: 주장하는 글
- 요약하는 방법: 주장과 (①)을/를 중심으로 요약한다.

> 패스트 패션의 유행으로 미세 플라스틱과 같은 유해 물질의 발생이 늘었고, 이것은 결국 인간을 해친다. 그러므로 인간과 환경을 위해 (②)의 개발이 시급하다.

글의 구조에 따라 요약하기

1문단	합성 섬유에서 (③)이/가 발생됨.
2문단	미세 섬유는 유해한 물질이 되어 (④)에게 되돌아옴.
3문단	합성 섬유를 대신할 친환경 섬유를 개발해야 함.

정답 ① 근거 ② 친환경 섬유 ③ 미세 플라스틱 ④ 인간

전 세계적으로 기록적인 폭염과 대형 산불, 태풍 등 자연재해가 끊이지 않고 있다. 국가 간 갈등도 반복되고 있어 전쟁의 위험도 곳곳에 도사리고 있다. 과거와 달리 현대 사회에서 일어날 수 있는 재난은 한 국가의 몰락이 아니라 온 지구의 파멸이라는 결과를 낳을 수밖에 없다. 이것은 인간의 멸종뿐 아니라 동식물의 멸종을 의미한다. 이러한 ㉠대재앙에 대비해 식물의 종자를 안전하게 보관하려는 노력이 오래전부터 있어 왔고 그 노력의 결과로 만들어진 것이 시드뱅크와 시드볼트이다.

[A]
이 중 '시드뱅크'는 '종자 은행'이라고 불리는데, ㉡종자의 증식이나 관련 연구를 위해 중·단기적으로 씨앗을 저장하는 공간이다. 시드뱅크에 저장된 씨앗은 원하는 때에 언제든 꺼낼 수 있다는 것이 특징이다. 반면에 '시드볼트'는 글자 그대로 해석하면 '종자 금고'인데 '시드뱅크'와 달리, 금고 안에 씨앗을 넣어 놓고 영구적으로 저장한다는 것이 특징적이다. 시드뱅크는 전 세계에 1,500곳이나 있지만 시드볼트는 단 두 곳뿐이고, 그중 한 곳이 우리나라에 있다.

우리나라에 위치한 백두대간 글로벌 시드볼트는 야생 식물 종자를 집중적으로 보관한다. 노르웨이의 스발바르에 있는 시드볼트가 작물 종자 위주로 보관하고 있는 것과 차이가 있다. ㉢시드볼트는 기후 위기, 전쟁 등의 문제로 인한 야생 식물의 멸종을 막기 위해 지어졌다고 해서 현대판 노아의 방주라고도 불린다. 이 때문에 ㉣시드볼트의 최종 목표는 보관된 씨앗들이 세상 밖으로 나오지 않고 영원히 보관되는 것이다. 하지만 안타깝게도 시리아 내전으로 인해 스발바르 시드볼트에서 한 차례 종자가 반출된 적이 있다.

시드볼트는 한 국가의 생태계 보존만을 위해 존재하는 곳이 아니며, 현재를 사는 우리를 위한 장소도 아니다. 시드볼트는 어쩌면 지금보다 더 아픈 지구에서 살아가야 할 ㉤후손에게 물려주어야 하는 소중한 유산이다.

유형 01

◉ 242008-0061

이 글을 요약하는 방법에 대한 설명으로 가장 적절한 것은?

① 시드볼트의 특징을 육하원칙에 따라 요약한다.

② 시드볼트가 위치한 장소를 중심으로 공간의 이동에 따른 감상을 요약한다.

③ 시드볼트와 관련한 글쓴이의 주장과 그것을 뒷받침하는 근거를 중심으로 요약한다.

④ 시드볼트의 개념과 특징 등 설명 대상에 대한 정보를 중심으로 짜임새 있게 요약한다.

⑤ 시드볼트를 둘러싸고 사람들이 갈등하는 모습과 그것을 해결하는 과정을 중심으로 요약한다.

문제 확인하기

유형 확인 글의 종류나 구조에 따라 요약하는 방법에 차이가 있음을 이해하고 있는지 확인하는 문항이다.

제시문으로 정답 확인 정답 ④
이 글은 시드볼트의 개념과 특징, 가치 등을 설명하는 글이므로 설명 대상에 대한 정보를 중심으로 짜임새 있게 요약해야 한다.

오답 확인
① 육하원칙에 따라 요약하는 방법은 기사문을 요약할 때 사용할 수 있다.
② 공간의 이동에 따른 감상을 요약하는 방법은 기행문이나 다양한 공간이 설명 대상으로 제시된 글에서 사용할 수 있다.
③ 이 글은 시드볼트의 개념과 특징 등을 설명하는 글이다.
⑤ 인물 간의 갈등과 해결 과정을 중심으로 요약하는 방법은 이야기 글을 요약할 때 사용할 수 있다.

 필수 개념 확인

☐ **글의 종류에 따라 요약하기**

- 이야기 글: 인물, 배경, 사건을 중심으로 요약함.
- 설명하는 글: 글의 구조를 고려하되 설명 대상을 중심으로 요약함.
- 설득하는 글: 주장과 근거를 중심으로 요약함.
- 기사문: 육하원칙에 따라 요약함.
- 기행문: 여정에 따라 견문과 감상을 중심으로 요약함.

유형 **02**

● 242008-0062

〈보기〉의 학생이 자신의 읽기 목적에 따라 이 글의 내용을 요약한다고 할 때, ㉠~㉤ 중 필요하지 <u>않은</u> 것은?

보기

　얼마 전 전 세계에 두 곳만 있다는 시드볼트 중 하나가 우리나라에 있다는 뉴스를 봤어. 시드볼트에 대해 모르는 친구들에게 '시드볼트의 역할과 가치'라는 제목의 글을 써서 소개하고 싶어.

① ㉠　　② ㉡　　③ ㉢　　④ ㉣　　⑤ ㉤

문제 확인하기

유형 확인 읽기 목적에 따라 필요한 내용을 선택할 수 있는지 확인하는 문항이다.

제시문으로 정답 확인　　　　　　　　　　　　**정답** ②
㉡은 시드뱅크와 관련된 내용으로, 시드뱅크는 시드볼트와 달리 저장된 씨앗은 언제든 꺼낼 수 있는 것이 특징이다. 학생이 '시드볼트의 역할과 가치'라는 제목의 글을 쓰겠다는 목적으로 읽고 있다면, ㉡은 꼭 필요한 내용이 아니다.

오답 확인
① ㉠은 시드볼트가 만들어진 계기와 과정에 대한 것으로, 시드볼트의 역할을 설명하기 위해 필요한 내용이다.
③, ④ ㉢과 ㉣은 기후 위기, 전쟁 등의 문제로 인한 야생 식물의 멸종을 막기 위해 보관된 씨앗들이 영원히 세상 밖으로 나오지 않아야 한다는 시드볼트의 목표에 대한 것으로, 시드볼트의 역할을 설명하기 위해 필요한 내용이다.
⑤ ㉤은 후손들에게 물려줄 소중한 유산이라는 시드볼트의 정체성에 대한 것으로, 시드볼트의 가치를 설명하기 위해 필요한 내용이다.

필수 개념 확인

☐ **읽기 목적**
정보 습득, 즐거움이나 감동 얻기, 올바른 가치관 확립 등 다양한 목적으로 읽기 활동을 할 수 있음.

☐ **읽기 목적에 따라 요약하기**
글의 종류나 구조가 동일하더라도 글을 읽는 목적은 독자에 따라 다를 수밖에 없으므로, 읽기 목적을 명료하게 한 뒤 필요한 내용을 선택하여 요약해야 함.

다음은 학생이 [A]를 요약하기 전 작성한 메모이다. 〈조건〉에 맞게 요약하시오.

> '시드뱅크'와 '시드볼트'의 차이점을 중심으로 요약하면 각각의 특징을 더 잘 드러낼 수 있을 거야.

조건

• 차이점이 분명히 드러나도록 재구성하여 쓸 것.
• '시드뱅크는 ~(이)다. 반면 시드볼트는 ~ (이)다'의 형식으로 쓸 것.

문제 확인하기

유형 확인 읽기 목적에 따르되 선택, 삭제, 일반화, 재구성의 일반적 원리에 따라 요약할 수 있는지 확인하는 문항이다.

평가 기준 확인

상	필요한 내용을 적절하게 선택하고 선정한 내용을 자신의 언어로 재구성하여 시드뱅크와 시드볼트의 차이점이 잘 드러나게 요약한 경우
중	필요한 내용을 적절하게 선정하여 시드뱅크와 시드볼트의 차이점을 요약하였으나 글의 내용을 그대로 옮겨 적은 경우
하	필요한 내용을 적절하게 선정하였으나 시드뱅크와 시드볼트 중 하나의 특징만 요약한 경우

내 답안 체크
예 1 시드뱅크는 종자 관련 연구나 증식을 위해 단기적으로 씨앗을 저장하는 공간이다. 반면 시드볼트는 금고 안에 씨앗을 넣어 놓고 영구적으로 저장한다.: 요약의 과정을 거치지 않고 글의 내용을 그대로 옮겨 적었다. ➡ **중**

예 2 시드뱅크는 종자 관련 연구나 증식을 위해 단기적으로 씨앗을 저장하는 공간이다.: 시드뱅크와 시드볼트의 차이점을 서술하지 않고 시드뱅크의 특징만 설명했다. ➡ **하**

• 10점 만점에 10점 예시 답안 •
시드뱅크는 일정 기간 동안 종자를 보관하며 보관된 종자를 언제든 꺼낼 수 있는 곳이다. 반면 시드볼트는 씨앗을 영구적으로 저장하는 곳이다.

[앞부분 줄거리] 옛날에 복이 없는 총각이 서천 새앗골에 복을 타러 간다. 총각은 새앗골이 어디에 있는지 모른 채 하염없이 걷다가 누구와 혼인하는지 궁금해하는 처녀와, 지금 두는 장기에서 누가 이기는지 알고 싶어 하는 노인들, 기르고 있는 나무에 왜 꽃이 피지 않는지 궁금해하는 아이, 용이 되지 못하는 이유를 묻는 이무기에게 답을 주겠다고 약속한 후 이 모든 이들의 도움을 얻어 드디어 서천 새앗골에 도착한다.

가 어디선가 은은한 향이 밀려오더니 흰 수염의 노인이 나타났어요.

"무슨 일로 산 사람이 이곳까지 온 게냐?"

총각은 무릎을 꿇고 머리를 조아렸어요. "지지리*도 복이 없어 복 타러 왔습지요."

노인은 껄껄 웃더니,

㉠"복은 이미 코앞에 와 있으니 그만 가 보게나!"

하고 돌아섰어요. 총각은 허탈한 마음에 한숨만 푹 내쉬었어요. 총각은 돌아서는 노인의 옷자락을 붙잡았어요.

*"그럼 새앗골 오는 길에 도움을 준 이들에게 줄 답이라도 주소."

나 노인에게 답을 얻은 총각은 서둘러 이무기*에게 갔어요. 이무기는 총각을 봉우리 너머에 내려 주며 물었어요.

"그래. 내가 용이 되지 못한 까닭이 무엇이라 하오?"

"여의주 하나를 버리믄 답이 나올 거라 했소."

총각의 말대로 여의주를 하나 내려놓자, 이무기가 용이 되어 하늘로 날아갔어요. 총각은 용이 주고 간 여의주를 받아 들고 다시 걸음을 옮겼어요.

다 세 봉우리를 넘자 아이가 반기며 달려왔어요.

"내가 심은 나무에 꽃이 피지 않는 까닭이 무엇이라 하나요?"

"나무 아래 박혀 있는 금덩이를 빼내라 하대?"

아이가 땅을 파서 호박만 한 금덩이를 빼내자 가지가지마다 꽃봉오리가 맺히더니 탐스러운 꽃이 활짝 피었어요. 총각은 아이가 준 금덩이를 받아 들고 발길을 재촉했어요.

라 다시 세 봉우리를 넘자, 노인들이 여전히 장기를 두고 있었어요.

"그래, 누가 이긴다 하던가?" / "평생을 해도 결판나지 않는다고 하대요."

"그래? 결판도 나지 않을 장기를 뭐하러 두나?" / 노인들은 툭툭 털며 자리에서 일어났어요.

총각은 장기판을 받아 들고 남은 세 봉우리를 넘었어요.

마 총각을 보자 처녀는 버선발로 달려 나와 반겼어요.

"나의 배필*은 누구라 합니까?" / "처음 만난 사내라 하셨소."

"처음 만난 사내요? 그건 당신이잖아요!"

처녀는 볼이 발갛게 달아올랐어요. 처녀의 말에 총각은 깜짝 놀랐어요. 그러고는 그동안의 일들을 떠올리며 처녀의 손을 꼭 잡았어요.

*"이제야 알겠소. 복은 이미 코앞에 와 있다는 말이 무슨 뜻인지. 어서 가소. 당신도 소중한 내 복이오." / 총각은 처녀를 데리고 어머니가 기다리는 집으로 갔어요.

㉡"엄니, 엄니 아들이 복 타 가지고 왔소!"

아들의 말에 어머니는 덩실덩실 춤을 추었어요. 그 뒤 총각은 여의주를 나라에 바쳐 높은 벼슬을 얻고, 금덩이와 장기판을 팔아 큰돈을 벌어 곱디고운 처녀와 혼인도 했어요. 그리고 어머니를 모시며 오래오래 효도하며 살았어요.

● 242008-0063

01 이 글을 읽고 알 수 있는 내용으로 적절하지 <u>않은</u> 것은?

① 흰 수염 노인이 총각에게 한 말
② 흰 수염 노인이 복 대신 총각에게 준 것
③ 이무기가 여의주 하나를 버리게 된 까닭
④ 장기를 두던 노인들이 장기 두기를 그만둔 까닭
⑤ 처녀를 다시 만난 총각이 처녀에게 거짓말을 하게 된 까닭

● 242008-0064

02 이와 같은 글을 요약하는 방법으로 가장 적절한 것은?

① 글쓴이의 주장과 근거를 중심으로 요약한다.
② 총각의 이야기를 읽고 느낀 점을 중심으로 요약한다.
③ 총각이 새앗골에 가게 된 까닭을 육하원칙에 따라 요약한다.
④ 글을 읽고 총각에 대해 새롭게 알게 된 내용을 중심으로 요약한다.
⑤ 총각과 주변 인물들, 그리고 그들 사이에 일어난 사건을 중심으로 요약한다.

● 242008-0065

03 글의 종류를 고려하여 (가)~(마)의 중심 내용을 요약한 것으로 적절하지 <u>않은</u> 것은?

① (가): 총각은 새앗골에서 노인을 만남.
② (나): 총각은 이무기에게 답을 주고 여의주를 얻음.
③ (다): 총각은 아이에게 답을 주고 금덩이를 얻음.
④ (라): 총각은 노인들에게 답을 주고 장기판을 얻음.
⑤ (마): 총각은 처녀와 함께 집에 돌아와 혼인하고 행복하게 삶.

● 242008-0066

04 ㉠의 의미를 이해한 내용으로 적절하지 <u>않은</u> 것은?

① 새앗골에 오며 만난 모든 이가 복이다.
② 복을 찾으러 온 것만으로 이미 복을 탄 것이다.
③ 복을 타기 위해서는 복 있는 사람을 가까이 두어야 한다.
④ 복을 받고 싶다는 마음이 있다면 누구나 복을 받을 수 있다.
⑤ 남을 도우려는 마음을 가졌다는 것만으로 이미 복을 얻은 것이다.

● 242008-0067

05 ㉡에서 총각이 탄 복에 대해 이해한 내용으로 가장 적절한 것은?

① 남을 도우며 얻게 되었다.
② 새앗골에서만 얻을 수 있다.
③ 이무기와의 대화를 통해 얻었다.
④ 노인들과 장기를 두며 깨달았다.
⑤ 아이의 순수함 덕에 얻을 수 있었다.

🖊 서술형

● 242008-0068

06 다음은 〈조건〉에 맞게 글을 요약한 내용이다. 빈칸에 들어갈 알맞은 내용을 쓰시오.

> **조건**
> • 복 타러 간 총각이 얻게 된 복이 어떤 것인지 쓸 것.
> • 복 타러 간 총각이 깨달은 것이 무엇인지 쓸 것.

> 복이 없어 복을 타러 총각은 우여곡절 끝에 새앗골에 도착한다. 하지만 총각은 ______________________ ______________________ 결국 총각은 부자가 되고 오래오래 행복하게 살았다.

가 입안이 얼얼할 정도로 매운 떡볶이나 마라탕 등이 큰 인기를 끌고 있다. ㉠매워서 수시로 물을 들이켜고 땀을 뻘뻘 흘리면서도 사람들이 매운맛에 빠지는 이유는 무엇일까?

나 그 이유를 알기 위해서는 먼저 매운맛을 내는 성분에 대해 이해해야 한다. 매운맛을 내는 성분은 마늘이나 양파에 들어 있는 알리신, 후추에 들어 있는 피페린, 겨자나 고추냉이에 들어 있는 시니그린, 고추에 들어 있는 캡사이신 등으로 나눌 수 있다. *매운맛은 단맛이나 신맛 같은 미각과 달리 혀에서 통증으로 느끼는 감각이다. 쉽게 말해 촉각의 신경을 자극해 느껴지는 통증의 일종이다.

다 인간을 비롯한 포유류는 체온을 유지하기 위해 추위나 더위 등 온도를 느끼는 온도 수용체*를 갖고 있다. 이 중 고온 감각 수용체가 TPRV1인데 이 수용체는 매운맛을 내는 고추의 캡사이신이나 마늘의 알리신 등에 의해 활성화*된다. 즉 이들 성분이 포함된 매운 음식을 먹으면 45℃ 이상에서 활성화되는 TPRV1이 깨어난다. 우리 몸은 매운 음식을 뜨겁고 위험한 신호로 인식하는 것이다. 그래서 매운 음식을 먹으면 속이 타는 것과 같은 열감이 느껴지고, 땀도 나고, 심장 박동도 빨라진다. 이렇게 TPRV1이 활성화되면 뇌는 이 고통을 덜어 주기 위해 엔도르핀을 분비한다. 그런데 TPRV1이 활성화된 이유가 진짜 열에 노출되었기 때문이 아니므로 고통은 금세 날아가고 은근한 쾌감이 남게 된다. 그래서 *매운 음식을 먹으면 고통이 느껴지지만 엔도르핀 덕에 스트레스가 풀리는 느낌도 남는 것이다.

라 매운 음식에 들어간 소량의 캡사이신은 이처럼 건강에 긍정적인 영향을 미친다. 대상포진이나 말초 신경병증과 관련된 통증 치료에도 이용되며, 혈류*를 원활하게 해 콜레스테롤 수치를 조절하기도 한다. 하지만 스트레스를 받을 때마다 매운맛을 찾게 되면, 매운맛을 느끼지 못할 때 오히려 무기력함을 느끼는 상황이 올 수도 있다. 또 매운맛의 음식을 지나치게 자주 먹게 되면 매운맛에 대한 민감도가 떨어지게 되어 더 맵고 더 자극적인 음식을 찾으면서 미각 역시 둔해진다.

마 무엇이든 지나친 것은 좋지 않다. 그러므로 매운 음식도 너무 자주 먹으면 좋지 않다. 하지만 시험을 망쳤거나 친구와 다퉈서 마음이 복잡하다면, 정신이 번쩍 들 정도로 매운 떡볶이를 먹어 보자. 연신 물을 들이켜고 땀을 흠뻑 흘리고 나면 마음이 한결 가벼워짐을 느낄 수 있을 것이다.

📖 지문 이해

'우리가 매운맛에 빠지는 이유'

사람들이 매운맛에 빠지는 이유를 매운맛을 내는 성분에 대한 이해를 토대로 과학적으로 설명하고 있는 글이다.

주제 사람들이 매운맛에 빠지는 이유

내용 연구

(가) 매운맛의 인기

(나) 매운맛을 내는 □□

(다) 매운 음식을 먹고 □□□□ 이/가 풀리는 이유

(라) 매운 음식을 너무 자주 먹으면 안 되는 이유

(마) 매운맛의 □□

낱말 풀이

* 수용체: 세포막이나 세포 내에 존재하며 외부 인자와 반응하여 세포 기능에 변화를 일으키는 물질.

* 활성화: 생체나 생체 물질이 그 기능을 발휘함.

* 혈류: 피의 흐름.

구절 풀이

* 매운맛은 단맛이나 ~ 통증의 일종이다: 매운맛이 신맛이나 단맛과 다른 점이 무엇인지 설명하고 있다.

* 매운 음식을 ~ 남는 것이다: 매운 음식을 먹고 난 후 스트레스가 풀린다고 느끼는 이유가 '엔도르핀' 덕분임을 드러내고 있다.

| 정답 |

성분, 스트레스, 효능(가치)

● 242008-0069

01 이 글의 내용과 일치하지 <u>않는</u> 것은?

① 사람들이 매운맛에 빠지는 이유는 매운맛의 성분과 관련이 있다.
② 우리 몸은 몸속에 들어온 매운 음식을 위험한 신호로 인식한다.
③ 매운맛은 단맛이나 신맛과 마찬가지로 혀에서 느끼는 미각의 일종이다.
④ 매운 음식을 먹으면 체온 유지와 관련된 고온 감각 수용체가 활성화된다.
⑤ 몸속 감각 수용체가 활성화되면 뇌는 인간의 고통을 덜어 주기 위해 엔도르핀을 분비한다.

● 242008-0070

02 ㉠에 대한 답으로 적절하지 <u>않은</u> 것은?

① 열에 노출되었기 때문에
② 스트레스가 풀리는 느낌이 들어서
③ 고통이 날아가고 은근한 쾌감이 남아서
④ 엔도르핀이 분비되어 기분 좋은 느낌을 주어서
⑤ 땀을 흘리고 나면 마음이 가벼워짐을 느낄 수 있어서

● 242008-0071

03 (나)와 (다)를 바탕으로 '매운맛의 특징'을 요약한 것으로 적절하지 <u>않은</u> 것은?

• 매운맛은 통증의 일종임. ····················· ①
• 매운 음식을 먹으면 열감을 느낄 수 있음. ········· ②
• 매운 음식을 먹으면 엔도르핀 분비가 늘어 땀이 남. ························· ③
• 매운 음식을 먹으면 심장 박동이 빨라짐. ········· ④
• 매운 음식을 먹고 난 후 분비되는 엔도르핀 덕에 스트레스가 풀리는 느낌이 듦. ···················· ⑤

● 242008-0072

04 이와 같은 글을 요약하는 방법으로 적절하지 <u>않은</u> 것은?

① 문단의 핵심어나 중심 문장을 찾아본다.
② 반복되거나 지나치게 세부적인 내용은 삭제한다.
③ 중심 문장이 명확하지 않을 때는 내용을 재구성해 본다.
④ 구체적인 내용은 그것을 포괄할 수 있는 상위 개념으로 묶는다.
⑤ 글의 맨 첫 문단과 마지막 문단은 제외하고 중간 부분 위주로 내용을 정리한다.

● 242008-0073

05 '매운맛'에 대한 글쓴이의 생각을 〈보기〉와 같이 정리한다고 할 때, (가)~(마) 중 활용할 수 있는 문단 두 개를 찾아 그 기호를 쓰시오.

보기

　매운 음식을 너무 자주 먹으면 건강에 좋지 않겠지만 적당하게 즐긴다면 건강에도 좋고, 현실의 고민에서 벗어날 수도 있습니다.

✎ 서술형

● 242008-0074

06 〈보기〉에 제시된 단어들을 모두 활용하여 이 글의 중심 내용을 〈조건〉에 맞게 요약하시오.

보기

매운맛, 스트레스, 감각 수용체,
엔도르핀, 지나치게

조건

• 제시된 단어를 모두 활용할 것.
• 두 문장 이상으로 쓸 것.

가 옛날 옛날 먼 옛날, ㉠임금과 벼슬아치들이 백성들을 종처럼 부리던 때 이야기야. *욕심 많은 임금과 사나운 벼슬아치들에게 시달릴 대로 시달리던 백성들은 누군가 힘세고 재주 많은 영웅이 나타나 자기들을 살려 주기를 목이 빠지게 바라고 살았지. ㉡이때 지리산 자락 외진 마을에 한 농사꾼 내외가 살았어. 산비탈에 밭을 일구어 구메농사*나 지어 먹으며, 그저 산 입에 거미줄이나 안 치는 걸 고맙게 여기고 살았지. 그렇게 살다가 늘그막에 아기를 하나 낳았는데, 낳고 보니 아기 탯줄이 안 잘라져. 가위로 잘라도 안 되고 낫으로 잘라도 안 되고 작두로 잘라도 안 돼. 별 짓을 다 해도 안 되더니 산에 가서 억새풀을 베어다 그걸로 탯줄을 치니까 그제서야 잘라지더래.

나 아기 이름을 '우투리'라고 했는데, 이 우투리가 갓난아기 때부터 하는 짓이 달라. 방에다 뉘어 놓고 나가서 일을 하고 들어와 보면 시렁*에 덜렁 올라가 있지를 않나. ㉢곁에 뉘어 놓고 잠깐 잠들었다 깨어나 보면 장롱 위에 납죽 올라가 있지를 않나. 이래서 참 이상하게 여긴 어머니 아버지가 하루는 아기를 방에 두고 나와서 문구멍으로 들여다봤지. 그랬더니, 아 이런 변이 있나. 글쎄 아기가 방 안에서 포르르포르르 날아다니지 뭐야. 가만히 보니 ㉣아기 겨드랑이에 조그마한 날개가, 꼭 얼레빗*만 한 게 뾰조록하니 붙어 있더란 말이지. 그걸 보고 어머니가 그만 기겁을 해.

"아이고 여보, 이것 큰일났소. 내가 아기를 낳아도 예사 아기를 낳은 게 아니라 영웅을 낳았소."

겨드랑이에 날개 돋친 아기는 영웅으로 태어난 아기란다. 그런데 이게 참 좋아할 일이 아니라 기겁을 할 일이야. 가난한 백성이 영웅을 낳으면 임금과 벼슬아치들이 가만히 두지를 않거든. 영웅이 백성들을 살리려고 저희들과 맞서 싸우기라도 하면 큰일이니, 힘을 쓰기 전에 죽여 버리려고 든단 말이야. 잘못하다가는 온 식구가 다 죽을 판국이지.

다 그래서 어머니 아버지가 의논 끝에 우투리를 데리고 지리산 속 아주아주 깊은 골로, 사람 발길이 닿지 않는 곳으로 들어가 숨어 살았어. 그런데 발 없는 말이 천 리 간다더니, 우투리라고 하는 영웅이 지리산에서 났다고, 이런 소문이 백성들 사이에 돌고 돌아 임금 귀에까지 들어가게 됐어. 임금이 그 소문을 듣고 가만히 있을 리 있나. 사납고 힘센 장군을 뽑아 우투리를 잡으러 보냈어. 장군이 군사들을 많이 거느리고 우투리네 집에 들이닥쳤지. 그런데 우투리가 참 영웅이라도 큰 영웅인지, ㉤군사들이 몰려오는 걸 어떻게 알고 감쪽같이 사라져 버렸어. 어디로 갔는지 자취도 없어. 그 많은 군사들이 온 산속을 이 잡듯이 뒤져도 못 찾지.

지문 이해

작자 미상, '아기 장수 우투리'

겨드랑이에 날개를 달고 태어난 우투리가 주인공으로 등장하는 설화이다. 어렸을 때부터 비범한 능력을 지녔던 우투리가 자라서, 나라가 어지러운 시기에 민중들을 위해 반역을 꾀하지만 결국 실패하고 만다는 내용을 담고 있다.

주제 우투리의 비극적인 삶과 새로운 세상을 꿈꾼 민중의 바람

내용 연구

- (가) 우투리의 ☐☐: 혼란한 시기에 백성들은 영웅을 기다리고, 때마침 기이한 과정을 거쳐 우투리가 탄생함.
- (나) 비범한 ☐☐을/를 지닌 우투리: 겨드랑이에 날개를 달고 태어난 우투리는 어렸을 때부터 행동이 남다른데, 가난한 집에서 영웅을 낳았다는 것을 안 우투리 부모는 두려움에 떪.
- (다) 산속으로 ☐☐ 우투리와, 우투리를 찾는 군인들: 우투리는 부모와 함께 깊은 산속에 숨지만 우투리의 영웅적 면모는 임금의 귀에까지 들어가고 군사들이 우투리를 잡으려고 하나 잡지 못함.

낱말 풀이

* 구메농사: 작은 규모로 짓는 농사.
* 시렁: 물건을 얹어 놓기 위하여 방이나 마루 벽에 두 개의 긴 나무를 가로질러 선반처럼 만든 것.
* 얼레빗: 빗살이 굵고 성긴 큰 빗.

구절 풀이

* 욕심 많은 임금과 ~ 바라고 살았지: 당시 지배층의 횡포로 많은 백성들이 고통받고 있었음을 알 수 있다.

| 정답 |
탄생, 능력, 숨는

▶ 242008-0075

01 이 글에 나타난 '우투리'에 대해 이해한 내용으로 적절하지 <u>않은</u> 것은?

① 갓난아기 때부터 하는 행동이 보통의 아기와 달랐다.
② 백성들이 임금과 벼슬아치들 때문에 고통받던 때에 태어났다.
③ 부모는 우투리가 평범한 아이가 아니라는 것을 깨닫고 하늘에 감사한다.
④ 우투리 부모는 우투리의 안전을 위해 지리산 깊은 골에 들어가 숨어 산다.
⑤ 우투리 부모는 우투리의 겨드랑이에 날개가 달린 것을 발견하고는 우투리를 걱정한다.

▶ 242008-0076

02 ㉠~㉤ 중 4개를 활용하여 글을 요약하고자 한다. 〈보기〉의 읽기 목적을 고려할 때 선택하지 <u>않아도</u> 되는 것은?

> **보기**
>
> 이 글을 읽고 '혼란의 시기 모두가 기다린 영웅, 우투리'라는 제목의 보고서를 쓰려고 해.

① ㉠   ② ㉡   ③ ㉢   ④ ㉣   ⑤ ㉤

▶ 242008-0077

03 (나)에서 '우투리' 부모가 걱정하는 이유로 가장 적절한 것은?

① 우투리가 아직 혼자서 할 줄 아는 것이 많지 않아서
② 우투리가 자신의 힘을 정직하지 않은 임금을 위해 쓸까 봐
③ 우투리가 자신에게 비범한 능력이 있다는 것을 알게 될까 봐
④ 영웅을 낳았다는 것이 알려지면 온 가족이 위험해지기 때문에
⑤ 어린 우투리가 자신의 능력을 숨기고 살아야 한다는 것이 안타까워서

▶ 242008-0078

04 〈보기〉는 한 학생이 이 글을 읽고 작성한 요약문이다. 〈보기〉를 평가한 내용으로 가장 적절한 것은?

> **보기**
>
> 탄생 과정부터 비범했던 아기 우투리의 겨드랑이에 날개가 달려 있는 것을 본 우투리의 부모는 "아이고 여보, 이것 큰일났소. 내가 아기를 낳아도 예사 아기를 낳은 게 아니라 영웅을 낳았소."라고 말한 뒤, 깊은 산속으로 숨는다. 그러나 이 소문을 들은 군인들이 온 산을 샅샅이 뒤진다.

① 우투리보다는 군인들을 중심으로 요약해야 해.
② 우투리 부모가 한 말은 짧게 재구성하는 게 좋겠어.
③ 우투리의 비범함은 글의 주제와 무관하므로 삭제해야 해.
④ 주제와 관련이 있으므로 우투리가 숨어 살았던 산의 이름을 구체적으로 제시하는 게 좋겠어.
⑤ 군인들이 우투리를 잡으러 왔다는 내용은 우투리가 겪은 고난에 해당하므로 요약할 때는 삭제해야 해.

✏ 서술형

▶ 242008-0079

05 다음은 (다)를 〈조건〉에 맞게 요약한 것이다. 빈칸에 들어갈 알맞은 내용을 쓰시오.

> **조건**
>
> • 우투리가 겪은 고난을 제시할 것.
> • 우투리의 비범함을 드러낼 것.

> 우투리는 부모와 함께 깊은 산속에 숨어 살게 되지만, 그가 영웅이라는 소문은 크게 퍼져 결국 임금은 ＿＿＿＿＿
> ＿＿＿＿＿＿＿＿＿＿＿＿＿＿＿＿＿＿＿＿
> ＿＿＿＿＿＿＿＿＿＿＿＿＿＿＿＿＿＿＿＿

무엇을 배울까? 독자의 배경지식과 글에 나타난 정보 등을 활용하여 글에 드러나지 않은 의도나 관점을 추론하며 읽을 수 있다.

🔍 생각돋보기

남학생은 며칠째 엄마에게 옷에 관한 메모를 남기고 있네요. 직접적으로 사 달라는 말은 하고 있지 않지만, 메모를 계속 남기는 것을 보면 옷을 사 달라는 의도가 담겨 있음을 알 수 있어요. 그런데 남학생이 돌려서 말하는 이유는 무엇일까요? 아마 자신의 생각을 직접 표현하면 엄마가 부담을 느낄 수도 있으니 자신의 의도를 돌려서 표현하고 있는 것으로 보이네요.

이처럼 글쓴이는 때때로 자신의 의도나 관점을 직접적으로 드러내지 않고 숨기기도 합니다. 그러므로 글을 읽을 때에는 글에 드러나지 않은 글쓴이의 의도나 관점을 추론하며 읽어야 글의 내용을 깊이 있게 이해할 수 있답니다.

1 추론하며 읽기의 뜻

(1) **뜻**: 글에 드러나지 않은 내용, 글쓴이의 <u>의도나 관점</u>을 미루어 생각하며 읽는 것

> - **의도**: 글쓴이가 글을 쓰는 목적이나 이유
>   - 📝 독자에게 정보를 전달하려는 의도, 독자의 태도 및 행동 변화를 위해 설득하려는 의도, 글쓴이의 정서를 표현하려는 의도 등
> - **관점**: 글에서 다루는 화제에 대한 기본적 태도나 방향 ── 글에서 중요하게 다루는 대상. 글에서 반복하여 나타남.
>   - 📝 긍정적/부정적, 우호적/비판적, 적극적/소극적, 반성적, 수용적, 냉소적 등

🎓 확인하기

1. 다음 설명이 맞으면 ○표, 틀리면 ✕표를 하시오.

⑴ 모든 글에는 화제에 대한 글쓴이의 관점이 직접적으로 제시되어 있다. ( )

⑵ 독자는 글쓴이가 드러내지 않은 의도를 추론하며 읽어야 한다. ( )

⑶ 글쓴이가 글을 쓰는 목적이나 이유를 관점이라고 한다. ( )

2 추론하며 읽기의 필요성

- 글쓴이는 독자가 알고 있다고 생각되는 내용을 생략하기도 한다.
- 글쓴이는 어떤 효과를 기대하며 의도를 감추거나 돌려서 표현하기도 한다.
- 독자가 글의 맥락을 고려하지 않거나, 배경지식을 활용하지 않으면 글의 의도를 파악하기 어렵다.

3 의도나 관점을 추론하는 방법

(1) 독자의 배경지식 활용하기
- 독자가 알고 있었던 지식이나 경험을 활용하여 추론함.
  - 예 이미 읽었던 다른 글이나 보았던 영화의 내용과 글의 내용을 관련짓기.

(2) 글에 나타난 정보 활용하기
- 글에 쓰인 단어, 구절, 시각 자료 등을 활용하여 추론함.

예		
화제에 관하여 '주의', '경계', '위험' 등의 단어가 사용됨.	화제에 대한 부정적 관점을 나타냄.
화제에 대해 다시 생각하기를 권하는 구절이 나타남.	독자를 설득하려는 의도를 나타냄.
화제와 관련하여 밝게 웃고 있는 사람들의 사진이 사용됨.	화제에 대한 긍정적 관점을 나타냄.

4 추론하며 읽기의 효과
- 글쓴이가 글을 통해 전달하려는 내용이 무엇인지 분명하게 알 수 있다.
- 글에 드러나지 않은 의도나 관점을 파악함으로써 글을 깊이 있게 이해할 수 있다.

 정호승, '네모난 수박'

나는 네모난 수박을 한참 들여다보다가 비록 겉모양은 네모졌으나 수박으로서의 본질적인 맛과 향은 그대로일 것이라고 생각하면서 오늘을 사는 우리들이야말로 바로 이 네모난 수박과 같은 존재가 아닌가 하는 생각이 들었다. 예전의 우리 삶이 둥근 수박과 같은 자연적 형태의 삶이었다면, 지금은 외형을 중시하는 네모난 수박과 같은 인위적 형태의 삶을 살고 있다고 할 수 있다.

오늘 우리의 삶의 속도는 무척 빠르다. 변화의 속도가 너무 빨라 도무지 정신을 차릴 수 없다. 오늘의 속도를 미처 느끼기도 전에 내일의 속도에 몸을 실어야 한다. ㉠그렇지만 네모난 수박이 수박으로서의 맛과 향기만은 잃지 않았듯이 우리도 인간으로서의 맛과 향기만은 결코 잃어서는 안 된다.

나는 아직도 냉장고에서 꺼내 먹는 수박보다 어릴 때 어머니가 차가운 우물 속에 담가 두었다가 두레박으로 건져 주셨던 수박이 더 맛있게 느껴진다. 이제 그런 목가적인 시대는 지나고 말았지만, 모깃불을 피우고 평상에 앉아 밤하늘의 총총한 별들을 바라보면서 쟁반 가득 어머니가 썰어 온 둥근 수박을 먹고 싶다. 까맣게 잘 익은 수박씨를 별똥인 양 마당가에 힘껏 뱉으면서, 칼을 갖다 대기만 해도 쩍 갈라지는 둥근 수박의 그 경쾌한 목소리를 들으면서.

최근 등장하고 있는 인공 지능의 특징은 '학습'을 통해 사람 대신 '판단'할 수 있다는 것이다. 사람처럼 깊이 사고하지 못하고, 욕구 해소나 자아실현을 위해 스스로 일을 만들어 가며 일하는 능력은 없다. 하지만 인공 지능은 이미 다양한 상황에서 사람을 대신하여 판단하고 일하고 있으며, 그 범위를 점점 넓혀 갈 것으로 기대된다.

인공 지능이 바꾸어 놓을 미래의 모습은 어떠한 것일까? 빠르면 10여 년 후에는 자율 주행차가 실용화되어 삶의 모습을 크게 바꾸어 놓을 것이다. 자율 주행차의 등장으로 사람이 직접 운전을 하지 않게 될 뿐만 아니라, 차를 소유하는 방식을 바꾸어 놓을 것이다. 필요한 시간과 장소에 자율 주행차를 호출할 수 있기 때문에 개인별로 차를 소유할 필요가 없다. 주차 공간을 마련하거나 차량을 정비해야 하는 부담도 없어진다.

가정에서의 생활도 크게 달라질 것이다. 집 안의 공간 전체를 총괄 제어할 수 있는 인공 지능이 등장하면 집사의 역할을 하게 될 것이다. 이러한 역할을 하는 인공 지능은 사물 인터넷 기능과 연결되어 개개인에게 필요한 서비스를 제공해 주게 된다. 사물 인터넷이란 현재 전자 제품이 아니라고 생각되는 물건까지 인터넷 통신이 연결되는 것을 말한다. 소파나 침대 등에 있는 사람의 체온이 적당한지 파악할 수 있고, 화장실을 이용할 때마다 건강 상태를 확인해 줄 수 있다.

의료 분야의 변화도 예상된다. 환자는 병원 예약 시스템 등으로 원격 진료를 해야 할지, 병원을 방문해야 할지 빠르게 알 수 있다. 어느 병원, 어느 과에서, 언제 예약이 가능한지 확인해 주는 것도 인공 지능이 도와줄 것이다. 의료진은 진단 및 치료 과정에서 도움을 받을 수 있다. 의학 분야를 학습한 인공 지능이 엑스레이나 MRI 등 영상 자료를 먼저 확인해 주거나, 다양한 검사 결과를 종합하여 환자의 증세를 분석해 주면, 의사가 더 정확한 판단을 하는 데 도움을 줄 것이다.

물론 이러한 변화가 일어나기 위해서는 막대한 컴퓨터 기술의 발달이 전제되어야 한다. 그러나 컴퓨터의 기술 발달 속도는 2년마다 두 배 이상 빨라지고 있으며, 인공 지능의 판단 능력은 16개월마다 두 배씩 개선되고 있다. 이미 여러 분야에서 인공 지능이 실용화되기 시작했으며, 그 범위는 점점 넓어지고 있다. 그래서 교통, 의료 분야, 가정 내에서의 생활뿐만 아니라 사실상 산업 전반에 걸친 변화가 계속될 것이다. 여러 분야의 인공 지능 도입은 이미 피할 수 없는 대세이기 때문이다.

유형 01

▶ 242008-0080

이 글의 화제에 대한 글쓴이의 관점으로 적절한 것은?

① 인공 지능의 영향력이 점차 커지는 것을 비판적으로 바라본다.

② 자율 주행차가 실용화되는 일의 가능성을 부정적으로 바라본다.

③ 사물 인터넷의 활용 영역을 확대하는 것을 소극적으로 바라본다.

④ 의료 분야에서 인공 지능을 활용하는 일을 긍정적으로 바라본다.

⑤ 인공 지능의 사용을 일부 산업 분야로 제한하는 것을 낙관적으로 바라본다.

💡 문제 확인하기

유형 확인 이 글에서 다루는 화제에 대한 글쓴이의 기본적 태도나 방향을 바르게 이해했는지 확인하는 문항이다.

제시문으로 정답 확인　　　　　　　　　　**정답 ④**
4문단이 '환자는 병원 ~ 알 수 있다.'에서 환자들이, '의료진은 진단 ~ 줄 것이다.'에서 의료진들이 인공 지능의 활용으로 받을 수 있는 도움에 대해 언급하는 것으로 보아, 글쓴이는 의료 분야에서 인공 지능을 활용하는 일을 긍정적으로 여긴다는 것을 알 수 있다.

오답 확인
① 1문단의 '인공 지능은 이미 ~ 것으로 기대된다.'에서 '기대된다'라는 단어를 사용한 것으로 보아, 인공 지능의 영향력이 커지는 것을 긍정적으로 바라보고 있음을 알 수 있다.
② 2문단의 '빠르면 10여 년 ~ 놓을 것이다.'에서 자율 주행차의 실용화에 대해 언급하는 것으로 보아, 자율 주행차의 실용화 가능성을 긍정적으로 보고 있음을 알 수 있다.
③ 3문단의 '소파나 침대 ~ 줄 수 있다.'에서 사물 인터넷이 사람에게 주는 편의를 나열하는 것으로 보아, 사물 인터넷의 활용 영역 확대에 우호적임을 알 수 있다.
⑤ 4문단의 '그래서 교통, ~ 대세이기 때문이다.'에서 산업 전반에 걸친 변화를 대세로 언급하는 것으로 보아, 인공 지능을 산업 전반에서 활용하는 일에 수용적임을 알 수 있다.

📖 필수 개념 확인

☐ **글쓴이의 태도**
- 우호적: 개인끼리나 나라끼리 서로 사이가 좋은 것. 화제에 대한 긍정적 태도를 의미함.
- 수용적: 어떠한 것을 받아들이는 것
- 비판적: 현상이나 사물의 옳고 그름을 판단하여 밝히거나 잘못된 점을 지적하는 것

유형 **02**

◉ 242008-0081

다음은 이 글의 독자가 지닌 배경지식이다. 이를 바탕으로 추론한 내용으로 가장 적절한 것은?

> 미래 사회를 다룬 영화에서 주인공이 실내에 들어오자, 자동으로 불이 켜지며 커튼이 열리는 장면을 보았다.

① 글쓴이는 미래에 인공 지능이 발달해도 영화 속 장면이 현실화되는 것이 어렵다고 보겠군.
② 글쓴이는 영화 속 장면이 실현되려면 컴퓨터 기술의 발달보다 인공 지능의 발달이 우선되어야 한다고 보겠군.
③ 글쓴이는 커튼과 연결된 사물 인터넷을 인공 지능이 조작하도록 하면 영화 속 장면을 현실화할 수 있다고 보겠군.
④ 글쓴이는 인공 지능이나 사물 인터넷의 발달과 별개로 미래 사회에는 영화 속 장면을 현실에서 볼 수 있다고 보겠군.
⑤ 글쓴이는 인공 지능은 스스로 일을 만들어 가며 일하기 때문에 영화 속 장면이 미래에 실제로 실현될 것이라고 보겠군.

 **문제 확인하기**

유형 확인 독자의 배경지식을 단서로 글쓴이의 생각을 추론하며 읽을 수 있는지 확인하는 문항이다.

제시문으로 정답 확인　　　　　　　　　　　　　　　**정답** ③
글쓴이는 3문단에서 미래의 생활 변화에 대해 언급하면서, 커튼과 같이 전자 제품이 아닌 것이라도 인터넷 통신이 연결되면 이를 통해 인공 지능이 개개인에게 필요한 서비스를 제공해 줄 것이라고 보고 있다.

오답 확인
①, ④ 글쓴이는 사물 인터넷과 연결된 인공 지능이 개개인에게 필요한 서비스를 제공해 줄 것으로 전망하고 있다.
② 글쓴이는 인공 지능이 발달하려면 막대한 컴퓨터 기술의 발달이 전제되어야 한다고 보고 있다.
⑤ 글쓴이는 최근 인공 지능의 특징은 '스스로 일을 만들어 가며 일하는 능력은 없'으나 '사람을 대신하여 판단하고 일하'는 것이라고 말하고 있다.

 **필수 개념 확인**

☐ **배경지식을 바탕으로 추론하며 읽기**
• 독자가 알고 있었던 지식이나 경험. 추론하며 읽을 때 추론의 단서가 됨.
• 미루어 생각하여 논하는 것. 글을 읽을 때는 글에 드러나지 않은 글쓴이의 의도나 관점 등을 추론하며 읽음.

다음은 이 글을 읽고 글쓴이의 의도를 추론한 것이다. 빈칸에 들어갈 알맞은 내용을 〈조건〉에 맞게 쓰시오.

> 글쓴이는 미래에 현재보다 사람이 살기 좋은 사회가 올 것이라고 생각하는 것 같다. 왜냐하면 ________
> ________

조건
• 글에 나타난 단어나 구절 등을 추론의 단서로 제시할 것.
• 추론의 단서 두 가지를 제시할 것.

____

____

____

문제 확인하기

유형 확인 단어나 구절 등 글에 나타난 정보를 근거로 글쓴이의 의도를 추론할 수 있는지 확인하는 문항이다.

평가 기준 확인

상	추론의 두 가지 단서를 바르게 제시하였으며 문맥에 맞게 서술한 경우
중	추론의 단서를 한 가지만 제시한 경우
하	추론의 단서를 제시하지 못한 경우

내 답안 체크

예 1 '인공 지능은 사람처럼 깊이 사고하지 못한다'고 하였기 때문이다.: 인공 지능으로 인해 살기 좋은 미래 사회가 올 것이라고 볼 수 있는 단서를 제시하지 못하였다. ➡ 하

예 2 1문단에서 인공 지능이 사람을 대신하여 일하는 범위가 점점 넓어지는 것에 대해 '기대된다'고 표현하였기 때문이다.: 인공 지능으로 인해 살기 좋은 미래 사회가 올 것이라고 볼 수 있는 단서를 한 가지만 제시하였다. ➡ 중

• **10점 만점에 10점 예시 답안** •
1문단에서 인공 지능이 사람을 대신하여 일하는 범위가 점점 넓어지는 것에 대해 '기대된다'고 표현하였으며, 2문단에서 인공 지능이 도입된 자율 주행차가 등장하면 '사람이 직접 운전을 하지 않게' 된다는 면에서 편리할 것이라고 하였기 때문이다.

가 학생들이 하교할 시간에 학교 앞 편의점에 가면 컵라면이나 햄버거 등 간단히 조리하여 먹을 수 있는 음식을 먹는 학생들을 쉽게 볼 수 있다. 컵라면이나 햄버거와 같이 간단히 조리할 수 있고 저장이나 휴대도 편리한 가공식품을 '즉석식품'이라고 한다. 컵라면과 같은 즉석 면류뿐만 아니라 통조림, 냉동식품, 건조식품 등이 모두 즉석식품에 해당한다. 이것들이 학생들에게 인기가 있는 이유는 맛있고, 간편하게 먹을 수 있기 때문이다. 그런데 이런 즉석식품을 섭취하기 전에 ㉠곱씹어 보아야 할 문제가 있다.

나 첫째, 즉석식품을 자주 섭취하면 영양 불균형 상태가 되기 쉽다. 이는 즉석식품은 대부분 열량과 지방의 함량이 높고, 비타민, 무기질의 함량이 매우 낮기 때문이다. 비타민은 체내에서 거의 만들어지지 않는데, 면역, 소화, 성장 등 사람이 살아가는 데 필수적인 역할을 한다. 무기질 또한 체내에서 만들어지지 않는 성분으로, 신체의 골격을 형성하는 데 필수적인 성분이다. 그래서 즉석식품을 위주로 식사를 하면 이러한 영양소가 결핍되어 성장이 저해된다.

다 둘째, 즉석식품에는 나트륨이 과다 함유되어* 있다. 즉석식품에는 소금 함량이 많은 경우가 많고, 나트륨을 함유한 첨가 물질도 다량 들어가 있다. 예컨대 컵라면 한 개당 나트륨 함량은 무려 1,800~1,900mg에 달한다. 하루에 권장되는 나트륨 섭취 기준량은 2,000mg에 불과하다. ㉡그러므로 즉석식품을 자주 섭취하면 나트륨 섭취량이 비정상적으로 많아지게 되는데, 과도한 나트륨 섭취는 고혈압, 뇌졸중을 비롯한 심혈관계 질환이나 골다공증 등 다양한 질병을 유발할 수 있다.

라 셋째, 즉석식품에는 식품 첨가물도 많이 들어 있다. 방부*를 목적으로 하는 보존료, 색깔과 향을 내는 발색제와 향료, 맛을 내기 위한 화학 조미료 등이 즉석식품에 들어가는 대표적인 식품 첨가물이다. 학생들이 즐겨 먹는 즉석식품 중 하나인 라면 한 봉지에 들어가는 식품 첨가물의 종류는 20가지가 넘는다. 소량의 식품 첨가물은 신체에 큰 영향을 미치지 않지만, 이를 장기적으로 섭취하는 것은 문제가 될 수 있다. 예컨대 아질산 나트륨은 식품의 색을 선명하게 하기 위해 넣는데, 체내에서 다른 성분과 결합하여 발암 물질로 변할 수 있어 주의가 필요하다.

마 넷째, 즉석식품은 제조와 유통 과정에서 위생 문제가 발생할 수 있다. 즉석식품에서 머리카락이나 벌레 사체 등의 이물질이 발견되는 사건이 때때로 보도되고 있다. 또한 즉석식품을 제조하는 과정에서 위생 문제가 발생하지 않더라도 이를 유통하는 과정에서 포장이 훼손되어 유해한 세균이 들어가 문제를 일으킬 수 있다. 냉동식품의 경우 일정 온도 이하에서 보관되어야 하는데, 그렇지 못한 경우 세균이 증식하여* 식중독을 유발할 수 있다.

바 *다양한 맛의 즉석식품이 지금도 계속 개발되고 있으며 간편히 이용할 수 있다는 장점이 있어, 즉석식품은 우리 삶에서 떼려야 뗄 수 없는 존재가 되어 버렸다. ㉢그러나 그럴수록 자신이 균형 잡힌 식사를 하고 있는지 살펴보아야 하지 않을까.

📖 지문 이해

심선아, '즉석식품은 왜 나쁠까'

학생들 사이에 인기가 많은 즉석식품을 섭취하기 전에 생각해 보아야 할 점을 설명하면서 균형 잡힌 식사의 필요성을 밝히는 글이다.

주제 즉석식품 섭취로 인해 발생할 수 있는 문제와 균형 잡힌 식사의 필요성

내용 연구

- (가): 즉석식품의 뜻과 종류
- (나): 즉석식품 섭취로 인한 영양 □□□ 문제
- (다): 즉석식품에 함유된 과다한 □□□(으)로 인한 문제
- (라): 즉석식품에 함유된 식품 □□□(으)로 인한 문제
- (마): 즉석식품의 제조 및 유통 과정에서 발생하는 □□ 문제
- (바): 균형 잡힌 식사의 필요성

낱말 풀이

* 함유되다: 물질에 어떤 성분이 포함되어 있다.
* 방부: 물질이 썩거나 삭아서 변질되는 것을 막음.
* 증식하다: 늘어서 많아지다. 또는 늘려서 많게 하다.

구절 풀이

* 다양한 맛의 ~ 되어 버렸다.: 과도한 섭취로 인한 문제가 있지만 즉석식품을 먹지 않을 수 없는 현실적 한계를 인정하고 있다.

| 정답 |

불균형, 나트륨, 첨가물, 위생

01 ▶ 242008-0082

01 이 글을 이해한 내용으로 적절하지 <u>않은</u> 것은?

① 통조림, 냉동식품은 즉석식품의 한 종류이다.
② 비타민, 무기질은 사람에게 필수적인 영양소이다.
③ 컵라면을 자주 먹으면 나트륨을 과다 섭취하게 된다.
④ 식품 첨가물의 지속적 섭취는 건강에 영향을 미치지 않는다.
⑤ 포장이 훼손된 즉석식품에는 유해한 세균이 들어갈 수 있다.

▶ 242008-0083

02 (가)~(마)에 대한 설명으로 적절하지 <u>않은</u> 것은?

① (가): 즉석식품의 개념에 대해 설명하고 있다.
② (나): 즉석식품 섭취가 영양 불균형의 원인이 되는 까닭을 설명하고 있다.
③ (다): 즉석식품에 과다한 나트륨이 들어 있음을 예를 들어 설명하고 있다.
④ (라): 즉석식품에 들어가는 식품 첨가물의 종류를 설명하고 있다.
⑤ (마): 즉석식품이 제조되고 유통되는 과정에 대해 설명하고 있다.

▶ 242008-0084

03 〈보기〉는 ㉠의 사전적 의미이다. 〈보기〉를 고려하여 글쓴이의 의도나 관점을 추론한 내용으로 적절한 것은?

> **보기**
> 곱씹다: 말이나 생각 따위를 곰곰이 되풀이하다.

① 글쓴이는 즉석식품의 섭취에 수용적인 입장을 보이는군.
② 글쓴이는 즉석식품의 섭취에 적극적인 태도를 보이는군.
③ 글쓴이는 즉석식품의 섭취로 인한 문제를 해결할 수 있다고 보는군.
④ 글쓴이는 즉석식품으로 인한 문제에 대해 고민해야 할 필요성을 강조하려 하는군.
⑤ 글쓴이는 즉석식품의 섭취 전에 즉석식품의 편의성에 대한 이해가 필요하다고 보는군.

▶ 242008-0085

04 다음과 같은 배경지식을 가진 학생이 ㉡을 읽고 추론한 내용으로 가장 적절한 것은?

> • 나트륨은 사람에게 꼭 필요한 영양소임.
> • 나트륨의 지나친 섭취는 성인병을 유발함.
> • 몸에 쌓인 나트륨 배출을 돕는 음식으로 감자, 고구마 등이 있음.

① 나트륨은 꼭 필요한 영양소인데, 글쓴이도 이러한 점을 알리고 싶어 하는군.
② 나트륨의 섭취는 사람에게 꼭 필요한데, 글쓴이는 이러한 점을 긍정적으로 보고 있군.
③ 나트륨의 배출을 돕는 식품이 있는데, 글쓴이는 이를 잘 섭취하라고 설득하려 하는군.
④ 나트륨의 과도한 섭취는 건강에 위험을 미치는데, 글쓴이도 이러한 점을 우려하고 있군.
⑤ 나트륨은 감자, 고구마의 섭취로 배출할 수 있는데, 글쓴이는 이러한 정보를 소개하려 하는군.

 서술형

▶ 242008-0086

05 다음은 ㉢을 통해 글쓴이의 의도를 추론한 내용이다. ⓐ, ⓑ에 들어갈 알맞은 내용을 〈조건〉에 맞게 쓰시오.

> 글쓴이는 이 글에서 즉석식품을 과도하게 섭취하는 행위가 _____ ⓐ _____ 문제 등을 일으킬 수 있다고 말하고 있다. 이로 미루어 보아 글쓴이가 ㉢을 통해 하고 싶은 말은 _____ ⓑ _____는 것임을 알 수 있다.

> **조건**
> • ⓐ에는 즉석식품의 과도한 섭취로 발생하는 문제를 두 가지 쓸 것.
> • ⓑ에는 글쓴이의 의도를 추론하여 쓸 것.

가 대개의 소비는 광고에 의해 부추겨지는* 측면이 있다. 그렇다고 해서 무조건 욕망을 억누르고 소비를 자제해야 하는 것은 아니다. 필요한 게 있다면 사야 할 것이다. 다만 그 필요에 관해서 곰곰이 생각해 보아야 한다. *정말로 필요한 건지, 아니면 남들이 가지고 있으니까 덩달아 필요하다고 느끼는 건지 따져 볼 필요가 있다. 내가 가지고 있지 않은 것에 한눈팔다가 정작 가지고 있는 것을 하찮게 여기지는 않았는지 말이다.

나 소비를 하더라도 소유 목적의 소비보다 경험 목적의 소비를 할 필요가 있다. 소유 목적의 소비는 말 그대로 내 수중*에 지니려고 소비하는 것이다. 가령 옷이나 귀금속 등이 여기에 속한다. 대체로 물질로 되어 있는 것들은 소유 목적의 소비 대상이 된다. 반면에 경험 목적의 소비는 콘서트나 가족 여행 등에 돈을 쓰는 것이다. 물질이 아니라 말 그대로 비물질적인 경험을 중시하는 것이다.

다 영국 컬럼비아대의 엘리자베스 던과 미국 하버드대 경영 대학원의 마이클 노턴의 글에 따르면, 좋은 선물이 꼭 물건일 필요는 없다. 물질적인 선물보다 '경험 선물'과 '시간 선물'의 만족도가 오히려 더 높다고 한다. '경험 선물'이란 콘서트나 여행지 등에 가서 함께 감동을 느끼는 것을 말한다. '시간 선물'은 설거지나 집 청소 등을 대신 해 줌으로써 시간적인 여유를 선물하는 것이다. ⊙이런 선물들은 물건보다 더 오래 기억되고, 경험을 공유한 사람들의 관계를 더욱 돈독하게 만든다.

라 아마도 경험보다 소유가 더 행복을 준다고 생각하는 사람도 있을 것이다. 이들은 갖고 싶은 것을 원 없이 가지면 행복할 것이라고 생각할 것이다. 이와 관련하여, 사회 심리학자 밴 보벤은 20대에서 60대까지 1,200여 명을 대상으로 전화 설문 조사를 벌였다. 주로 가정 경제에 관한 의견 조사였는데, 설문 말미에 지금껏 살아오며 스스로 행복해지기 위해서 소유 자체를 목적으로 구매했던 물건과 경험을 위해 구매했던 물건 중에서 한 가지씩을 고르게 했다. 그런 다음 두 가지의 물건 중에 무엇이 더 자신을 행복하게 만들었는지 선택하도록 했다. 그 결과, 경험을 위한 구매로 자신이 더 행복해졌다고 답한 사람은 전체 응답자의 57퍼센트였지만, 소유를 위한 구매로 더 행복해졌다고 답한 사람은 34퍼센트에 불과했다. 나머지 9퍼센트의 사람들은 고르기 어렵다고 응답한 사람들과 응답 자체를 하지 않은 사람들이었다. 이 연구 결과는 어떤 물건의 구매를 통해 새로운 삶을 경험하는 것이 소유 자체를 위해 구매하는 것보다 많은 사람에게 더 큰 행복감을 안겨 준다는 점을 보여 준다.

마 또 한 가지, 경험을 위해 구매한 물건들은 대개 타인과의 관계를 위해 사용된 것이었다. 가령 함께 콘서트에 간다거나 여행을 가기 위해 소비한 것들이었다. 이처럼 자기가 소중하게 생각하는 사람과 공유한 경험은 사람들에게 진정한 행복을 가져다주었다. 자기 자신을 위해 소비한 경우보다 다른 사람과 경험을 공유하기 위해 소비한 경우가 더 큰 행복감을 느끼게 한 것이다. *이처럼 행복은 소유를 위한 소비보다 경험을 위한 소비를 했을 때, 그리고 개인적 소비보다 ⓒ관계적 소비를 했을 때 더 크게 다가온다.

📖 지문 이해

오승현, '소유에서 경험으로, 소비에서 나눔으로'

소비의 종류를 소유 목적의 소비와 경험 목적의 소비, 개인적 소비와 관계적 소비 등으로 나누어 어떤 종류의 소비가 사람을 행복하게 하는지에 대해 설명하는 글이다.

주제 사람을 행복하게 하는 경험을 위한 소비와 관계적 소비

내용 연구

- (가): 소비를 할 때 □□에 관해 따져 보아야 할 필요성
- (나): □□ 목적의 소비보다 □□ 목적의 소비를 해야 할 필요성
- (다): 물질적인 선물보다 만족도가 높은 경험 선물과 시간 선물
- (라): 경험과 소유가 □□에 미치는 영향
- (마): □□와/과의 관계를 위한 소비가 행복에 미치는 영향

낱말 풀이

* 부추기다: 남을 이리저리 들쑤셔서 어떤 일을 하게 만든다.
* 수중: 자기가 소유할 수 있거나 권력을 행사할 수 있는 범위.

구절 풀이

* 정말로 필요한 ~ 필요가 있다.: 소비를 할 때 정말로 필요하지 않지만 남들이 가지고 있으니 소비하는 경우가 많다는 것을 암시한다.
* 이처럼 행복은 ~ 크게 다가온다.: 경험을 위한 소비와 타인과의 관계를 위한 소비가 행복을 가져다줌을 설명하고 있다.

| 정답 |

필요, 소유, 경험, 행복, 타인

01 ◐ 242008-0087

01 이 글을 이해한 내용으로 적절하지 <u>않은</u> 것은?

① 소비하기 전에 정말로 필요한 소비인지 따져 보아야 한다.
② 마이클 노턴은 좋은 선물이 꼭 물건일 필요가 없다고 하였다.
③ 콘서트에 함께 가서 감동을 느끼는 것은 시간 선물에 해당한다.
④ 벤 보벤은 어떤 종류의 소비를 했을 때 사람이 행복을 느끼는지 연구하였다.
⑤ 벤 보벤의 연구에 따르면 경험을 위해 구매한 것은 대개 타인과의 관계를 위해 사용된다.

◐ 242008-0088

02 (나)를 고려할 때, 소비의 목적이 <u>다른</u> 하나는?

① 좋아하던 가수의 콘서트에 가려고 티켓을 샀다.
② 오랫동안 가지고 싶었던 손목시계를 구입하였다.
③ 관심 있는 작가의 전시회에 가려고 입장권을 예매하였다.
④ 수영을 잘하고 싶어서 돈을 내고 수영을 배우기로 하였다.
⑤ 친구들과 함께 여행하기 위해 저렴한 기차표를 준비하였다.

◐ 242008-0089

03 다음은 이 글의 글쓴이의 관점을 추론한 내용이다. 밑줄 친 부분에 들어갈 내용으로 적절한 것은?

> 나는 글쓴이가 소유 목적의 소비에 대해 부정적인 관점을 가지고 있다고 생각한다. 왜냐하면 ____________
> ____________________________________

① 대부분의 소비는 광고에 의해 부추겨지는 측면이 있음을 밝히고 있기 때문이다.
② 소유가 행복을 준다고 생각하는 사람이 많을 것이라고 추측하고 있기 때문이다.
③ 갖고 싶은 것을 원 없이 가지면 행복할 수 있음을 전제로 설명하고 있기 때문이다.
④ 34퍼센트나 되는 사람들이 소유를 위한 구매로 더 행복해졌음을 밝히고 있기 때문이다.
⑤ 물질적인 소비가 비물질적인 소비보다 만족도가 낮다는 연구 결과를 제시하고 있기 때문이다.

◐ 242008-0090

04 ㉠에 해당하는 내용이 <u>아닌</u> 것은?

① 혼자 교실을 청소하게 된 친구를 도움.
② 친구에게 음악을 추천해 주고 함께 들음.
③ 주말에 경로당을 찾아 어르신을 위한 공연을 함.
④ 동생이 평소 가지고 싶다고 말한 책을 사서 건넴.
⑤ 설거지를 해서 부모님께 차를 마실 시간을 선물함.

◐ 242008-0091

05 ㉡의 의미로 적절한 것은?

① 자신의 즐거움을 위한 소비
② 자신의 꿈과 관계가 있는 소비
③ 타인과 경험을 공유하기 위한 소비
④ 자신에게 필요한 물건을 사기 위한 소비
⑤ 타인이 구입한 물건을 따라 구매하는 소비

✏️ 서술형 ◐ 242008-0092

06 다음은 이 글의 글쓴이가 글을 쓴 의도를 추론한 것이다. ⓐ, ⓑ에 들어갈 알맞은 내용을 〈조건〉에 맞게 쓰시오.

> 글쓴이는 독자들이 ______ⓐ______을/를 위한 소비를 하도록 설득하고자 한다. 이를 위하여 ____________
> ____________ⓑ____________

조건

• ⓐ는 한 단어로 쓸 것.
• ⓑ는 글쓴이가 독자를 설득하기 위해 사용한 방법을 한 문장으로 쓸 것.

가 우리가 사는 집에는 책이 8천 권 정도 있다. 안성 시골집에는 남편이 수십 년간 모은 4만 권의 책이 있었다. 몇 해 전 시골집을 처분하면서 헤이리에 사무실을 빌려 책들을 옮겼다. 안성에서 헤이리로, 5톤 트럭 다섯 대를 움직여 이사한 날, 밤 10시가 넘어서야 이사가 겨우 끝났다. 남편이 갑자기 가슴이 답답하고 숨이 안 쉬어지네, 하길래 밖으로 나와 밤이 내린 헤이리 마을을 거닐었다. 숨을 천천히 마시고 내쉬어 보게 했다.

"내가 그동안 이렇게 많은 책을 끌어안고 살아온 줄 몰랐어."

그가 충격을 받은 듯 어두운 얼굴로 말했다. 나는 그의 등을 쓸어 주며 이사를 무사히 마쳤으니 걱정 말라고, 괜찮다고 토닥여 주었다. / "건물이 무너지는 건 아니겠지?"

도서관보다 책이 더 많다고 아우성이던 이삿짐센터 직원들의 꾸지람 같은 말을 들으며 이사를 마친 뒤에도 당신의 걱정은 계속됐다.

나 매달 비싼 월세를 내야 할 만큼 많은 장서*를 가진 남편이 간혹 내 눈치를 본다는 걸 안다. ㉠책으로 가득 차 작업실로 사용하지도 못하는 애물단지 공간을 품고 있는 당신에게 내가 할 수 있는 말은 이것뿐이었다.

"추억의 비용이네. 아주 비싸게 지불해야 하는."

몇만 권의 책들을 그저 추억의 귀함으로 끌어안고 있을 뿐이니, 과연 추억의 비용을 지불하는 게 맞지 않은가.

다 헤이리 공간의 계약이 만료되어 우리는 또 한 번의 이사를 준비하고 있다. 이번엔 파주 출판 단지에 사무실을 얻었다. 이사 비용은 또 왜 이리 비싼지! 역시 매달 비싼 추억의 비용을 지불해야 한다. 기약도 대책도 없는 서가* 이사가 앞으로 얼마나 반복될까? 이사하며 버릴 책을 많이 버렸다며, 이제 2만 권 정도로 양이 줄었다는데 모르겠다. 백 권의 책만 갖길 원하는 내겐 많아도 너무 많아 보인다. 이사를 앞두고 마음이 복잡하다. *시간과 비용을 감당하면서도 그가 쓰고 만들고(출판사를 경영한 적이 있으므로) 모은 책들을 한사코 품으려는 어리석음은 사랑의 속성이다. 사랑은 어리석음이다. 그 반대는 아니지만. 어쩌면 나는 그 ㉡'어리석음의 환함' 때문에 이 사람을 좋아하는지도 모르겠다. 대책 없음과 기약 없음, 마음의 일은 다 그렇다.

라 당신을 낳고 만들고 먹이고 입히는 책. ㉢나의 먼지 품은 시어머니.

오래된 서가 앞에서 재채기를 하며 비염이 심해진다고 화를 내지만, 이거 싹 다 갖다 버리자고 큰소리를 치지만, 그냥 해 보는 소리다. *추억의 비용이라면, 그게 책이라면, 당신을 이룬 한 세월이라면 같이 품어요. 일단 품어 봅시다.

마 책을 사랑하는 사람치고 별 볼 일 없는 사람은 없다. 책을 읽는 일은 남의 이야기에 귀를 기울이는 일, 다른 존재에 관심을 가지는 일이다. 책을 과하게 사랑하는 사람이 나쁜 사람이 될 확률은 낮다. 그럼에도 내가 꿈꾸는 건 백 권의 책만 놓인 집이다. 운이 좋으면 나중에 책을 둘 수 있는 별채를 한 채 가질 수 있을까? 책이 사는 집과 고요가 사는 집. 두 곳을 시소처럼 오가며 나이 들고 싶다. 책 좋아하는 간서치* 곁에서 생각한다. 사랑이란 그가 사랑하는 걸 참고 품어 주는 일이기도 하다는 것을. 나도 책을 사랑해 온 역사가 꽤, 되는데, 어쩌다 보니 책을 사랑하지 않는 사람처럼 이런 글을 쓰고 말았다.

지문 이해

박연준, '추억의 비용'

백 권의 책만 갖고 살기를 바라는 글쓴이가 이만 권의 책을 품고 사는 남편을 위해 추억의 비용을 지불하는 일에 대한 감회를 밝힌 수필이다.

주제 기꺼이 추억의 비용을 지불하는 아내의 마음

내용 연구

- (가): 시골집에서 헤이리로 이사하며 4만 권의 책을 옮김.
- (나): 남편의 책을 보관하며 내는 비용을 '□□의 □□'(이)라고 생각함.
- (다): 책을 품으려는 남편의 마음을 책에 대한 □□(이)라고 이해함.
- (라): □을/를 남편을 이룬 존재라고 여기며 품고 살아가고자 함.
- (마): 사랑이란 사랑하는 대상이 사랑하는 것을 참고 품어 주는 일이기도 하다는 것을 생각함.

낱말 풀이

* 장서: 책을 간직하여 둠. 또는 그 책.
* 서가: 문서나 책 따위를 얹어 두거나 꽂아 두도록 만든 선반.
* 간서치: 책만 읽는 바보.

구절 풀이

* 시간과 비용을 ~ 사랑의 속성이다.: 남편이 책을 보관하려는 어리석음은 책에 대한 사랑에서 비롯된 것임을 보여 준다.
* 추억의 비용이라면, ~ 같이 품어요.: 남편이 오랜 세월 동안 모은 책에 대한 수용적 태도를 확인할 수 있다.

| 정답 |

추억, 비용, 사랑, 책

242008-0093

01 이와 같은 글에 대한 설명으로 적절한 것은?

① 글쓴이의 개성이 잘 드러나는 글이다.
② 독자의 생각이 바뀌도록 설득하는 글이다.
③ 객관적인 정보를 전달하기 위해 쓴 글이다.
④ 정해진 형식에 맞추어 정서를 표현하는 글이다.
⑤ 논리적 근거를 바탕으로 주장을 밝히는 글이다.

242008-0094

02 다음과 같은 배경지식을 가진 학생이 ㉠을 읽고 추론한 내용으로 가장 적절한 것은?

> • '애물단지'는 몹시 애를 태우거나 성가시게 구는 물건이나 사람을 가리키는 표현이다.

① '나'는 책을 보관하는 공간을 무관심하게 바라보고 있군.
② '나'는 '당신'이 성가신 일을 싫어하는 사람이라고 생각하고 있군.
③ '나'는 너무 많은 책을 보관하는 공간을 번거롭고 귀찮게 여기고 있군.
④ '나'는 '당신'이 자신을 성가시게 하기 위하여 책을 모은다고 생각하는군.
⑤ '나'는 책을 보관하는 공간을 작업실로 사용하고 싶어 애를 태우고 있군.

242008-0095

03 이 글의 글쓴이에 대한 설명으로 적절하지 <u>않은</u> 것은?

① 과거에 출판사를 경영한 적이 있다.
② 남편을 책만 읽는 바보라고 생각한다.
③ 백 권의 책만 놓인 집에서 살기를 원한다.
④ 책을 다 버리자고 남편에게 큰소리를 친다.
⑤ 책 읽는 일을 남에게 관심을 갖는 일로 여긴다.

242008-0096

04 다음은 ㉡에 대한 설명이다. 밑줄 친 부분에 들어갈 말로 적절한 것은?

> 글쓴이는 ㉡에서 남편의 어리석음을 긍정적으로 표현하였다. 이는 글쓴이가 ____________________ 생각하기 때문이다.

① 남편의 어리석음은 대책 없는 일이라고
② 어리석음이 본래 사랑과 관련된 일이라고
③ 남편의 어리석음이 사랑에서 비롯된 것이라고
④ 어리석음은 그와 관련된 추억을 회상하게 한다고
⑤ 남편의 어리석음은 나아질 기약이 없는 것이라고

242008-0097

05 ㉢이 가리키는 대상으로 적절한 것은?

① 백 권의 책
② 안성 시골집
③ 남편의 부모님
④ 남편이 보관하는 책
⑤ 파주 출판 단지의 사무실

✏️ 서술형

242008-0098

06 이 글의 글쓴이가 어떤 마음으로 '추억의 비용'을 내는지 〈조건〉에 맞게 쓰시오.

> **조건**
> • 글쓴이의 마음을 추론할 수 있는 근거를 함께 쓸 것.
> • 근거는 (마)의 내용과 관련지어 쓸 것.

무엇을 배울까? 단어의 짜임을 분석하여 새말 형성의 원리를 이해할 수 있다.

생각돋보기

친구들은 '먹방'이라는 말이 사전에 등재되었다는 신문 기사를 읽고는 비슷한 원리로 새로운 단어를 만들어 보고 있습니다. '먹방'이 '먹는 방송'의 줄임말이라는 점에 착안하여 '춤을 추면서 하는 방송'을 '댄방' 혹은 '춤방'이라고 표현한 것이지요.

이처럼 새로운 개념이나 사물 등이 생겨나면 이를 가리키는 새말이 필요해요. 그래서 사람들은 많은 새말을 만들어 냅니다. 우리 주변에서 생겨나고 있는 단어들이 어떤 원리로 만들어졌는지, 그 짜임을 분석하면 새말이 어떻게 만들어지는지를 이해할 수 있어요. 그리고 새말의 형성 원리를 이해하면 우리의 상황을 표현할 수 있는 재미있고 다양한 말을 만들 수 있어요. 또한 최근에는 우리말이 아닌 외국어로 새말을 만드는 경우가 많아요. 단어의 짜임을 고려하여 외국어를 익숙한 우리말로 순화하는 활동이 바로 우리말 사랑 실천의 길이랍니다.

---

1 단어와 형태소

(1) **단어**: 문장에서 홀로 쓰일 수 있는 가장 작은 말의 단위

(2) **형태소**: 의미를 가진 가장 작은 말의 단위

> 예 하늘이 높다 ┌ 단어: 하늘, 이, 높다
> └ 형태소: 하늘, 이, 높−, −다

2 형태소의 종류

(1) **자립성에 따라**

- 자립 형태소: 홀로 쓰일 수 있는 형태소 예 하늘
- 의존 형태소: 홀로 쓰일 수 없어 항상 다른 형태에 의존하여 쓰이는 형태소
  예 이, 높−, −다

(2) **의미에 따라**

- 실질 형태소: 구체적인 대상이나 동작, 상태 등 실질적 의미를 갖는 형태소 예 하늘, 높−
- 형식 형태소: 문법적 의미를 나타내는 형태소 예 이, −다

확인하기

1. 다음 설명이 맞으면 ○표, 틀리면 ×표를 하시오.

⑴ 문장에서 홀로 쓰일 수 있는 가장 작은 말의 단위를 단어라고 한다. (   )

⑵ 형태소는 말의 뜻을 구별하는 가장 작은 소리의 단위이다. (   )

2. 다음 빈칸에 들어갈 말을 〈보기〉에서 찾아 쓰시오.

> 보기
> 자립, 의존, 실질, 형식

⑴ 구체적인 대상이나 동작, 상태를 나타내는 형태소를 (   ) 형태소라고 한다.

⑵ (   ) 형태소란 홀로 쓰일 수 있는 형태소를 말한다.

❸ 단어의 구성 요소

(1) **어근**: 단어를 이루는 형태소 가운데 실질적인 의미를 나타내는 부분

(2) **접사**: 단어를 이루는 형태소 가운데 어근에 붙어 특정한 의미나 기능을 더해 주는 부분

❹ 단어의 짜임

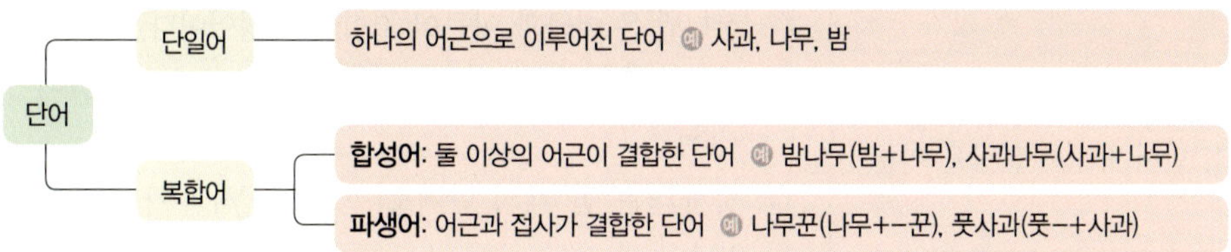

❺ 새말의 형성 원리

(1) 새말의 생성

- 일반적으로 새로운 개념이나 사물이 들어오면서 이를 나타내기 위해 새롭게 만든 말을 새말이라고 한다.
- 외국어를 우리말로 바꾸는 등 국어 순화의 결과로 만들어지기도 한다.
- 이미 있던 말에 새 뜻이 추가되어 만들어지기도 한다.

(2) 새말의 형성 원리

- 합성: 어근과 어근을 결합하는 방법 예 금손(금+손), 불닭(불+닭)
- 파생: 어근에 접사를 결합하는 방법 예 누리꾼(누리+-꾼), 엄지족(엄지+-족)
- 그 밖의 방법: 단어의 첫 글자를 결합하거나 각 단어의 일부만 결합하는 방법 등
  예 엄빠(**엄**마+아**빠**), 네티켓(**네**티즌+에**티켓**)

(3) 새말의 순화

- 단어의 짜임을 고려하여 익숙한 우리말로 순화하면 많은 사람이 보다 쉽게 이해할 수 있다.

---

3. 초성을 참고하여 빈칸에 알맞은 말을 쓰시오.

(1) 하나의 어근으로 이루어진 단어를 □ㄷ□ㅇ□(이)라고 한다.

(2) 둘 이상의 어근으로 이루어지거나 어근과 접사가 결합하여 이루어진 단어를 □ㅂ□ㅎ□ㅇ□(이)라고 한다.

(3) 어근과 접사가 결합한 단어를 □ㅍ□ㅅ□ㅇ□(이)라고 한다.

4. 다음 설명과 관련 있는 말을 한 단어로 쓰시오.

- 새로운 개념이나 사물이 들어오면서 새롭게 만든 말
- 이미 있던 말에 새 뜻이 추가되어 만들어지기도 함.

정답 1. (1) ○ (2) × 2. (1) 실질 (2) 자립 3. (1) 단일어 (2) 복합어 (3) 파생어 4. 새말

 '여행 관광 용어도 쉬운 우리말로'

　최근 해외여행이 부쩍 늘면서 여행, 관광과 관련된 말들이 자주 들린다. 그런데 외국어로 된 말들이 많아 무슨 말인지 이해하기 어려운 때가 종종 있다. 예를 들어 "호텔이나 항공사에서는 노쇼(no show)에 대비해 최소 10%의 오버부킹(overbooking)을 받고 있다."라는 말을 들으면 이것이 우리말인지 외국어인지 알 수가 없다.

　'노쇼'는 예약 후 취소 연락 없이 나타나지 않는 것을 말한다. '부킹(booking)'은 우리말로 '예약'이다. 그리고 '오버부킹'은 취소할 고객을 예상하여 수용 인원 이상으로 예약을 받는 것을 말한다. 우리말로 '노쇼'는 '예약 부도', '오버부킹'은 '초과 예약'으로 바꾸어 쓴다면 서로 쉽게 소통할 수 있을 것이다.

새말의 생성

- '노쇼'와 '오버부킹'의 공통점은 (　①　)(이)라는 점이다.
- '노쇼'는 (　②　)(으)로, '오버부킹'은 (　③　)(으)로 바꿔 쓸 수 있다.

정답 ① 외국어로 된 새말 ② 예약 부도 ③ 초과 예약

꼭! 나오는 문제

가 단어는 형태소가 결합하여 이루어진, 자립해서 쓸 수 있는 가장 작은 말의 단위이다. 형태소는 뜻을 가진 가장 작은 말의 단위인데, 형태소 하나가 단어를 이루기도 하고, 둘 이상의 형태소가 모여 단어를 이루기도 한다. 예를 들어 '사과나무'라는 단어는 '사과'와 '나무', 두 개의 형태소로 이루어져 있다.

그럼 다음 문장을 단어와 형태소로 각각 나누어 보자. 이를 통해 형태소가 모여 단어를 이루고, 단어가 모여 문장을 이룬다는 것을 확인할 수 있다.

문장	아이가 잔디밭에서 풋사과를 먹었다.
단어	아이/가/잔디밭/에서/풋사과/를/먹었다
형태소	아이/가/잔디/밭/에서/풋–/사과/를/먹–/–었–/–다

그렇다면 단어는 어떻게 구성되는 것일까? 단어의 짜임을 분석할 때에는 단어의 구성 요소인 어근과 접사를 파악해야 한다. 어근이란 단어의 중심 의미를 이루는 부분이고, 접사란 어근과 결합하여 어근에 보조적 의미를 더하거나 문법적 기능을 하는 부분이다.

하나의 어근으로 이루어진 단어를 단일어라고 하고, 둘 이상의 단어 구성 요소로 이루어진 단어를 복합어라고 한다. 복합어에는 어근끼리 결합한 합성어와, 어근에 접사가 결합한 파생어가 있다.

나 새말은 새로운 사물이나 개념이 생겨나면서 이를 표현하기 위해 생겨난다. 사회가 빠르게 변화할수록 새로운 사물이나 개념이 많이 생겨나고, 이를 반영하기 위해 새말이 많이 만들어진다.

새말을 만들 때에는 어근과 접사를 활용하여 합성이나 파생을 하는 기존의 단어 형성 방법을 사용할 수도 있고, '혼자서 먹는 밥'을 줄여 '혼밥'이라고 부르는 것처럼 줄임말을 만드는 방법도 있다.

유형 01

▶ 242008-0099

(가)를 참고하여 단어의 짜임을 분석한 내용으로 적절하지 않은 것은?

① '아이'는 하나의 어근으로 구성된 단일어이다.
② '잔디밭'은 어근과 어근이 결합한 합성어이다.
③ '잔디밭에서'는 '잔디'와 '밭에서'의 두 단어가 결합되어 있다.
④ '풋사과'는 한 개의 단어로, '풋–'과 '사과'가 결합되어 있다.
⑤ '풋사과'는 접사와 어근이 결합한 파생어이다.

💡 문제 확인하기

유형 확인 단어의 구성 요소와 짜임을 이해했는지 확인하는 문항이다.

정답 확인 정답 ③

(가)에 따르면, 둘 이상의 단어 구성 요소로 이루어진 단어를 복합어라고 한다. 복합어는 하나의 단어이다. 따라서 '잔디밭에서'는 '잔디밭'과 조사 '에서'가 결합된 두 개의 단어로 나눌 수 있다.

오답 확인

① '아이'는 '아'와 '이'로 나누면 그 의미가 사라지기 때문에 더 나눌 수 없다. 이를 통해 '아이'는 하나의 형태소로 이루어진 단일어임을 알 수 있다.
② '잔디밭'은 어근 '잔디'와 어근 '밭'이 결합한 합성어이다.
④ '풋사과'는 접사인 '풋–'과 어근인 '사과'로 이루어진 단어이다. '풋–'은 '덜 익은'의 뜻을 지닌 접사이다.
⑤ '풋사과'와 같이 어근과 접사로 구성되어 있는 복합어를 파생어라 한다.

📖 필수 개념 확인

☐ **단일어와 복합어**
• 단일어: 하나의 어근으로 이루어진 단어
• 복합어: 둘 이상의 구성 요소로 이루어진 단어

☐ **합성어와 파생어**
• 합성어: 둘 이상의 어근이 결합하여 이루어진 단어
• 파생어: 어근에 접사가 결합하여 이루어진 단어

☐ **어근과 접사**
• 어근: 단어의 실질적인 의미를 나타내는 부분
• 접사: 어근에 붙어 특정한 의미나 기능을 더해 주는 부분

유형 **02**

◐ 242008-0100

(나)를 바탕으로 새말에 대해 이해한 내용으로 적절하지 <u>않은</u> 것은?

① '먹방'은 어근과 어근이 결합하여 만들어진 말이다.
② '엄지족'은 어근과 접사가 결합하여 만들어진 말이다.
③ 인터넷이 생기면서 관련된 말이 많이 만들어졌을 것이다.
④ '라볶이'는 여러 단어를 한 단어로 줄여 만들어진 말이다.
⑤ '둘레길'은 기존의 단어 형성 방법에 따라 만들어진 말이다.

<보기>를 참고하여 다음 밑줄 친 새말을 사용할 때의 문제점을 <조건>에 맞게 쓰시오.

> **보기**
>
> 최근 우리나라 사람들의 언어 사용 방식을 살펴보면 외래어와 외국어의 사용이 늘면서 새말을 만들 때에도 외국어를 활용하는 경우가 많아지고 있습니다. 외국어를 전혀 사용하지 않는 것은 어려운 일이지만, 외국어를 불필요한 상황에서도 과도하게 사용할 경우 소통에 문제가 생기거나 언어문화를 훼손할 수 있기 때문에 우리말로 순화하여 쓰도록 노력해야 합니다.

> 동생: 어디야?
> 형: <u>무빙워크</u>에서 내려서 <u>굿즈</u> 파는 곳으로 와.
> 동생: 어디라구? 무슨 말이야?

> **조건**
>
> • 밑줄 친 형의 말에서 발견할 수 있는 문제점을 밝힐 것.
> • 문제점을 한 문장으로 쓸 것.

 **문제 확인하기**

유형 확인 새말이 만들어진 이유와 새말의 형성 원리를 이해하고 있는지 확인하는 문항이다.

정답 확인   **정답 ①**
'혼자서 먹는 밥'을 줄여 '혼밥'이라고 부르는 것처럼 '먹방'은 '먹는 방송'을 줄여서 만든 새말이다.

오답 확인
② '엄지족'은 '엄지'와 '-족'이 결합한 단어로, 어근과 접사가 결합하는 파생의 방법에 따라 만들어진 말이다.
③ 새말은 새로운 사물이나 개념이 생겨나면서 이를 표현하기 위해 생겨난다고 하였으므로 인터넷이 생기면서 관련 새말들이 만들어졌을 것이다.
④ '라볶이'는 '라면'의 '라'와 '떡볶이'의 '볶이'를 합하여 만든 말이다.
⑤ '둘레길'은 '둘레'와 '길'이 결합된 단어로, 어근과 어근이 결합하는 합성의 방법에 따라 만들어진 말이다.

 **문제 확인하기**

유형 확인 새말의 순화에 대해 이해하고 있는지 확인하는 문항이다.

평가 기준 확인

상	무분별한 외국어 사용이 지닌 문제점을 파악하여 한 문장으로 서술한 경우
중	무분별한 외국어 사용의 문제점만 파악하고 한 문장으로 서술하지 못한 경우
하	관련 내용을 서술하지 못한 경우

내 답안 체크
예 1 **무분별한 외국어 사용:** 형이 사용한 새말의 문제점을 지적했으나 한 문장으로 서술하지 못했다. ➡ **중**
예 2 **동생이 모르는 말을 썼다.:** 형이 사용한 새말의 문제점을 구체적으로 밝히지 않았다. ➡ **하**

• **10점 만점에 10점 예시 답안** •
형은 외국어를 활용한 새말을 무분별하게 사용하고 있다.

필수 개념 확인

☐ **새말의 형성 원리**
• 기존의 단어 형성 방법에 따라 어근끼리 결합하는 방식
• 기존의 단어 형성 방법에 따라 어근과 접사가 결합하는 방식
• 여러 단어의 일부를 따서 한 단어로 줄이는 방식

[01~03] 다음 글을 읽고 물음에 답하시오.

우리말은 단어가 모여 문장을 이룬다. 단어는 문장에서 홀로 쓰일 수 있는 말과, 홀로 쓰일 수 있는 말에 붙어 쉽게 분리될 수 있는 말을 가리킨다.

예를 들어 "사과나무가 많다."라는 문장은 '사과나무', '가', '많다'로 나눌 수 있다. '사과나무', '많다'처럼 문장에서 홀로 쓰일 수 있는 말을 단어라고 한다. 그리고 '가'와 같이 홀로 쓰일 수 있는 말에 붙어서 쉽게 분리될 수 있는 말도 단어라고 인정한다. 따라서 '사과나무가 많다.'는 '사과나무', '가', '많다'의 세 단어로 이루어진 문장이다.

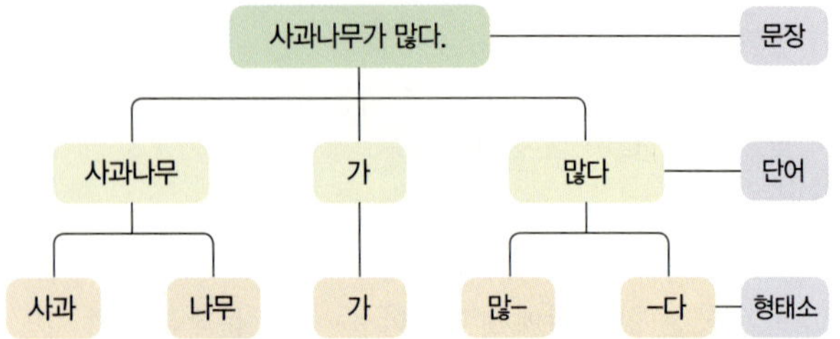

위 문장에서 '사과나무', '많다'와 같은 단어는 더 작게 쪼갤 수 있다. 예를 들어 '사과나무'는 하나의 단어이지만, 더 작은 단위인 '사과'와 '나무'로 나눌 수 있다. 하지만 '사과'를 '사'와 '과', 또는 '나무'를 '나'와 '무'로 나눈다면 '사과', '나무'가 지녔던 원래 의미가 사라지고, 각각이 의미하는 바를 파악할 수 없게 된다. 이렇게 '사과', '나무', '가', '많-'. '-다'처럼 (㉠   )을/를 형태소라고 한다.

'새까맣다'에서 중심 의미를 담당하는 '까맣-'은 어근이고, '아주, 몹시'의 의미를 더하는 '새-'는 접사가 되는 것이다.

○ 242008-0101

01 이 글을 읽은 학생의 반응으로 적절하지 <u>않은</u> 것은?

① '많다'는 하나의 단어이다.
② '사과나무'는 두 개의 단어이다.
③ '사과나무가 많다.'는 하나의 문장이다.
④ '가'는 홀로 쓰일 수 없지만 하나의 단어이다.
⑤ '나무'를 더 쪼개면 본래 지녔던 의미가 사라진다.

○ 242008-0102

02 ㉠에 들어갈 내용으로 적절한 것은?

① 단어로 이루어진 말의 단위
② 뜻을 가진 가장 작은 말의 단위
③ 단어에서 중심 의미를 이루는 부분
④ 자립해서 쓸 수 있는 가장 작은 말의 단위
⑤ 단어에서 어근에 문법적 의미를 더하는 말의 부분

🖉 서술형

○ 242008-0103

03 〈보기〉에 제시된 세 단어가 공통적으로 포함하고 있는 구성 요소를 〈조건〉에 맞게 쓰시오.

> **보기**
>
> 나무   밤나무   나무꾼

> **조건**
> • 세 단어에 공통적으로 들어 있는 말을 밝힐 것.
> • 공통적으로 들어 있는 말이 어떤 구성 요소에 해당하는지 밝힐 것.

○ 242008-0104

04 〈보기〉를 참고할 때, 단일어가 <u>아닌</u> 것은?

보기

　단어를 구성하는 요소에는 어근과 접사가 있다. 하나의 어근으로 이루어진 단어는 단일어, 둘 이상의 단어 구성 요소로 이루어진 단어를 복합어라고 한다.

① 하늘　　　② 바다　　　③ 가을
④ 얼굴　　　⑤ 집안

○ 242008-0105

05 〈보기〉에 제시된 질문에 모두 '아니요'로 대답할 수 있는 단어는?

보기

• 하나의 어근으로 이루어졌나요?
• 접사가 결합되어 있나요?

① 나무
② 헛다리
③ 맨주먹
④ 사냥꾼
⑤ 오르내리다

○ 242008-0106

06 〈보기〉의 밑줄 친 부분에 대한 설명으로 적절한 것은?

보기

깊<u>이</u>　　　높<u>이</u>　　　길<u>이</u>　　　넓<u>이</u>

① 자립적으로 쓸 수 있는 말이다.
② 하나의 어근으로만 구성된 말이다.
③ 단어의 중심 의미를 이루는 부분이다.
④ 어근에 붙어 특정한 의미나 기능을 더한다.
⑤ 문장을 이루는 요소로 띄어쓰기의 단위이다.

○ 242008-0107

07 〈보기〉에 제시된 문장에서 합성어를 모두 찾아 묶은 것은?

보기

밤말은 쥐가 듣고 낮말은 새가 듣는다.

① 밤말
② 쥐, 새
③ 밤말, 낮말
④ 밤말, 낮말, 듣고
⑤ 밤말, 낮말, 듣고, 듣는다

○ 242008-0108

08 단어를 형태소로 나눈 것 중 적절하지 <u>않은</u> 것은?

① 한/여름
② 부채/질
③ 밤송/이
④ 돌/다리
⑤ 장난/꾸러기

✎ 서술형

○ 242008-0109

09 〈보기〉의 질문에 대한 답을 〈조건〉에 맞게 쓰시오.

보기

　'새빨갛다'는 매우 빨갛다는 뜻이고, '새파랗다'는 매우 파랗다는 뜻입니다. '새빨갛다'와 '새파랗다'의 단어 구성 요소 중 공통으로 들어 있는 '새-'의 의미와 기능은 무엇일까요?

조건

• '새-'의 의미와 기능을 밝힐 것.
• 한 문장으로 쓸 것.

[01~03] 다음 글을 읽고 물음에 답하시오.

새말은 새로운 사물이나 개념이 생겨나면서 이를 표현하기 위해 생겨난다. 사회가 빠르게 변화할수록 새로운 사물이나 개념이 많이 생겨나고, 이를 반영하기 위해 새말이 많이 만들어진다. 그리고 ⊙국어 순화의 결과로 새말이 만들어지기도 한다.

새말을 만들 때에는 어근과 접사를 활용하여 합성이나 파생을 하는 기존의 단어 형성 방법을 사용할 수도 있고, 기존에 단어를 형성하는 방법이 아닌 새로운 방법으로 단어를 합성하거나 파생할 수도 있다.

예를 들어 '금손'은 손재주가 뛰어난 사람을 비유적으로 이르는 말인데, 어근인 '금'과 어근인 '손'이 결합하는 합성의 방법으로 만들어진 새말이다. 또한 '엄지족'은 엄지손가락으로 휴대 전화의 자판을 빠르게 칠 수 있는 사람을 의미하는데, 어근인 '엄지'와 접사인 '-족'이 결합하는 파생의 방법으로 만든 새말이다.

기존의 단어 형성 방법이 아니라 줄임말 등의 방법으로 새말을 만드는 경우도 많다. '엄빠'는 '엄마'의 앞 글자인 '엄'과 '아빠'의 뒷 글자인 '빠'를 결합하여 만든 말로, 단어의 일부만 결합하여 만들어진 새말이다. '떡튀순'은 '떡볶이', '튀김', '순대'의 앞 글자를 결합하여 만든 새말이다.

그런데 최근에는 외국어로 된 새말이 지나치게 많이 사용되고 있어 주의할 필요가 있다. 새말을 만들거나 사용할 때에는 서로 쉽게 이해할 수 있으면서 소통에 문제가 없는지 확인해 보아야 한다. 무분별하게 외국어로 만든 새말을 사용하면 서로 소통하는 데에 문제가 생길 수 있다. 특히 공적인 자리에서 이해하기 어려운 새말을 사용하게 되면 상대가 불편을 느낄 수 있으니 주의해야 한다.

○ 242008-0110

01 이 글에 대한 설명으로 적절한 것은?

① 새말의 형성 방법에 대해 설명하고 있다.
② 외국어로 만든 새말의 장점을 제시하고 있다.
③ 새말이 없어지는 과정에 대해 서술하고 있다.
④ 새말을 되도록 많이 사용하라고 주장하고 있다.
⑤ 새로운 방법으로 단어를 만드는 이유를 설명하고 있다.

○ 242008-0111

02 ⊙에 해당하는 새말로 적절한 것은?

① 리플　　　② 디엠　　　③ 웃프다
④ 누리꾼　　⑤ 스마트폰

 서술형

○ 242008-0112

03 〈보기〉에 나타난 언어 사용의 문제를 〈조건〉에 맞게 쓰시오.

> **보기**
>
> 고객: 이 옷 어떤가요?
> 점원: 인싸들이 많이 입는 옷이에요.
> 고객: 인싸요?
> 점원: 네, 그럼 피팅해 보실래요?
> 고객: 네?

> **조건**
>
> • 소통과 관련하여 어떤 문제가 있는지 쓸 것.
> • 문제가 있는 점원의 말을 구체적으로 밝힐 것.

◐ 242008-0113

04 새말에 대한 설명으로 가장 적절한 것은?

① 특정 지역의 사람들만 사용하는 말
② 한국인이 쓰기 쉽고 듣기 쉬운 토박이말
③ 다른 언어로부터 들어와서 우리말로 동화된 말
④ 어떤 일이 계기가 되어 일정 기간 즐겨 쓰는 말
⑤ 새롭게 나타난 대상을 표현하려고 새로 만든 말

◐ 242008-0114

05 〈보기〉에 제시된 새말의 공통점으로 적절한 것은?

보기
피시방　　　빨래방　　　만화방

① 합성의 방법으로 만든 말이다.
② 파생의 방법으로 만든 말이다.
③ 외래어와 고유어가 결합한 말이다.
④ 단어의 첫 글자를 따서 결합한 말이다.
⑤ 외국에서 들어와 고유어처럼 쓰이는 말이다.

◐ 242008-0115

06 〈보기〉에 해당하는 단어로 적절한 것은?

보기
　　새말을 만들 때 각 단어의 첫 글자를 따서 결합하여 한 단어로 줄이는 방식을 사용하는 경우가 있다.

① 아점　　　② 쫄볶이　　　③ 사랑꾼
④ 둘레길　　　⑤ 무빙워크

◐ 242008-0116

07 〈보기〉의 문장을 고쳐 쓴 이유로 적절한 것은?

보기
　　어제 도로에 블랙 아이스가 깔려서 미끄러진 자동차에 사슴이 로드킬을 당했다.
➡ 어제 도로 살얼음이 깔려서 미끄러진 자동차에 사슴이 동물 찾길 사고를 당했다.

① 전문적인 의사소통을 하기 위해
② 긴 설명을 짧은 말로 대체하기 위해
③ 말하는 사람에 대한 신뢰성을 높이기 위해
④ 소통하는 사람의 소속감과 유대감을 강화하기 위해
⑤ 우리말을 활용해서 말뜻을 이해하기 쉽게 하기 위해

✎ 서술형

◐ 242008-0117

08 〈보기〉에서 '학생 2'가 했을 대답으로 적절한 말을 〈조건〉에 맞게 쓰시오.

보기
학생 1: 새말은 어떻게 만드는 거야?
학생 2: 새말을 만들 때에는 합성이나 파생처럼 기존의 단어 형성 방법을 사용하는 경우도 있고, 기존의 단어 형성 방법을 사용하지 않고 줄임말 등을 사용해서 새말을 만드는 경우도 있어.
학생 1: 그럼 '혼밥'은 기존의 단어 형성 방법을 사용한 말이야?
학생 2: ＿＿＿＿＿＿＿＿＿＿＿＿＿＿＿＿＿＿＿＿

조건
• '학생 1'의 말이 맞는지 틀린지 밝히고, 그 이유를 한 문장으로 쓸 것.

무엇을 배울까? 품사의 종류와 특성을 이해하고 국어 자료를 분석할 수 있다.

생각돋보기

남학생은 '책상 위', '책'과 같이 장소와 사물을 구체적인 단어로 말하고 있어요. 반면에 원희는 '책상 위'를 대신하여 '여기'라는 단어로, '책'을 대신하여 '이것'이라는 단어로 말하고 있네요. 우리는 일상생활에서 여러 단어를 사용하여 사람들과 이야기를 나누거나 글을 써요. 단어 중에는 '책상', '위', '책' 등과 같이 구체적인 이름을 나타내는 단어도 있고, '여기', '이것' 등과 같이 다른 단어를 대신해서 가리키는 단어도 있답니다.

이와 같이 단어들을 성질이 공통된 것끼리 모아서 분류한 갈래를 품사라고 하는데, 국어의 품사에는 의미에 따라 아홉 가지 종류가 있어요. 품사의 개념과 종류, 그리고 특성에 대해 학습한 내용을 바탕으로 국어 자료에 어떤 품사가 사용되었는지 살펴보면 우리말을 한층 깊이 있게 이해할 수 있답니다.

1 품사의 뜻과 분류 기준

(1) 품사의 뜻: 공통된 성질을 지닌 것끼리 묶어 놓은 단어의 갈래

(2) 품사의 분류 기준
- 형태: 단어가 문장에서 쓰일 때 형태가 변하는가?
- 기능: 단어가 문장에서 주로 어떤 기능을 하는가?
- 의미: 단어가 어떤 공통 의미를 지니고 있는가?

형태	기능	의미
형태가 변하지 않는 단어 (불변어)	체언	명사
		대명사
		수사
	수식언	관형사
		부사
	독립언	감탄사
	관계언	조사(☆서술격 조사: 가변어)
형태가 변하는 단어(가변어)	용언	동사
		형용사

확인하기

1. 다음 설명이 맞으면 ○표, 틀리면 ×표 하시오.

(1) 공통된 성질을 지닌 것끼리 묶어 놓은 단어의 갈래를 품사라고 한다. ( )

(2) 단어의 갈래는 문장에서 단어가 어떤 기능을 하는지에 따라 나눌 수 있다. ( )

(3) 명사, 대명사, 수사는 문장에서 쓰일 때 그 형태가 변한다. ( )

2 품사의 종류와 특성

(1) 체언: 문장에서 주로 주체의 역할을 하는 단어

명사	사람이나 사물 등의 이름을 나타내는 단어　예 가방, 이순신, 어머니, 사랑 등
대명사	사람이나 사물 등의 이름을 대신하여 가리키는 단어　예 나, 이것, 저기, 무엇, 누구, 어디 등
수사	사람이나 사물 등의 수량이나 순서를 나타내는 단어　예 하나, 둘, 셋, 첫째, 둘째, 셋째 등

(2) 용언: 문장에서 주로 주체를 서술하는 역할을 하는 단어

동사	사람이나 사물의 움직임이나 작용을 나타내는 단어　예 가다, 오다, 먹다, 입다, 웃다 등
형용사	사람이나 사물의 성질이나 상태를 나타내는 단어　예 예쁘다, 크다, 맑다, 좋다 등

(3) 수식언: 문장에서 주로 다른 말을 꾸며 주거나 제한하는 단어

관형사	체언 앞에서 체언을 꾸며 주는 단어　예 새, 헌, 모든, 이, 저, 어느 등
부사	주로 용언 앞에서 용언을 꾸며 주는 단어 (☆ 다른 부사, 관형사나 체언, 문장 전체를 꾸며 주기도 함.) 예 아주, 멀리, 깨끗이, 바로, 과연, 안, 못 등

(4) 관계언: 문장에서 주로 체언 뒤에 붙어서 다른 말과의 관계를 나타내거나 앞말에 특별한 의미를 더해 주는 단어

조사	다른 말과의 관계를 나타내는 단어　예 이/가, 을/를, 에, 에게, 에서, 의 등
	앞말에 특별한 뜻을 더해 주는 단어　예 만, 도, 부터, 까지, 은/는, 조차 등
	앞말이 서술어의 자격을 갖게 해 주는 단어(서술격 조사)　예 이다 (☆ 형태가 변하는 가변어임.)

(5) 독립언: 문장에서 다른 말과 직접적인 관련을 맺지 않고 독립적으로 쓰이는 단어

감탄사	말하는 이의 놀람, 느낌, 부름/대답 등을 나타내는 단어 예 앗, 응, 네, 어머나, 여보세요, 어이쿠 등

예로 이해하기　가변어와 불변어

(다음 날 경주 여행을 가는 은주가 하굣길에 동건과 나눈 대화)

동건: 여행은 몇 명이 가?
은주: 다섯이 함께 가. 새 가방도 샀어. 어때?
동건: 오, 예쁘네. 재미있게 잘 다녀와.
은주: 나 먼저 간다!
동건: 야, 넘어져. 조심히 가.

가변어
'가다'는 '가', '간다'와 같이, '예쁘다'는 '예쁘네'와 같이 문장에서 쓰일 때 형태가 변하므로 (①)(이)다.

불변어
다음은 문장에서 쓰일 때 형태가 변하지 않는 불변어이다.

체언			수식언		독립언
(②)	대명사	(③)	관형사	(④)	(⑤)
여행, 명, 가방	나	다섯	몇, 새	함께, 잘, 먼저, 조심히	오, 야

정답 ① 가변어 ② 명사 ③ 수사 ④ 부사 ⑤ 독립언

유형 01

● 242008-0118

〈보기〉와 같이 단어를 분류한 기준으로 적절한 것은?

> ┌ 보기 ┐
> ㄱ. 아기, 생글생글, 우리, 어이쿠
> ㄴ. 귀엽다, 웃는다, 환하다, 공부하다

① 문장에서 독립적으로 쓰이는가에 따라
② 문장에서 주로 어떤 기능을 하는가에 따라
③ 문장에서 쓰일 때 형태가 변하는가에 따라
④ 문장에서 어떤 공통 의미를 가지는가에 따라
⑤ 문장에서 다른 말과의 관계를 나타내는가에 따라

 **문제 확인하기**

유형 확인 품사의 분류 기준을 바르게 이해했는지 확인하는 문항이다.

정답 확인 정답 ③

ㄱ. '아기'는 명사, '생글생글'은 부사, '우리'는 대명사, '어이쿠'는 감탄사이다. 명사, 대명사, 수사는 체언이고, 부사는 수식언이고, 감탄사는 독립언이다. 체언, 수식언, 독립언은 문장에서 쓰일 때 형태가 변하지 않는 불변어에 속한다.
ㄴ. '귀엽다', '환하다'는 형용사이고, '웃는다', '공부하다'는 동사이다. 형용사, 동사는 용언으로, 문장에서 쓰일 때 형태가 변하는 가변어에 속한다.
따라서 ㄱ, ㄴ의 분류 기준은 문장에서 쓰일 때 형태가 변하는가이다.

오답 확인
① 문장에서 독립적으로 쓰이는 것은 독립언이다.
② 문장에서 주로 어떤 기능을 하는가에 따라 체언, 수식언, 독립언, 관계언, 용언으로 구분한다.
④ 문장에서 어떤 공통 의미를 지니는지에 따라 명사, 대명사, 수사, 관형사, 부사, 감탄사, 조사, 동사, 형용사로 구분한다.
⑤ 문장에서 다른 말과의 관계를 나타내는 것은 조사이다.

 **필수 개념 확인**

☐ **품사의 분류 기준과 체계**
- 형태: 단어가 문장에서 쓰일 때 형태가 변하는지 → 가변어와 불변어
- 기능: 단어가 문장에서 주로 어떤 기능을 하는지 → 체언, 수식언, 독립언, 관계언, 용언
- 의미: 단어가 어떤 공통 의미를 지니는지 → 명사, 대명사, 수사, 관형사, 부사, 감탄사, 조사, 동사, 형용사

유형 02

● 242008-0119

〈보기〉에 제시된 단어들의 공통점으로 적절하지 <u>않은</u> 것은?

> ┌ 보기 ┐
> 봄   이순신   딸기   백두산   무지개   바다

① 형태가 변하지 않는다.
② 대상의 이름을 나타낸다.
③ 조사와 결합하거나 홀로 쓰인다.
④ 다른 말을 꾸며 주거나 제한한다.
⑤ 문장에서 주로 주체의 역할을 한다.

문제 확인하기

유형 확인 명사의 개념과 특징을 바르게 이해했는지 확인하는 문항이다.

정답 확인 정답 ④

'봄', '이순신', '딸기', '백두산', '무지개', '바다'는 사람이나 사물 등의 이름을 나타내는 명사이다. 문장에서 다른 말을 꾸며 주거나 제한하는 기능을 하는 것은 수식언(관형사, 부사)이다.

오답 확인
① 명사는 문장에서 쓰일 때 형태가 변하지 않는 불변어이다.
② 명사는 대상의 이름을 나타내는 품사이다.
③ 명사는 문장에서 쓰일 때 조사와 결합하거나 홀로 쓰인다.
⑤ 명사는 기능상 문장에서 주로 주체의 역할을 하는 체언이다.

필수 개념 확인

☐ **명사의 뜻**
- 사람이나 사물 등의 이름을 나타내는 단어이다.
- '봄', '딸기', '무지개', '바다'와 같은 보통 명사와 '이순신', '백두산'과 같은 고유 명사가 있다.

☐ **명사의 특징**
- 문장에서 쓰일 때 형태가 변하지 않는 불변어이다.
- 문장에서 쓰일 때 주로 주체의 역할을 하는 체언이다.
- 문장에서 쓰일 때 조사와 결합하거나 홀로 쓰인다.

유형 **03**

▶ 242008-0120

다음 중 밑줄 친 단어와 품사의 연결이 적절하지 <u>않은</u> 것은?

① 그는 비상을 <u>꿈꾼다</u>. – 동사
② 봄바람이 <u>살랑살랑</u> 분다. – 부사
③ 강아지의 노란 털이 <u>보드랍다</u>. – 형용사
④ 나도 별<u>과</u> 같은 사람이 될 수 있을까? – 조사
⑤ 혜윤이는 운동장에서 <u>한</u> 사람만 보았다. – 수사

 **문제 확인하기**

유형 확인 품사의 종류를 이해하고 단어의 품사를 구분할 수 있는지 확인하는 문항이다.

정답 확인　　　　　　　　　　　　　　　　　　　　　**정답 ⑤**
'혜윤이는 운동장에서 한 사람만 보았다.'에서 '한'은 수량의 의미를 가지고 있고, 뒤에 오는 체언인 '사람'을 꾸며 주는 관형사이다. 숫자의 의미가 있으나 뒤에 오는 체언을 꾸며 주는 관형사이다.

오답 확인
① 그는 비상을 <u>꿈꾼다</u>. – '그'의 움직임을 나타내는 동사이다.
② 봄바람이 <u>살랑살랑</u> 분다. – 동사 '분다(불다)'를 꾸며 주는 부사이다.
③ 강아지의 노란 털이 <u>보드랍다</u>. – '털'의 성질이나 상태를 나타내는 형용사이다.
④ 나도 별<u>과</u> 같은 사람이 될 수 있을까? – 명사 '별'의 뒤에 붙어서 다른 말과의 관계를 나타내는 조사이다.

필수 개념 확인

☐ **품사의 종류**
- 동사: 사람이나 사물의 움직임이나 작용을 나타내는 단어
- 형용사: 사람이나 사물의 성질이나 상태를 나타내는 단어
- 부사: 주로 용언 앞에서 용언을 꾸며 주는 단어
- 관형사: 체언 앞에서 체언을 꾸며 주는 단어
- 수사: 사람이나 사물 등의 수량이나 순서를 나타내는 단어
- 조사: 주로 체언 뒤에 붙어서 다른 말과의 관계를 나타내거나 앞말에 특별한 의미를 더해 주는 단어

〈보기〉를 참고하여 ㉠, ㉡의 품사를 적고, 문장에서 하는 공통된 기능을 쓰시오.

─ 보기 ─

　공통된 성질을 지닌 것끼리 묶어 놓은 단어의 갈래를 품사라고 하는데, 국어에는 의미에 따라 아홉 가지의 품사가 있다. 그중에서 용언은 문장에서 주로 주체를 서술하는 역할을 하며, 동사와 형용사 두 종류가 있다. 동사는 사람이나 사물의 움직임이나 작용을 나타내는 단어이며, 형용사는 사람이나 사물의 성질이나 상태를 나타내는 단어이다.

- 장미 꽃잎이 태양처럼 ㉠<u>새빨갛다</u>.
- 주혁이가 결승점을 향해 힘껏 ㉡<u>달린다</u>.

 **문제 확인하기**

유형 확인 동사, 형용사를 이해하고 문장에서 공통으로 어떤 역할을 하는지 확인하는 문항이다.

평가 기준 확인

상	㉠, ㉡의 품사와 문장에서 공통으로 하는 역할을 바르게 서술한 경우
중	㉠, ㉡의 품사를 바르게 서술한 경우 / ㉠, ㉡이 문장에서 공통으로 하는 역할을 바르게 서술한 경우
하	㉠, ㉡의 품사와 문장에서 공통으로 하는 역할을 모두 서술하지 못한 경우

내 답안 체크

예1 ㉠은 형용사이고, ㉡은 동사이다.: ㉠, ㉡이 문장에서 공통으로 하는 역할을 서술하지 못했다. ➡ **중**

예2 ㉠은 사람이나 사물의 성질이나 상태를 나타내는 형용사이고, ㉡은 사람이나 사물의 움직임을 나타내는 동사이다.: ㉠, ㉡의 품사는 설명했으나 문장에서 공통으로 하는 역할을 서술하지 못했다.
➡ **중**

─ **10점 만점에 10점 예시 답안** ─

　㉠은 형용사이고, ㉡은 동사로, 문장에서 주로 주체를 서술하는 역할을 한다.

01 품사에 대한 설명으로 적절하지 <u>않은</u> 것은? ▶ 242008-0121

① 의미에 따라서 9개의 갈래로 나누어진다.
② 관형사, 부사는 문장에서 쓰일 때 형태가 변한다.
③ 공통된 성질을 지닌 것끼리 묶어 놓은 단어의 갈래이다.
④ 명사, 대명사, 수사는 문장에서 주로 주체의 역할을 한다.
⑤ 기능에 따라 체언, 수식언, 독립언, 관계언, 용언으로 구분된다.

02 다음 단어들의 공통점으로 적절한 것은? ▶ 242008-0122

> 재미있다, 시끄럽다, 빨갛다, 높다

① 사람이나 사물의 이름을 나타내는 단어이다.
② 사람이나 사물의 움직임을 나타내는 단어이다.
③ 문장에서 다른 말과의 관계를 나타내는 단어이다.
④ 사람이나 사물의 성질이나 상태를 나타내는 단어이다.
⑤ 문장에서 다른 말과 직접적인 관련을 맺지 않고 독립적으로 쓰이는 단어이다.

03 〈보기〉의 문장에 사용된 조사의 개수는? ▶ 242008-0123

> **보기**
> 동생은 미래에 과학자가 되고 싶어 한다.

① 1개　　② 2개
③ 3개　　④ 4개
⑤ 5개

04 다음 중 품사가 같은 단어끼리 묶이지 <u>않은</u> 것은? ▶ 242008-0124

① 새, 어떤, 모든
② 여보세요, 앗, 응
③ 빨리, 너무, 정말
④ 먹다, 피다, 맵다
⑤ 사과, 태백산, 이순신

05 다음 문장에 사용된 용언의 개수는? ▶ 242008-0125

> 소녀가 물속에서 무엇을 하나 집어낸다. 조약돌이었다. 조약돌이 하얗다. 그리고 팔짝팔짝 징검다리를 건넜다.

① 1개　　② 2개
③ 3개　　④ 4개
⑤ 5개

🖊 서술형

06 다음 문장의 밑줄 친 단어의 품사를 밝히고, 그렇게 판단한 이유가 무엇인지 〈조건〉에 맞게 쓰시오. ▶ 242008-0126

> 학교를 마치고 집으로 오는데, 세찬 비가 <u>몹시</u> 쏟아졌다.

> **조건**
> • ''몹시'는 문장에서 주로 ~ 역할을 하는 단어이므로 ~이다.'의 형식으로 쓸 것.

07 다음 문장의 밑줄 친 단어 중, 품사가 <u>다른</u> 하나는? ◐ 242008-0127

① <u>계곡물</u>이 시원하게 흐른다.
② 소녀는 달콤한 <u>아이스크림</u>을 생각했다.
③ <u>그</u>는 어제 보지 못한 드라마를 시청한다.
④ 비가 그치고 난 후 숲의 <u>공기</u>가 신선하다.
⑤ 언덕이 온통 노란 <u>개나리꽃</u>으로 덮여 있다.

08 다음 문장 중 수식언이 포함되지 <u>않은</u> 것은? ◐ 242008-0128

① 저 버스가 내가 타야 할 버스야.
② 과연 혜윤이는 목표를 이룰 수 있을까?
③ 어느 나라든 그곳의 문화를 존중해야 한다.
④ 도윤이는 좋아하는 과일을 도시락으로 챙겨 갔다.
⑤ 서진이는 헌 신발을 신고도 달리기에서 1등을 했다.

09 다음 문장에 쓰인 단어의 품사에 대한 설명으로 적절하지 <u>않은</u> 것은? ◐ 242008-0129

> <u>와</u>, <u>저</u> 꽃 좀 봐! <u>화단</u>에 예쁜 꽃<u>들이</u> <u>가득</u> 피었어.

① '와'는 다른 말과 직접적인 관련을 맺지 않고 독립적으로 쓰이는 감탄사야.
② '저'는 '꽃'을 꾸며 주는 역할을 하는 대명사야.
③ '화단'은 사람이나 사물의 이름을 나타내는 명사야.
④ '이'는 체언 뒤에 붙어서 다른 말과의 관계를 나타내는 조사야.
⑤ '가득'은 '피었어'를 꾸며 주는 역할을 하는 부사야.

10 다음 문장에 쓰이지 <u>않은</u> 품사는? ◐ 242008-0130

> 아이가 중학교에 입학해서 매우 자랑스러워요.

① 명사　　　　② 부사
③ 조사　　　　④ 관형사
⑤ 형용사

11 다음 문장에 대한 설명으로 적절한 것은? ◐ 242008-0131

> 아, 현우는 고기보다 채소를 더 좋아해.

① 명사가 4개 쓰였다.
② 부사가 2개 쓰였다.
③ 형태가 변하는 품사가 2개 쓰였다.
④ 독립적으로 쓰이는 단어가 1개 쓰였다.
⑤ 주로 체언 뒤에서 다른 말과의 관계를 나타내는 단어가 4개 쓰였다.

서술형

12 〈보기〉는 다음 문장의 밑줄 친 단어에 대한 설명이다. ⓐ~ⓒ에 들어갈 알맞은 말을 쓰시오. ◐ 242008-0132

> • 아기가 아장아장 <u>걷는다</u>.
> • 서우가 씩씩하게 <u>걷는</u> 모습이 보기 좋아.

> **보기**
> • 형태를 기준으로 분류하면, 밑줄 친 단어는 문장에서 쓰일 때 '걷는다', '걷는'과 같이 형태가 변하는 (ⓐ)이다.
> • 기능을 기준으로 분류하면, 밑줄 친 단어는 주체인 '아기', '서우'를 서술하는 역할을 하는 (ⓑ)이다.
> • 의미를 기준으로 분류하면, 밑줄 친 단어는 '아기', '서우'의 움직임을 나타내는 (ⓒ)이다.

01 〈보기〉의 (가)를 바탕으로 (나)를 분석한 내용으로 적절하지 <u>않은</u> 것은? ▶ 242008-0133

─ 보기 ─
(가) 품사는 단어를 형태, 기능, 의미를 기준으로 분류한 것이다. ㉠형태에 따라 불변어, 가변어로, ㉡기능에 따라 체언, 용언, 수식언, 관계언, 독립언으로 나뉜다. 그리고 ㉢의미에 따라 명사, 대명사, 수사, 동사, 형용사, 관형사, 부사, 조사, 감탄사로 나뉜다.
(나) 언제나 길은 나의 마음속에 함께 있었다.

① ㉠에 따라 나누면 '있었다'는 가변어이다.
② ㉡에 따라 나누면 '은', '의', '에'는 관계언이다.
③ ㉡에 따라 나누면 '길', '나', '마음속'은 체언이다.
④ ㉢에 따라 나누면 '길'과 '나'는 동일한 품사이다.
⑤ ㉢에 따라 나누면 '언제나'와 '함께'는 동일한 품사이다.

02 다음 문장의 밑줄 친 단어들의 공통점으로 적절한 것은? ▶ 242008-0134

- 나는 오늘 방을 <u>깨끗이</u> 치웠다.
- 그는 <u>절대</u> 거짓말을 할 사람이 아니다.
- 아침을 거르고 나왔더니 배가 <u>무척</u> 고프다.

① 주로 용언 앞에서 용언을 꾸며 주는 단어이다.
② 사람이나 사물 등의 이름을 나타내는 단어이다.
③ 사람이나 사물 등의 수량이나 순서를 나타내는 단어이다.
④ 사람이나 사물의 움직임이나 작용을 나타내는 단어이다.
⑤ 말하는 이의 놀람, 느낌, 부름이나 대답 등을 나타내는 단어이다.

03 다음 문장에 쓰인 감탄사를 모두 고른 것은? ▶ 242008-0135

- 이야, 정말 멋지구나!
- 어머, 시간이 벌써 이렇게 됐네.

① 이야, 어머
② 정말, 벌써
③ 정말, 시간
④ 이야, 이렇게
⑤ 멋지구나, 됐네

04 다음 밑줄 친 단어의 품사를 바르게 연결한 것은? ▶ 242008-0136

① 하늘은 <u>맑고</u> 푸르다. – 동사
② 이것은 <u>누구</u>의 것입니까? – 대명사
③ 하염없이 눈물이 <u>흘러내렸다.</u> – 부사
④ 과수원에 사과가 <u>주렁주렁</u> 열렸다. – 수사
⑤ 사랑하는 그녀가 <u>이미</u> 떠나 버렸다. – 형용사

05 〈보기〉의 문장 전체에 사용된 수식언의 개수는? ▶ 242008-0137

─ 보기 ─
나는 당신에게 투명하고 희망찬 마음만 보여 주고 싶었다. 거짓, 슬픔, 절망, 더러움보다 먼저 보여 주고 싶었다. 당신에게게만은. 그러나 잘되지 않았다.

① 2개
② 3개
③ 4개
④ 5개
⑤ 6개

✏️ 서술형

06 〈보기〉는 다음 문장의 밑줄 친 단어에 대한 설명이다. ⓐ~ⓓ에 들어갈 알맞은 말을 쓰시오. ▶ 242008-0138

㉠ 나는 그 작가의 작품을 <u>전부</u> 읽었다.
㉡ 그는 재산 <u>전부</u>를 사회 재단에 기부했다.

─ 보기 ─
㉠과 ㉡의 밑줄 친 단어는 같은 형태이지만 서로 다른 품사로 사용되고 있다. ㉠의 '전부'는 문장에서 (ⓐ) 역할을 하는 단어로, 품사는 (ⓑ)이며, ㉡의 '전부'는 문장에서 (ⓒ)의 역할을 하는 단어로, 품사는 (ⓓ)이다.

● 242008-0139

07 〈보기〉의 ⓐ~ⓒ를 이해한 내용으로 적절하지 <u>않은</u> 것은?

> **보기**
>
> ⓐ 나는 오직 너만을 사랑한다.
> ⓑ 할머니께서는 온갖 재료로 건강한 음식을 만들어 주셨다.
> ⓒ 철수처럼 선량한 사람은 그와 같이 행동하지 않는다.

① ⓐ에서 '오직'은 문장에서 다른 말을 수식하는 수식언이다.
② ⓑ에서 '온갖'은 불변어로 관형사이다.
③ ⓒ에서 '처럼'은 앞말의 수식을 받는 가변어이다.
④ ⓐ와 ⓑ에 쓰인 조사는 각각 3개, 4개이다.
⑤ ⓑ와 ⓒ에 쓰인 체언은 각각 3개씩이다.

● 242008-0140

08 다음 문장의 밑줄 친 단어 중 품사가 <u>다른</u> 하나는?

① <u>새</u> 신을 신어 보니 불편하다.
② 아무 사람이라도 좋으니 <u>빨리</u> 불러와.
③ 나는 오래된 치마를 <u>헌</u> 옷 수거함에 넣었다.
④ <u>저기</u> 있는 저것이 우리 아빠가 사 주신 옷이다.
⑤ 파리 올림픽에 참가한 <u>모든</u> 국가가 입장을 마쳤다.

● 242008-0141

09 다음 문장에 대한 설명으로 적절하지 않은 것은?

> 모든 청년은 푸른 하늘로 비상을 꿈꿨다.

① 명사가 3개 쓰였다.
② 관형사가 2개 쓰였다.
③ 관계언이 3개 쓰였다.
④ 가변어가 2개 쓰였다.
⑤ 부사는 쓰이지 않았다.

● 242008-0142

10 다음 문장에 쓰인 단어의 품사를 바르게 연결하지 <u>못한</u> 것은?

> <u>그녀</u>는 아침<u>마다</u> 일기를 <u>빠짐</u>없이 <u>쓴다</u>.
> ㉠　　　㉡　　　㉢　　　㉣　　　㉤

① ㉠ – 대명사　　　② ㉡ – 조사
③ ㉢ – 명사　　　④ ㉣ – 관형사
⑤ ㉤ – 동사

● 242008-0143

11 다음 문장 중 독립언이 포함되지 <u>않은</u> 것은?

① 어머나, 깜짝 놀랐네.
② 앗. 잠시만 기다려 주세요.
③ 응. 맞아. 나도 마음이 불편해.
④ 이런들 어떠하며 저런들 어떠하리.
⑤ 여보세요. 거기 아무도 안 계세요?

✏️ 서술형　　　● 242008-0144

12 다음 문장의 밑줄 친 단어들의 공통점을 〈조건〉에 맞게 쓰시오.

> • 우리 <u>함께</u> 공부하자.
> • 친구와 떡볶이를 <u>실컷</u> 먹었다.

> **조건**
>
> • 밑줄 친 단어들의 품사와 그렇게 생각한 이유를 밝힐 것.
> • '~의 품사는 ~로, 문장에서 ~ 역할을 하고 있다.'의 형식으로 쓸 것.

무엇을 배울까? 세대·분야·매체에 따른 어휘의 양상과 쓰임을 분석하고 다양한 집단과 사회의 언어에 관용적 태도를 지닐 수 있다.

🔍 생각돋보기

　두 친구가 사이좋게 손을 잡고 걸어가는 모습을 본 엄마가 둘이 사귀는 사이인지를 묻네요. 그러자 친구는 '삼귀는 사이'라고 대답하는데 엄마는 이 말을 이해하지 못해서 당황스러워하고 있습니다. '삼귀다'는 '사귀다'의 바로 전 단계를 뜻하는, 청소년들이 사용하는 단어예요.

　혹시 여러분도 누군가가 사용한 단어의 의미를 이해하지 못해서 당황스러운 경험을 한 적이 있나요? 대화 중에 상대방이 모르는 단어를 사용하면 의사소통이 안 되거나 그 단어의 의미를 모르는 사람이 소외감을 느낄 수 있습니다. 우리는 일상생활에서 다양한 단어를 사용하여 의사소통하고 있습니다. 매 순간 적절한 단어를 선택해서 말해야 듣는 사람이 정확하게 이해하고, 말하는 사람과 듣는 사람 간에 오해 없이 원활한 의사소통을 할 수 있답니다.

---

1 어휘의 뜻과 특징

(1) **뜻**: 일정한 범위 안에서 쓰이는 단어의 전체

(2) **특징**
- 국어의 어휘는 어원과 어종에 따라 고유어, 한자어, 외래어로 구분한다.
- 지역이나 사회적 요인에 따라 다양한 지역 방언과 사회 방언이 있다.

2 어휘의 체계

고유어	• 옛날부터 우리말에 있었거나 우리말에 기초하여 새로 만들어진 말 예 해, 달, 별, 어머니, 반짝반짝, 파랗다, 깨끗하다 등
한자어	• 한자에 기초하여 만들어진 말 예 책(册), 친구(親舊), 국어(國語), 감정(感情), 행복(幸福) 등 • 정확하고 세분화된 의미를 표현할 수 있음. 예 고유어 '나누다'에 해당하는 한자어로는 '구분하다', '분류하다', '분석하다', '구별하다', '분할하다' 등이 있음.
외래어	• 다른 나라에서 들어온 말 가운데 우리말로 인정되는 말 예 컴퓨터, 초콜릿, 커피, 빵, 버스, 모델 등

🎓 확인하기

1. 다음 설명이 맞으면 ○표, 틀리면 ×표를 하시오.

⑴ 일정한 범위 안에서 쓰이는 단어의 전체를 어휘라고 한다. 　　　　(　　)

⑵ 국어의 어휘는 지역적, 사회적 요인에 따라 고유어, 한자어, 외래어로 구분한다. 　　　　　　(　　)

2. 고유어에 해당하면 '고', 한자어에 해당하면 '한', 외래어에 해당하면 '외'라고 쓰시오.

⑴ 오페라, 텔레비전 　(　　)

⑵ 하늘, 파랗다 　　　(　　)

⑶ 감기(感氣), 성공(成功) (　　)

❸ 어휘의 양상

(1) 표준어와 방언

- 표준어: 한 나라에서 표준이 되게 정한 말. 신문, 방송 등과 같이 공식적인 상황에서 사용함.
- 방언: 한 언어에서, 사용 지역 또는 사회 계층에 따라 달라진 말. 사적 대화 등과 같이 비공식적인 상황에서 사용함.

지역 방언	산, 강의 지역 구분 등 지역적 요인에 따라 달라진 말 예 부엌, 정지, 북, 부석, 벽, 부악 등	• 장점: 같은 지역 방언 사용자 사이에 친밀감과 유대감을 형성함. • 단점: 다른 지역 방언 사용자들에게 이질감을 주고 원활한 의사소통에 방해가 됨.
사회 방언	직업, 나이, 성별, 사회 집단 등의 사회적 요인에 따라 달라진 말 예 • 세대 차이에 따른 사회 방언의 예: 청소년 세대-더럽, 문상, 생선, 피방 등 • 직업에 따른 사회 방언의 예: 원고, 피고, 판례, 공판 등	• 장점: 같은 사회 방언을 사용하는 집단의 구성원 사이에 소속감과 친밀감을 강화하거나 의사소통의 효율성을 높임. • 단점: 다른 집단 사람들과 원활한 의사소통이 어려움.

(2) 의미 관계에 따른 어휘의 양상

유의어	말소리는 다르지만 의미가 서로 같거나 비슷한 관계에 있는 단어들 예 잡다-쥐다, 거부-거절, 어른-성인 등
반의어	의미가 서로 반대되는 관계에 있는 단어들 예 시작-끝, 춥다-덥다, 참-거짓 등
상의어, 하의어	한 단어가 의미상 다른 단어를 포함하고 있는 단어를 상의어, 다른 단어의 의미에 포함되는 단어를 하의어라 함. 예 과일-복숭아, 포유류-고래, 문학-시 등

3. 초성을 참고하여 빈칸에 들어갈 알맞은 말을 쓰시오.

(1) ㅍㅈㅇ은/는 한 나라에서 표준이 되게 정한 말이므로 공식적인 상황에 사용하기에 적합하다.

(2) 사용 지역 또는 사회 계층에 따라 달라진 말을 ㅂㅇ(이)라 한다.

4. 다음 단어들의 관계를 바르게 연결하시오.

(1) 크다-작다 •　　• ㉠ 유의어

(2) 감정-슬픔 •　　• ㉡ 반의어

(3) 책방-서점 •　　• ㉢ 상의어

　　　　　　　　• 하의어

정답 1. (1) ○ (2) × 2. (1) 외 (2) 고 (3) 한 3. (1) 표준어 (2) 방언 4. (1) ㉡ (2) ㉢ (3) ㉠

예로 이해하기　사회 방언과 지역 방언

[상황 1]

(진료실에서 의사와 환자 보호자 사이의 대화)

의사: 지우는 프랙처*는 아니니 크게 걱정하지 않으셔도 됩니다. 엔세이드*를 복용하면서 찜질해 주세요.

지우 엄마: (어리둥절한 표정) …….

[상황 2]

(경상도 할머니 댁에서 할머니와 서울에서 온 손자의 대화)

할머니: 야야~ 정지*에 가서 지렁* 가온나.

손자: (당황한 표정) …….

[상황 3]

(중학생 팬이 30대 배우 김스타 씨의 SNS에 '김스타 더럽*'이라고 쓴 글을 읽은 김스타 씨의 반응)

김스타: '김스타 더럽'이라고? 내가 더럽다는 말인가……?

* 프랙처: 골절.　　* 엔세이드: 소염 진통제.　　* 정지: 부엌.　　* 지렁: 간장.
* 더럽: 'The love'를 소리 나는 대로 읽어 한글로 표기한 호감 표현의 말.

[상황 1]
의사가 의학 용어를 모르는 환자에게 의학 (①)인 '프랙처', '엔세이드'라는 전문어를 사용하여 의사소통이 원활하게 이루어지지 않았다.

[상황 2]
할머니가 '정지', '지렁'과 같은 (②)을/를 사용하여 의사소통이 원활하게 이루어지지 않았다.

[상황 3]
청소년 (③)의 말인 '더럽'을 사용하여 의사소통이 원활하게 이루어지지 않았다.

정답 ① 전문어 ② 지역 방언 ③ 세대

유형 01

● 242008-0145

우리말 어휘의 체계에 대한 설명으로 적절한 것은?

① '커피', '피아노', '컴퓨터'는 우리말에 포함되지 않는다.
② 옛날부터 우리말에 있었던 한자어도 고유어에 속한다.
③ 어원과 어종에 따라 고유어, 한자어, 외래어로 구분한다.
④ 고유어는 한자어에 비해 정확하고 세분화된 의미를 갖고 있다.
⑤ 외국어는 다른 나라에서 들어온 말 가운데 우리말로 인정되는 말이다.

 **문제 확인하기**

유형 확인 우리말의 어휘 체계에 대해 바르게 이해했는지 확인하는 문항이다.

정답 확인 **정답 ③**
국어의 어원과 어종에 따라 고유어, 한자어, 외래어로 구분할 수 있다.

오답 확인
① '커피', '피아노', '컴퓨터'는 외래어로 우리말에 포함된다.
② 한자에 기초하여 만들어진 말은 한자어에 속한다.
④ 한자어가 고유어보다 더 정확하고 세분화된 의미를 갖고 있는 경우가 많다. 예를 들면 고유어로 '생각'은 더 정확한 의미를 나타내기 위하여 한자어로 '상각'. '사고'. '연상'. '기억' 등과 같이 세분화되어 사용되기도 한다.
⑤ 외국어는 다른 나라의 말이고, 다른 나라에서 들어온 말 가운데 우리말로 인정되는 말은 외래어이다.

 **필수 개념 확인**

☐ **어휘의 뜻과 특징**
• 어휘는 일정한 범위 안에서 쓰이는 단어의 전체이다.
• 국어의 어휘는 어원과 어종에 따라 고유어, 한자어, 외래어로 구분한다.

☐ **어휘의 체계**
• 고유어는 옛날부터 우리말에 있었거나 우리말에 기초하여 새로 만들어진 말이다.
• 한자어는 한자에 기초하여 만들어진 말이다.
• 외래어는 다른 나라에서 들어온 말 가운데 우리말로 인정되는 말이다.

유형 02

● 242008-0146

〈보기〉의 ㉠~㉣에 대한 설명으로 적절하지 <u>않은</u> 것은?

> **보기**
>
> [대화 1]
> 제주도민: ㉠제주도에 오난 어떵 하우꽈?
> 관광객: 제주도에 오니 ㉡공기가 맑아서 참 좋아요.
>
> [대화 2]
> 학생: ㉢생선으로 ㉣문상 어때요?
> 선생님: ㉤생일 선물로 문화 상품권 어떠냐는 말이죠?

① ㉠은 지역 간 자연물의 구분으로 달라진 말이다.
② ㉡은 사용자가 어떤 전문 분야에 종사하는지 드러나는 말이다.
③ ㉢은 주로 젊은 세대에서 사용되는 줄임말이다.
④ ㉣은 주로 사적인 대화에서 사용되는 말이다.
⑤ ㉤은 한 나라의 표준이 되게 정한 말이다.

문제 확인하기

유형 확인 표준어와 방언의 특징을 바르게 이해했는지 확인하는 문항이다.

정답 확인 **정답 ②**
㉡은 표준어이다. 어떤 전문 분야에 종사하는지 드러나는 말은 사회 방언이다.

오답 확인
① ㉠은 지역 방언으로 산. 강 등의 자연물의 구분으로 달라진 말이다.
③ ㉢은 사회 방언으로 주로 젊은 세대에서 사용되는 줄임말이다.
④ ㉣은 사회 방언으로 주로 사적인 대화에서 사용되는 말이다.
⑤ ㉤은 한 나라의 표준어로 공식적인 상황에서 사용되는 말이다.

필수 개념 확인

☐ **표준어의 뜻과 특징**
• 표준어는 한 나라에서 표준이 되게 정한 말이다.
• 주로 신문. 방송 등과 같은 공식적인 상황에서 사용한다.

☐ **방언의 뜻과 특징**
• 방언은 한 언어에서 사용 지역 또는 사회 계층에 따라 달라진 말이다.
• 주로 사적인 대화 등과 같이 비공식적인 상황에서 사용한다.

유형 **03**

▶ 242008-0147

〈보기〉의 ㉠~㉢의 의미 관계에 대한 설명으로 적절한 것은?

> **보기**
>
> ㉠ 열다 – 닫다
> ㉡ 울다 – 흐느끼다
> ㉢ 생물 – 동물

① ㉠: '계란 – 달걀'과 의미 관계가 유사하다.
② ㉠: 말소리는 다르지만 의미가 서로 비슷하다.
③ ㉡: 의미가 서로 반대되는 관계에 있는 단어들이다.
④ ㉡: 상의어 – 하의어의 순서대로 나열되어 있다.
⑤ ㉢: 의미상 한 단어가 다른 단어를 포함하고 있다.

문제 확인하기

유형 확인 어휘의 의미 관계를 바르게 파악했는지 확인하는 문항이다.

정답 확인 정답 ⑤

㉢은 의미상 '생물'이 '동물'을 포함하고 있다. '생물'이 상의어이고, '동물'이 하의어이다.

오답 확인

①, ② ㉠은 의미가 서로 반대되는 관계에 있는 단어들이고, '계란'과 '달걀'은 의미가 서로 유사한 관계에 있는 단어들이다.
③, ④ ㉡은 의미가 서로 유사한 관계에 있는 단어들이며, 상의어 – 하의어가 아니다.

필수 개념 확인

□ **의미 관계에 따른 어휘의 양상**

- 유의어: 말소리는 다르지만 의미가 서로 같거나 비슷한 관계에 있는 단어들이다.
- 반의어: 의미가 서로 반대되는 관계에 있는 단어들이다.
- 상의어, 하의어: 한 단어가 의미상 다른 단어를 포함하고 있는 단어를 상의어, 다른 단어의 의미에 포함되는 단어를 하의어라고 한다.

㉠, ㉡의 공통점과 차이점을 〈보기〉를 참고하여 쓰시오.

> **보기**
>
> 우리말의 어휘는 달라진 원인에 따라 지역 방언과 사회 방언으로 구분된다. 지역 방언은 산, 강에 의한 지역 구분 등 지역적 원인에 따라 달라진 말이고, 사회 방언은 나이, 성별, 직업, 사회 집단 등 사회적 원인에 따라 달라진 말이다.

> ㉠ 정구지(부추를 뜻하는 경상도 말), 솔(부추를 뜻하는 전라도 말)
> ㉡ 피방(피씨방을 뜻하는 청소년 말), 비담(비주얼 담당을 뜻하는 청소년 말)

____

____

____

문제 확인하기

유형 확인 방언의 개념과 특징을 바르게 이해했는지 확인하는 문항이다.

평가 기준 확인

상	㉠, ㉡의 공통점과 차이점을 모두 바르게 서술한 경우
중	㉠, ㉡의 공통점 또는 차이점 중 한 가지만 바르게 서술한 경우
하	㉠, ㉡의 공통점과 차이점을 모두 바르게 서술하지 못한 경우

내 답안 체크

예1 ㉠, ㉡의 공통점은 동일한 방언을 사용하는 사람들 사이에 친밀감을 형성하고 효율적인 의사소통을 할 수 있다는 점이다.: ㉠, ㉡의 공통점은 밝혔으나 차이점을 서술하지 않았다. ➡ 중

예2 ㉠은 지역적 원인에 따라 달라진 말이고, ㉡은 사회적 원인에 따라 달라진 말이다.: ㉠, ㉡의 차이점은 밝혔으나 공통점을 서술하지 않았다. ➡ 중

10점 만점에 10점 예시 답안

㉠, ㉡의 공통점은 방언이라는 점(친밀감과 소외감, 의사소통의 효율성 등의 측면에서 써도 가능)이다. 차이점은 ㉠은 지역 방언(지역적 원인에 따라 달라진 말)이고, ㉡은 사회 방언(사회적 원인에 따라 달라진 말)이라는 점이다.

01 ▶ 242008-0148

고유어에 대한 설명으로 적절한 것만 골라 묶은 것은?

> ㄱ. '고생', '감기', '두부'는 고유어에 속한다.
> ㄴ. 옛날부터 우리나라에서 사용해 왔던 우리말이다.
> ㄷ. 우리 민족 고유의 정서를 효과적으로 표현할 수 있다.
> ㄹ. 법률 분야의 전문적 개념을 정확하게 표현하기에 적절하다.

① ㄱ, ㄴ ② ㄱ, ㄷ
③ ㄴ, ㄷ ④ ㄴ, ㄹ
⑤ ㄷ, ㄹ

02 ▶ 242008-0149

다음 단어들에 대한 설명으로 적절한 것은?

> 기차(汽車), 자동차(自動車), 비행기(飛行機)

① 한자에 기초해 만든 말이다.
② '꽃', '나비', '벌'과 같이 고유의 우리말이다.
③ 우리말에 속한 지 얼마 되지 않은 외래어이다.
④ 산, 강 등의 구분으로 지역 간에 달라진 말이다.
⑤ 세대 간, 계층 간 문화적 차이를 반영하는 말이다.

03 ▶ 242008-0150

다음 밑줄 친 단어 중 고유어가 아닌 것은?

① 새벽 하늘이 점차 밝아 온다.
② 노란 병아리의 털이 보드랍다.
③ 행복은 내 마음 먹기에 달려 있다.
④ 밤 하늘의 별이 반짝반짝 빛나고 있다.
⑤ 가을 단풍이 산을 온통 붉게 물들였다.

04 ▶ 242008-0151

다음 단어들에 대한 설명으로 적절하지 않은 것은?

> 앨범, 서비스, 초콜릿, 노트북

① 다른 나라에서 들어왔지만 우리말처럼 쓰인다.
② 대체하여 사용할 수 있는 고유어를 찾기가 쉽다.
③ 우리말의 어휘를 보완해 주고 풍부하게 해 준다.
④ 무분별한 사용은 국어 어휘 체계에 혼란을 준다.
⑤ '오페라', '버스', '도넛'도 이와 비슷한 단어들이다.

05 ▶ 242008-0152

〈보기〉의 밑줄 친 내용에 대한 설명으로 가장 적절한 것은?

> **보기**
>
> 서울에서 '따릉이'라고 불리는 공용 자전거의 명칭이 지역별로 다르다는 사실을 알고 있나요? 대전에서는 '타슈', 부산에서는 '타반나', 광주에서는 '타랑께'라고 부른답니다. 표준어가 아닌 <u>지역적 요인에 따라 달라진 말</u>에서 착안해 붙인 명칭이지요.

① 주로 젊은 세대에서 사용하는 말이다.
② 외국에서 유입됐지만 우리말처럼 느껴진다.
③ 사용하는 집단의 전문 지식이 반영된 말이다.
④ 같은 지역 사람들에게 동질감을 느끼게 한다.
⑤ 말이 달라지는 데 나이, 직업 등이 영향을 미쳤다.

✏️ 서술형

06 ▶ 242008-0153

다음 중 외래어만 골라 쓰시오.

> 꿈, 모델, 의사, 위로, 플루트, 모자, 사랑

07 다음 문장의 밑줄 친 고유어와 바꿔 쓸 수 있는 한자어로 적절하지 <u>않은</u> 것은?

① 나는 손으로 공을 힘껏 잡았다. → 어깨
② 일의 승패는 네 손에 달려 있다. → 노력
③ 장사꾼의 손에 놀아나고 있었다. → 수완
④ 행사장에 손이 부족해서 힘들었다. → 인력
⑤ 범인은 경찰의 손이 미치지 않는 곳으로 도망갔다.
　 → 영향력

08 〈보기〉의 외래어를 우리말로 순화한 것으로 적절한 것만 골라 묶은 것은?

> ― 보기 ―
> ㄱ. 네티즌(netizen) → 누리꾼
> ㄴ. 프로필(profile) → 인물 소개
> ㄷ. 앙케트(enquête) → 댓글
> ㄹ. 인터체인지(interchange) → 설문 조사

① ㄱ, ㄴ
② ㄱ, ㄷ
③ ㄴ, ㄷ
④ ㄴ, ㄹ
⑤ ㄷ, ㄹ

09 ㉠~㉢의 의미 관계와 같은 관계의 단어를 짝 지은 것은?

> ㉠ 뛰다 – 달리다
> ㉡ 빠르다 – 느리다
> ㉢ 생선 – 갈치

① ㉠: 가족 – 식구
② ㉠: 채소 – 시금치
③ ㉡: 곤충 – 벌레
④ ㉢: 길다 – 짧다
⑤ ㉢: 끈 – 줄

10 다음 단어의 의미 관계와 같은 것은?

> 꽃 – 국화

① 시작 – 끝
② 유리 – 금속
③ 가다 – 서다
④ 개 – 진돗개
⑤ 음식 – 요리

11 단어의 의미 관계에 대한 설명으로 적절하지 <u>않은</u> 것은?

① '벌써'의 반의어는 '이미'이다.
② '홍수'의 상의어는 '자연재해'이다.
③ '반려동물'의 하의어는 '강아지'이다.
④ '아름답다'와 '곱다'는 유의 관계에 있다.
⑤ '어른'과 '성인'은 말소리는 달라도 뜻은 비슷하다.

 서술형

12 〈보기〉는 ㉠, ㉡에 대한 설명이다. 괄호 안에 들어갈 알맞은 말을 골라 순서대로 쓰시오.

> ㉠ 뉴스 속보를 시작하겠습니다. 방금 들어온 소식입니다.
> ㉡ 잘 지내십니꺼? 고맙심더.

> ― 보기 ―
> (1) ㉠은 (표준어 / 방언)을/를 사용하고, ㉡은 (표준어 / 방언)을/를 사용하고 있다.
> (2) ㉠은 주로 (공식적 / 비공식적) 상황에서 사용하기에 적절하고, ㉡은 주로 (공식적 / 비공식적) 상황에서 사용하기에 적절하다.
> (3) (㉠ / ㉡)은/는 나이, 세대, 지역, 직업 등과 관계없이 모두 사용할 수 있고, (㉠ / ㉡)은/는 공통된 특성을 가진 특정 집단에서 주로 사용된다.
> (4) (㉠ / ㉡)은/는 지역적 원인에 따라 달라진 (지역 방언 / 사회 방언)이다.

주장하는 글 쓰기

무엇을 배울까? 주장을 뒷받침할 수 있는 타당한 근거를 들고 적절한 표현을 사용하여 주장하는 글을 쓸 수 있다.

🔍 생각돋보기

학생은 격투기 학원에 보내 달라고 엄마를 설득하기 위해 주장하는 글을 썼네요. 학생이 아무런 근거 없이 격투기 학원에 보내 달라고 했을 때 엄마는 무조건 안 된다고 답하셨지만, 근거를 갖춘 글을 써서 보여 드린 후 엄마를 설득할 수 있었어요. 엄마를 설득하는 경험을 한 학생은 주장하는 글을 쓸 때 타당한 근거를 드는 것이 얼마나 중요한지 알게 되었지요.

이처럼 주장을 뒷받침하는 타당한 근거를 들고 적절한 표현을 사용하면 독자를 설득할 수 있는 글을 쓸 수 있어요. 주장하는 글 쓰기의 과정에 따라 타당한 근거를 마련하여 주장을 적절하게 뒷받침하는 글을 쓸 수 있다면, 언제든지 자신감 있게 상대를 설득할 수 있을 거예요.

1 주장하는 글

특정한 사회 문제나 현상, 사실에 대한 자신의 생각이나 의견을 제시하고 상대방을 설득하는 글

2 주장하는 글을 쓰는 과정

계획하기	• 글을 쓰는 구체적인 목적과 독자 정하기 • 문제 상황에 대한 자신의 주장 정하기

↓

근거 마련하기	• 주장을 뒷받침할 수 있는 근거 자료 수집하기 • 타당성을 점검하여 사용할 자료 정하고 다듬기

↓

개요 작성하기	• 주장하는 글의 짜임에 따라 개요 작성하기 • 개요에 따라 근거 자료 조직하기

↓

표현하기	• 개요를 바탕으로 주장하는 글 쓰기

↓

고쳐쓰기	• 항목에 따라 내용을 점검하며 고쳐 쓰기

🎓 확인하기

1. 다음 설명이 맞으면 ○표, 틀리면 ×표를 하시오.

(1) 주장하는 글을 쓸 때 계획하기 단계에서는 글을 쓰는 목적과 독자를 정한다. (　　)

(2) 주장하는 글을 쓰기 위한 근거는 주장과 관련 없이 다양하게 수집한다. (　　)

3 주장하는 글을 쓰는 방법

- 주장이 분명하게 드러나도록 쓴다.
- 주장을 뒷받침하는 타당한 근거를 제시한다.
- 주장하는 글의 형식에 맞추어 '서론–본론–결론'으로 쓴다.
- 개인의 생각이나 감정에 치우친 주관적인 표현은 피한다.
- 말하려는 내용을 명확하게 전달하지 못하는 모호한 표현은 하지 않는다.
- 분명하지 않은 것을 단정적으로 표현하면 사실을 왜곡할 수 있으므로 주의한다.

4 타당한 근거의 기준

- 주장을 적절하게 뒷받침해야 한다.
- 주장을 뒷받침하는 근거의 출처가 믿을 만하고 정확해야 한다.

5 주장하는 글의 짜임

서론	• 문제 상황을 제시함. • 독자의 흥미와 호기심을 유발함.
본론	• 문제 상황에 대한 자신의 주장을 밝힘. • 타당한 근거를 들어 주장을 뒷받침함.
결론	• 주장을 강조함. • 글 전체의 내용을 요약하고 정리함. • 전망을 제시하거나 실천에 동참할 것을 촉구함.

　요즘 자기 전에 스마트폰을 사용한다고 하는 청소년들을 쉽게 볼 수 있다. 그런데 자기 전에 스마트폰을 사용하는 것은 청소년의 건강을 해칠 수 있어 주의가 필요하다.

　우선 자기 전에 스마트폰을 사용하면 눈 건강에 문제가 발생한다. 스마트폰에서는 블루 라이트라고 불리는 파란 계열의 빛이 방출되는데 블루 라이트에 오래 노출되면 망막 등이 손상될 수 있다. 특히 자기 전에 불을 끄고 어두운 곳에서 스마트폰을 보게 될 경우 눈의 피로가 빠르게 증가하므로 더욱 주의해야 한다.

　다음으로 자기 전에 스마트폰을 사용하면 잠을 자는 데 방해가 된다. 밤 늦게 스마트폰을 사용하면 뇌가 각성 상태를 유지하면서 숙면을 방해하고, 이러한 상황이 반복되면 수면 장애로까지 이어질 수 있다. ㉠게다가 스마트폰을 사용하면 다양한 정보를 빠르게 얻을 수 있다.

　이처럼 자기 전에 스마트폰을 사용하면 청소년의 눈 건강을 악화시키고 수면에도 방해가 될 수 있으므로 자기 전에는 스마트폰을 사용하지 않으려는 노력이 필요하다.

다음은 학교에 학생 휴식 공간을 만들어 달라고 주장하는 글을 쓰기 위해 수집한 자료이다. 물음에 답하시오.

가 설문 조사(대상: 우리 학교 학생)
학생 휴게 공간 필요성에 대한 인식

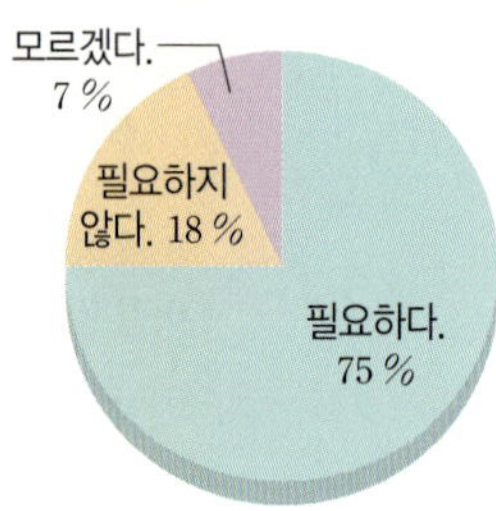

나 인터뷰
우리 학교 학생: 학교에 오면 자유롭게 친구들과 이야기를 나눌 공간이 마땅하지 않아요. 교실은 공부하는 공간이라 떠들며 놀 수가 없고, 복도에서 친구들끼리 모여 있다 보면 이동에 방해가 된다고 혼날 때도 많고요.

다 신문 기사
　교육청에서 실시한 조사 결과 학생들은 학교 공간 개선 요구 사항으로 '놀이·휴게 공간 설치'를 가장 원하고 있는 것으로 나타났다. 구체적으로 학생 휴게 공간을 어떤 공간으로 만들어야 할지에 대해서는 자연 친화적 휴게 공간, 수면실과 같은 휴게 공간, 체력을 단련할 수 있는 휴게 공간 등이 필요하다는 의견이 있었다. 교육청은 여러 여건을 고려하여 학생들의 바람에 따라 교육 활동의 중심인 학교 공간을 바꾸어 나가겠다는 계획을 밝혔다.

라 인터뷰
건축 전문가: 학교 공간의 유연한 활용은 학생들의 창의적인 사고를 자극할 수 있는 요소입니다. 학교의 곳곳에는 공부하는 공간 외에도 다양한 학생 휴게 공간이 필요합니다. 그곳에서 학생들이 오고가면서 자연스럽게 서로 의견을 나눌 수 있는 기회가 늘어나고, 그 결과 학생들이 훨씬 더 사회적이고 창의적인 인재로 성장할 수 있게 됩니다.

유형 01　　　　　　　　　◐ 242008-0160

학생이 주장하는 글을 쓰기 위해 고려할 사항으로 적절하지 않은 것은?

① 신문 기사 등 출처가 정확한 자료를 찾아 활용한다.
② 학교의 휴게 공간에 대한 독자의 관심을 유도한다.
③ 주제에 대해 전문적인 지식을 가진 사람의 인터뷰를 찾아본다.
④ 학생 휴게 공간이 필요하다는 주장과 관련 있는 자료를 수집한다.
⑤ 설문 조사 결과가 주장하는 바를 뒷받침하지 못한다면 수치를 바꿔 제시한다.

💡 문제 확인하기

유형 확인　주장하는 바에 맞게 적절한 근거를 활용하여 글을 쓸 수 있는지 확인하는 문항이다.

제시문으로 정답 확인　　　　　　　　　　**정답 ⑤**
(가)의 설문 조사를 통해 학생들의 75%가 휴게 공간이 필요하다고 인식하고 있는 것으로 나타났다. 이러한 설문 조사 결과는 과장, 축소하는 등 왜곡하면 안 되며, 정확한 수치를 사용해야 한다.

오답 확인
① 출처가 명확하고 객관적인 자료를 찾아야 한다.
② 독자가 주장하는 내용에 대해 관심을 갖도록 해야 한다.
③ 주제에 대한 전문적인 지식을 가진 사람의 의견을 제시해야 신뢰성을 높일 수 있다.
④ 수집한 자료가 주장과 관련이 있는지 점검해야 한다.

📖 필수 개념 확인

☐ **주장하는 글에서 근거를 제시할 때 주의할 점**
- 주장을 타당하게 뒷받침하는 근거를 사용한다.
- 주장과 관련이 있는 근거를 사용한다.
- 출처가 신뢰할 만한 근거를 사용한다.
- 객관적인 근거를 사용한다.

☐ **주장하는 글을 쓸 때 주의할 점**
- 모호한 표현은 피한다.
- 지나치게 감정적인 표현은 사용하지 않는다.

유형 02
● 242008-0161

다음은 수집한 자료를 바탕으로 학생이 작성한 글의 개요이다. ㉠~㉤ 중 적절하지 <u>않은</u> 것은?

> [서론]
> 글을 쓰게 된 이유 ……………………………………… ㉠
> [본론]
> • 학생 휴게 공간의 필요성 ………………………… ㉡
> • 학생 휴게 공간의 장점 …………………………… ㉢
> • 학생 휴게 공간 조성 시 발생하는 문제 ………… ㉣
> [결론]
> • 주장에 대한 수용 부탁 및 마무리 ……………… ㉤

① ㉠　　② ㉡　　③ ㉢　　④ ㉣　　⑤ ㉤

📑 문제 확인하기

유형 확인 글의 주장을 고려하여 내용을 조직할 수 있는지 확인하는 문항이다.

제시문으로 정답 확인　　　　　　　　　　　**정답 ④**
학생 휴게 공간 조성 시 발생하는 문제나 해결 방법에 대한 내용은 근거 자료로 수집하지 않았다.

오답 확인
① 서론에서는 문제 상황을 제시하므로, 설문 조사를 바탕으로 글을 쓰게 된 이유를 작성할 수 있다.
② 학생 인터뷰를 통해 학생 휴게 공간의 필요성을 제시할 수 있다.
③ 건축 전문가 인터뷰를 통해 학생 휴게 공간의 장점을 제시할 수 있다.
⑤ 주장하는 글의 결론 부분은 글 전체의 내용을 요약하고 주장을 강조하는 식으로 마무리한다.

📖 필수 개념 확인

☐ **주장하는 글의 짜임**
• 서론: 문제 상황을 제시하고, 독자의 흥미와 호기심을 유발한다.
• 본론: 타당한 근거를 들어 주장을 뒷받침한다.
• 결론: 글 전체의 내용을 정리하며 주장을 강조한다.

(다)를 활용하여 글의 일부를 작성한다고 가정할 때, 알맞은 내용을 〈조건〉에 맞게 쓰시오.

> **조건**
> • 학생 휴게 공간을 어떤 공간으로 만들지 구체적인 방안 두 가지를 제시할 것.
> • 한 문장으로 쓸 것.

____

____

____

📑 문제 확인하기

유형 확인 수집한 자료를 활용하여 주장하는 글을 쓸 수 있는지 확인하는 문항이다.

평가 기준 확인

상	구체적인 방안 두 가지를 적절하게 서술한 경우
중	구체적인 방안 한 가지를 적절하게 서술한 경우
하	구체적인 방안이 드러나지 않은 경우

내 답안 체크
예1 학생들이 쉴 수 있는 공간을 만들었으면 합니다.: 학생 휴게 공간을 마련할 경우 어떤 곳으로 만들 수 있는지 구체적인 방안이 제시되지 않았다. ➡ **하**
예2 학생들이 부족한 잠을 잘 수 있는 공간으로 만들면 좋겠습니다.: 한 가지 방안만 제시되어 있다. ➡ **중**

• 10점 만점에 10점 예시 답안 •
학생 휴게 공간을 만든다면 나무를 심어 쾌적한 자연 친화적인 곳, 그리고 체력을 단련할 수 있도록 운동 기구가 구비된 곳으로 만들었으면 합니다.

다음은 학생이 학교 신문에 '가당 음료 섭취를 줄이자'라는 주제의 글을 쓰기 위한 과정의 일부이다. 물음에 답하시오.

[쓰기 상황]

우리 학교 학생들이 가당 음료[*]를 너무 많이 섭취하는 것을 확인하고, 학교 신문에 우리 학교 학생들을 대상으로 가당 음료 섭취를 줄이자고 주장하는 글을 쓰고자 한다.

[수집한 자료]

가 **설문 조사**(대상: 우리 학교 학생 100명)

우리 학교 학생들을 대상으로 설문 조사를 한 결과, 85%의 학생이 하루 1회 이상 당류[*]가 들어간 음료를 섭취하고 있는 것으로 나타났다.

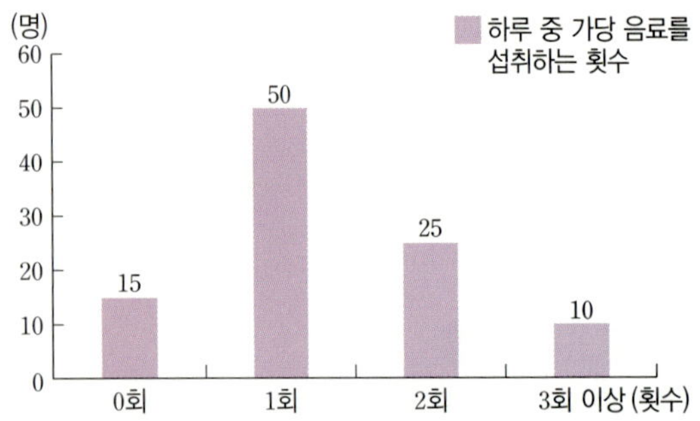

나 **신문 기사**

세계보건기구(WHO)에서 제안한, 가공 식품을 통한 하루 당류 섭취량 기준은 50g이다. 반면, 국내 12~18세 학생의 하루 당류 섭취량은 72.8g으로, 전체 연령 집단 중 가장 높고 기준치도 초과한 것으로 나타났다. [*]가당 음료에 포함된 당류는 흡수 속도가 빨라서 먹는 즉시 혈당을 높인다. 급격하게 높아진 혈당은 당뇨병을 유발하는 요인이며, 당이 지방으로 축적되면 비만의 확률을 높인다. 한국건강증진개발원은 당류 섭취량이 하루 권장 열량[*]의 10%를 초과할 경우 비만, 당뇨병, 고혈압이 발생할 확률이 각각 39%, 41%, 66% 높아진다고 밝혔다.

다 **전문가 인터뷰**

학생: 비만 위험 외에 가당 음료 섭취가 위험한 이유가 있을까요?

소아청소년과 의사: 설탕이 든 음료를 많이 마시면 기억력에 문제가 생길 수 있습니다. 설탕이 다량[*]으로 함유된 음료를 마신 쥐들은 기억력과 관련된 부위인 해마[*]에 문제가 발생했다는 연구 결과가 있습니다.

라 **뉴스**

리포터: 많은 현대인들이 평생의 숙제로 꼽는 것. 바로, '다이어트'입니다. 흔히 다이어트를 할 때, 탄수화물을 확실히 제한해야 한다는 이야기가 있는데 이렇게 탄수화물을 아예 안 먹는 게 좋은 걸까요?

가정의학과 교수: 과자나 초콜릿 등 가공 식품을 먼저 줄이고 밥은 양을 조금만 줄이시는 것을 권합니다.

≋ 지문 이해

가당 음료 섭취를 줄이자는 글을 쓰기 위한 자료 수집

학교 신문에 실릴 글을 쓰기 위하여 수집한 자료들을 제시하였다.

주제 ☐☐ ☐☐ 섭취를 줄이자

내용 연구

- (가): 우리 학교 학생들의 가당 음료 섭취 실태에 대한 설문 조사 결과
- (나): 가당 음료 섭취가 ☐☐에 미치는 영향을 보여 주는 신문 기사
- (다): 가당 음료 섭취가 ☐☐☐에 미치는 영향을 알려 주는 전문가 인터뷰
- (라): 다이어트를 할 때 탄수화물을 섭취하는 방법을 알려 주는 뉴스

낱말 풀이

- * 가당 음료: 설탕이나 액상 과당 등이 함유된 음료.
- * 당류: 물에 잘 녹으며 단맛이 있는 탄수화물.
- * 다량: 많은 분량.
- * 해마: 학습, 기억, 새로운 정보 인식의 역할을 하는 뇌의 부분.
- * 하루 권장 열량: 사람이 하루 동안 생명 유지를 위해 섭취해야 하는 에너지의 양.

구절 풀이

- * 가당 음료에 ~ 확률을 높인다.: 가당 음료에 포함된 당류는 당뇨병과 비만에 걸릴 확률을 높이는 요인이다.

│ 정답 │

가당 음료, 건강, 기억력

● 242008-0162

01 다음은 학생이 글을 작성하기 전에 계획한 내용이다. ㉠에 들어갈 내용으로 가장 적절한 것은?

> 예상 독자: 우리 학교 학생들
> 주장: _______ ㉠ _______
> 글을 실을 매체: 학교 신문

① 탄산음료를 마시면 안 된다.
② 가당 음료 섭취를 줄여야 한다.
③ 설탕의 장점과 단점을 이해하자.
④ 청소년기에는 비만을 줄여야 한다.
⑤ 청소년기에는 기억력을 높여야 한다.

● 242008-0163

02 수집한 자료를 바탕으로 글을 쓸 때, 글의 구성에 대한 설명으로 적절하지 <u>않은</u> 것은?

① 서론에서는 글을 쓰게 된 이유를 밝힌다.
② 서론에서는 글의 내용에 대한 독자의 흥미를 유발한다.
③ 본론에서는 적절한 근거를 들어 주장을 뒷받침한다.
④ 본론에서는 독자의 관심을 유발할 수 있도록 문제점을 과장한다.
⑤ 결론에서는 주장을 강조하면서 마무리한다.

● 242008-0164

03 글을 쓸 때, (가)~(다)에서 활용할 내용으로 적절하지 <u>않</u>은 것은?

① 가당 음료는 혈당을 급격하게 상승시킨다.
② 가당 음료를 섭취하면 기억력에 문제가 생길 수 있다.
③ 과일 첨가 음료나 커피 음료는 탄산음료보다 안전하다.
④ 가당 음료를 섭취하면 당뇨병에 걸릴 확률이 높아진다.
⑤ 국내 학생의 하루 당류 섭취량은 세계보건기구가 정한 양보다 많다.

● 242008-0165

04 〈보기〉는 수집한 자료들을 바탕으로 학생이 쓴 초고의 일부이다. ㉠~㉤ 중 고쳐 써야 하는 것은?

> **보기**
>
> ㉠우리 학교 학생들 중 85%의 학생들이 가당 음료를 하루 1회 이상 마시는 것으로 나타났다. ㉡가당 음료 섭취를 줄이지 않는다면 나중에 비만과 당뇨병 등에 걸릴 확률이 높아질 것이다. ㉢세계보건기구가 정한 하루 당 섭취 기준량은 50g이다. ㉣그런데 우리나라 학생들은 하루 평균 72.8g의 당류를 섭취한다. ㉤아예 가당 음료를 먹지 않을 수 없다면 하루 권장 열량의 15% 정도로 가당 음료 섭취를 제한할 필요가 있다.

① ㉠　　② ㉡　　③ ㉢　　④ ㉣　　⑤ ㉤

✎ **서술형**

● 242008-0166

05 학생이 글을 쓰기 위하여 수집한 자료를 다음과 같이 선별하였다. 다음과 같이 선별한 이유를 〈조건〉에 맞게 쓰시오.

글에 사용할 자료	글에 사용하지 않을 자료
(가), (나), (다)	(라)

> **조건**
>
> • [쓰기 상황]과 연관 지어 쓸 것.
> • 한 문장으로 쓸 것.

가 한국은 잠을 적게 자기로 손에 꼽히는 나라이다. ㉠내 주변을 둘러보면 하루 권장 수면 시간인 7시간 이상 자는 사람을 찾을 수가 없다. 잠을 줄여야 성공한다고 이야기하는 사람도 있다. 하지만 건강한 삶을 살고 싶다면 우리는 반드시 충분하게 잠을 자야 한다.

나 잠은 우리의 두뇌를 건강하게 유지한다. 잠자는 시간은 전날 수집한 정보를 저장하는 시간일 뿐만 아니라 뇌가 휴식을 취하여 다시 활발하게 작동시킬 수 있도록 준비하는 시간이다. *자는 동안 우리의 뇌는 낮 동안 발생한 독성 물질을 제거하여 치매와 같은 뇌 질환*이 발생할 확률을 낮춘다. 따라서 충분한 잠을 자서 두뇌를 건강하게 유지해야 한다.

다 그런데 종종 저녁에 일을 하는 것이 더 효율적이라고 말하는 사람들이 있다. 이른바 저녁형 인간이다. 실제로 스페인 마드리드 대학의 심리학 연구 팀에 따르면, 저녁형 인간이 창의력이나 문제 해결 능력이 우수한 면이 있다고 발표한 적도 있다. 하지만 학업 성적은 아침형이 더 좋은 것으로 나타났는데, 학교 수업이 이른 아침에 시작하기 때문인 것으로 분석된다.

라 그 외에도 잠은 면역력*에 중요한 역할을 한다. 면역력이 증가하는 것은 특히 깊은 수면 중에 발생하기 때문에 우리는 깊은 수면 단계에 이를 수 있도록 충분한 잠을 자야 한다. 구체적으로 살펴보면 수면을 취하는 동안 우리 몸은 T세포의 기능을 강화하고, 사이토카인을 생성하는데, T세포는 감염된 세포를 찾아 파괴하는 역할을 하는 면역 세포이다. 또한 사이토카인은 우리의 몸이 감염과 싸우도록 면역 반응을 활성화하는 단백질이다. 그렇기 때문에 우리는 충분히 잠을 자서 면역력을 높여야 한다.

마 또한 잠은 우리의 감정을 관리한다. 잠을 충분히 자면 스트레스를 받았을 때 나오는 호르몬의 수치를 정상화*한다. 만약 잠을 제대로 자지 않으면 스트레스 호르몬이 높아지며, 사람들은 우울감이나 화, 무기력 등 부정적인 감정을 느끼게 된다. 그래서 수면 전문가들이 잠을 제대로 자지 않으면 감정적으로 불안정해지고 우울증에 걸릴 확률이 높아진다고 경고하는 것이다. 결국 우리의 마음을 건강하게 하기 위해 충분하게 잠을 자야 한다.

바 우리 인간에게 잠은 단순한 휴식을 넘어서 뇌 건강, 신체 건강, 마음 건강 등에 필수적인 요소이다. 우리는 충분하게 잠을 자야만 높은 기억력, 강화된 면역력, 안정된 감정 등을 유지할 수 있다. 이를 위해서 자기 전에는 수면을 방해하는 빛을 내는 전자 기기의 사용을 줄이고, 수면에 빨리 들 수 있도록 조명의 밝기를 어둡게 하는 등의 노력을 통해 건강한 삶을 누리자.

지문 이해

'잠을 충분하게 자야 한다'

잠이 뇌에 미치는 역할, 신체 면역에 미치는 역할, 우리의 정서에 미치는 역할을 근거로 하여 충분하게 잠을 자야 한다는 주장을 전달하는 글이다.

주제 □이/가 우리의 몸과 마음에 미치는 영향을 알고 충분하게 잠을 자자.

내용 연구
- (가): 한국의 수면 부족 실태
- (나): 잠이 □에 미치는 영향
- (다): 저녁형 인간의 특징
- (라): 면역력을 높이는 잠
- (마): □□을/를 관리하는 잠
- (바): 잠의 중요성을 알고 충분하게 잠을 자기 바람.

낱말 풀이
* 질환: 질병.
* 면역력: 외부에서 들어온 병원균에 저항하는 일.
* 정상화: 비정상적인 것이 정상적인 상태로 됨. 또는 그렇게 되게 함.

구절 풀이
* 자는 동안 ~ 확률을 낮춘다.: 잠을 자는 동안 두뇌는 치매를 유발하는 독성 물질을 없애는 등 뇌 건강에 중요한 역할을 한다.

| 정답 |
잠, 뇌, 감정

● 242008-0167

01 이와 같은 글을 쓸 때 글쓴이가 고려했을 내용으로 가장 적절한 것은?

① 겪은 일을 솔직하게 써야지.

② 신뢰할 수 있는 타당한 근거를 제시해야지.

③ 인물의 갈등을 중심으로 사건을 서술해야지.

④ 대상에 대한 다양한 관점을 객관적으로 전해야지.

⑤ 실험한 결과를 논리적이고 체계적으로 서술해야지.

● 242008-0168

02 이 글을 쓰기 위해 계획했을 내용으로 적절한 것은?

① 예상 독자는 수면 전문가야.

② 글의 목적은 독자를 설득하는 것으로 하자.

③ 글의 주제는 '잠 오래 자는 방법'으로 해야지.

④ 글의 목적을 고려하여 개인적인 감정을 솔직히 표현하자.

⑤ 글의 목적을 고려하여 잠을 자지 못하는 이유를 분석하자.

● 242008-0169

03 쓰기를 준비하며 글쓴이가 생성했을 내용으로 적절하지 않은 것은?

① 잠은 뇌의 건강에 중요한 역할을 한다.

② 자기 전에는 밝은 빛을 피하는 것이 좋다.

③ 한국 사람들은 평균적으로 수면이 부족하다.

④ 수면 중에 신체가 회복되고 면역력이 높아진다.

⑤ 우울감을 느끼는 사람은 잠을 많이 자는 경향이 있다.

● 242008-0170

04 (나)~(바) 중, 이 글을 고쳐 쓰는 과정에서 삭제할 문단으로 적절한 것은?

① (나)　　② (다)　　③ (라)

④ (마)　　⑤ (바)

✎ 서술형

● 242008-0171

05 ⟨보기⟩를 참고하여 ㉠을 ⟨조건⟩에 맞게 고쳐 쓰시오.

보기

　주장하는 글을 쓸 때에는 되도록 쓰지 말아야 하는 표현이 있다. 특히 과도하게 단정적인 표현, 모호한 표현, 지나치게 주관적인 표현은 글의 설득력을 떨어뜨릴 수 있으니 주의해야 한다.

조건

• ㉠을 고쳐 써야 하는 이유를 한 문장으로 쓸 것.

• ㉠을 한 문장으로 고쳐 쓰되, 고쳐 쓸 때는 다음 자료를 활용할 것.

　우리나라 사람들의 평균 수면 시간이 다른 나라와 비교해 부족하다는 연구 결과가 나왔다. 한국 사람들의 수면 시간은 평균 6.3시간으로 다른 나라에 비해 30분 가량 적게 자는 것으로 나타났다.

고쳐 써야 하는 이유	ⓐ
고쳐 쓴 문장	ⓑ

정보를 전달하는 글 쓰기

무엇을 배울까? 복수의 자료를 활용하여 다양한 형식으로 정보를 전달하는 글을 쓸 수 있다.

🔍 생각돋보기

　학생은 실험 동아리 부원을 모집하기 위해서 동아리를 소개하는 글을 쓰려고 이것저것 많은 정보를 모았네요. 그런데 자료를 모으다 보니 애초에 쓰려고 하는 글의 내용과 관련 없는 자료들도 있네요. 당연히 학생은 글쓰기를 난감해하고 있지요.

　여러 자료를 활용하여 정보를 전달하는 글을 쓰려면 주제와 관련된 정보를 선정해서 짜임새 있게 정보를 조직하고, 독자들이 내용을 잘 이해할 수 있도록 표현하는 것이 필요해요. 단지 많은 정보를 제시한다고 해서 좋은 글은 아니랍니다. 자료를 적절하게 활용해서 핵심 정보를 효율적으로 전달하는 글을 쓰는 방법에 대해 알아 두면 주변에 알리고 싶은 정보가 있을 때 어려움 없이 쓸 수 있을 거예요.

1 정보를 전달하는 글

어떤 사물의 이치나 현상, 지식 등의 정보를 쉽게 풀이하여 쓴 글

2 정보를 전달하는 글을 쓰는 과정

계획하기	• 글의 목적과 주제 설정하기 • 독자의 흥미와 관심사, 수준 등을 분석하기
↓	
내용 생성하기	• 다양한 방법을 활용하여 내용 생성하기 • 신문, 책, 인터넷 등 다양한 매체를 활용하여 자료 수집하기
↓	
내용 조직하기	• 글의 목적과 주제, 독자 등을 고려하여 내용 선정하기 • 글의 통일성을 고려하여 내용 조직하기
↓	
표현하기	• 적합한 표현 기법 등을 고려하여 표현하기
↓	
고쳐쓰기	• 글, 문단, 문장, 단어 수준에서 글을 다듬으며 글의 완성도 높이기

🎓 확인하기

1. 〈보기〉는 정보를 전달하는 글을 쓰는 과정이다. 순서에 따라 기호를 나열하시오.

> **보기**
> ㄱ. 다양한 방법을 활용하여 내용을 생성한다.
> ㄴ. 내용을 선정하고 조직한다.
> ㄷ. 글을 다듬으며 글의 완성도를 높인다.
> ㄹ. 독자가 이해하기 쉽게 표현한다.
> ㅁ. 글의 목적과 주제를 설정한다.

(　　　)→(　　　)→(　　　)
→(　　　)→(　　　)

❸ 자료를 활용하여 정보를 전달하는 글을 쓸 때 유의할 점

- 다양한 자료를 수집한 뒤 기준에 따라 필요한 자료를 선택한다.
- 수집한 자료를 글에서 잘 활용할 수 있도록 적절하게 통합한다.
- 글, 그림, 도표, 사진 등을 활용할 때에는 독자가 이해하기 쉬운 형태로 제시한다.

❹ 자료의 선정 기준

- 글의 주제와 관련이 있는 내용인가?
- 저자와 출처가 분명하고 믿을 만한가?
- 독자의 흥미와 수준에 적합한 내용인가?

❺ 자료를 활용할 때 지켜야 할 쓰기 윤리

- 자료의 출처를 모두 정확하게 밝힌다.
- 자료의 내용을 마음대로 바꾸거나 왜곡하지 않는다.

❻ 정보를 전달하는 글 쓰기의 예

설명문 쓰기	• 설명하고 싶은 대상을 떠올리고 그에 대한 독자의 배경지식 등을 분석한다. • 수집한 정보를 주제, 목적, 독자 등을 고려하여 선정하고 '처음-중간-끝'의 구성에 맞게 조직하여 쓴다.
기사문 쓰기	• 일어난 사건을 객관적으로 전달할 수 있도록 정보를 수집하고 선정한다. • 제목(표제), 전문, 본문의 구성에 맞게 조직하여 쓴다.
보고서 쓰기	• 보고서의 주제와 목적에 따라 수집한 자료 중 필요한 정보를 선정한다. • 주제에 대해 연구한 결과나 조사한 내용을 체계적으로 정리하여 쓴다.

2. 다음 설명이 맞으면 ○표, 틀리면 ×표를 하시오.

(1) 정보를 전달하는 글을 쓰기 위해 자료를 활용할 때에는 출처를 정확하게 밝혀야 한다. (　　)

(2) 정보를 전달하는 글을 쓸 때는 하나의 매체만을 통해 자료를 수집하는 것이 글을 쓰는 데 도움이 된다. (　　)

3. 초성을 참고하여 빈칸에 들어갈 알맞은 말을 쓰시오.

(1) ㅅㅁㅁ을/를 쓸 때에는 설명하고 싶은 대상에 대한 정보를 '처음-중간-끝'의 구성에 맞게 조직한다.

(2) 기사문을 쓸 때에는 일어난 사건을 ㄱㄱㅈ(으)로 전달할 수 있도록 정보를 수집한다.

(3) ㅂㄱㅅ을/를 쓸 때에는 주제에 대해 연구한 결과나 조사한 내용을 체계적으로 정리한다.

정답 1. ㅁ, ㄴ, ㄱ, ㄹ, ㄷ 2. (1) ○ (2) × 3. (1) 설명문 (2) 객관적 (3) 보고서

 '투명 페트병 분리배출에 대해 알아보자'

[쓰기 상황]

투명 페트병을 분리배출 하는 방법을 잘 알지 못하는 반 친구들에게 페트병을 바르게 분리배출 하는 이유와 방법에 대한 정보를 제공한다.

● 글의 주제
(　　①　　)의 이유와 방법

[수집한 자료]

2020년부터 투명 페트병 분리배출 제도가 시행되고 있는데 이를 잘 모르는 사람들이 많다. 플라스틱 병은 모두 재활용이 가능하다고 생각하는 사람도 있지만, 사실 많은 플라스틱은 재활용이 어렵다. 따라서 재활용 가능성이 높은 투명 페트병을 분리하여 배출하면 재활용의 효율을 높일 수 있다.

● 수집한 자료의 적절성
투명 페트병 분리배출의 (　②　) 을/를 알 수 있는 중요한 정보이다.

정답 ① 투명 페트병 분리배출 ② 적절성

꼭! 나오는 문제

다음은 학생이 '건강한 이어폰 사용법'에 대한 정보를 전달하는 글 쓰기 과정의 일부이다. 물음에 답하시오.

가 계획하기

최근 이어폰을 많이 사용했더니 귀 건강에 문제가 생겨서 병원에 다녀왔어. 나처럼 이어폰을 자주 사용하는 친구들이 많을 것 같아. 친구들에게 이어폰 사용의 문제점과 이어폰을 적절하게 사용하는 방법에 대해 알려 주는 글을 써야겠어.

나 내용 생성하기

[신문 기사]

어린이에게 조기 난청 일으키는 이어폰과 헤드폰

현재 이어폰과 헤드폰 사용률은 꾸준히 증가하고 있다. 전문가들은 이어폰과 헤드폰 시장이 5년 후까지 매년 20%씩 늘어날 것으로 본다. 그런데 이러한 이어폰과 헤드폰의 사용으로 소음성 난청이 증가하고 있어서 주의가 필요하다. 미국의 질병통제예방센터(CDC)에 따르면, 6~19세의 10명 중 1명과, 70세 미만의 5명 중 1명의 청력이 소음으로 인해 영구적으로 손상됐다고 한다. 이처럼 소음성 난청은 우리에게 흔히 일어나고 있으며 이를 치료하지 않으면 영구적으로 발전할 수 있다. 게다가 세계보건기구(WHO)에 따르면 12~35세의 인구 중 절반이 잦은 헤드폰과 이어폰 사용으로 소음성 난청[*]을 겪는다.

소음은 난청뿐 아니라 이명[*]을 일으키기도 한다. 작년 미국에서는 어린이 이명 환자 수가 급증했는데, 전문가들은 이를 어린이들의 이어폰 및 헤드폰 사용량이 늘어났기 때문이라고 보고 있다.

[전문가 인터뷰]

학생: 이어폰은 어떻게 사용해야 할까요?

이비인후과 의사: 2018년 세계보건기구에 따르면 70dB[*] 이하의 음량으로 음악을 듣는 것이 아이의 청력에 무해하다고 합니다. 이는 일반 전자 기기 최대 음량의 50% 이하라고 볼 수 있습니다. 또한 세계보건기구는 하루 60분 미만의 이어폰 사용을 권고합니다. 평소에 이어폰을 장시간 사용한다면 1시간마다 5분 정도 귀에 휴식을 주는 것이 좋습니다.

* 소음성 난청: 큰 소리를 오래 들었을 때 귀가 손상되어 잘 안 들리게 되는 것.

* 이명: 귀에서 소리가 나는 것처럼 느끼는 현상.

* dB: 소리, 전기 신호 강도 등의 비율을 나타내는 말.

유형 01

● 242008-0172

(가)를 참고할 때, (나)를 활용할 방안으로 적절한 것은?

① 이어폰의 편리함을 알리기 위해 신문 기사를 활용해야지.

② 이어폰과 헤드폰의 차이점을 신문 기사를 통해 알려 줘야지.

③ 이어폰 구매 방법을 전문가 인터뷰 내용을 사용해 설명해야지.

④ 이어폰 사용으로 발생할 수 있는 문제를 신문 기사 내용을 활용해 알려야지.

⑤ 이어폰을 사용하는 사람들이 많다는 것을 전문가 인터뷰 내용을 통해 알려야지.

문제 확인하기

유형 확인 정보를 전달하는 글 쓰기의 계획하기 단계에서 쓰기 상황을 파악하고 그에 따라 적절한 자료를 선정할 수 있는지 확인하는 문항이다.

제시문으로 정답 확인 **정답 ④**

(가)에서는 '친구들에게 이어폰 사용의 문제점과 이어폰을 적절하게 사용하는 방법에 대해 알려 주는 글을 써야겠어.'라고 하였고, (나)의 신문 기사에는 이어폰과 헤드폰 사용이 소음성 난청을 발생시키고 있는 문제점이 드러나 있으므로, 이어폰 사용으로 발생할 수 있는 문제를 신문 기사를 통해 알려야겠다는 계획이 적절하다.

오답 확인

① 이어폰의 편리함을 알리려는 것은 글의 목적이나 주제와 관련이 없다.

② 이어폰과 헤드폰은 모두 귀 건강에 문제를 발생시킬 수 있다고 하였으며, 이어폰과 헤드폰의 차이점에 대한 내용은 언급되어 있지 않다.

③ 이어폰을 구매하는 방법은 글의 목적이나 주제와 관련이 없다.

⑤ 이어폰을 사용하는 사람이 많다는 것은 전문가 인터뷰에 언급되어 있지 않다.

필수 개념 확인

☐ **정보를 전달하는 글을 쓰는 과정**

- 계획하기: 글의 목적과 주제 설정하기
- 내용 생성하기: 다양한 방법을 활용하여 내용 생성하기
- 내용 조직하기: 글의 통일성을 고려하여 내용 조직하기
- 표현하기: 적절한 표현 기법, 문제 등을 고려하여 표현하기
- 고쳐쓰기: 글을 다듬으며 글의 완성도 높이기

유형 **02**

● 242008-0173

(가), (나)를 참고하여 다음 개요를 적성하였다. ㉠에 들어갈 내용으로 적절한 것은?

처음	이어폰 사용량의 증가
중간	• 귀 건강을 위협하는 이어폰 사용 • ㉠
끝	…

① 나라별 이어폰 사용의 특성
② 난청을 발생시키는 다양한 원인
③ 이어폰을 적절하게 사용하는 방법
④ 귀 건강을 지키기 위한 이어폰 기술의 혁신
⑤ 아이보다 성인이 이어폰 사용을 더 많이 하는 이유

문제 확인하기

유형 확인 정보를 전달하는 글 쓰기의 과정에서 글의 목적을 고려하여 내용을 조직할 수 있는지 확인하는 문항이다.

제시문으로 정답 확인　　　　　　　　　　　　　　정답 ③
(가)에서 이어폰 사용의 문제점과 이어폰을 적절하게 사용하는 방법에 대해 알려 주는 글을 쓴다고 했으며, (나)의 전문가의 인터뷰 내용에 이어폰을 적절하게 사용하는 방법이 제시되어 있으므로, ㉠에 들어갈 내용으로는 이어폰을 적절하게 사용하는 방법이 알맞다.

오답 확인
① 나라별로 이어폰을 사용하는 특성이 있다는 내용은 제시되어 있지 않다.
② 이어폰 사용 외에는 난청을 발생시키는 원인이 언급되어 있지 않다.
④ 귀 건강을 위한 이어폰 기술에 대해서는 제시되어 있지 않다.
⑤ 이어폰 사용이 꾸준이 늘어나고 있다는 내용만 제시되어 있고, 성인과 아이를 비교하는 내용은 제시되지 않았다.

 필수 개념 확인

☑ **정보를 전달하는 글의 짜임**
• 처음: 설명 대상과 동기 소개하기
• 중간: 설명 대상을 자세하게 설명하기
• 끝: 글의 내용을 요약 정리하기

다음은 학생이 쓴 글의 끝부분에 들어갈 내용이다. [A]에 들어갈 내용을 〈조건〉에 맞게 쓰시오.

> … 이 글을 읽은 친구들이 이어폰 사용의 문제점을 잘 이해하고, 앞으로 이어폰을 사용할 때에는 ___[A]___.

조건
• 권장되는 이어폰 사용 시간, 음량 크기를 언급할 것.
• 한 문장으로 쓸 것.

문제 확인하기

유형 확인 자료를 활용하여 글을 작성할 수 있는지 확인하는 문항이다.

평가 기준 확인

상	권장되는 이어폰 사용 시간, 음량 크기 관련 내용을 모두 바르게 서술한 경우
중	권장되는 이어폰 사용 시간, 음량 크기 관련 내용 중 하나만 바르게 서술한 경우
하	권장되는 이어폰 사용 시간, 음량 크기 관련 내용이 포함되지 않은 경우

내 답안 체크

예1　70dB 이하의 음량으로 들어야 한다.: 권장되는 이어폰 사용 시간에 대한 언급이 드러나지 않았다. ➡ **중**

예2　길지 않게 이어폰을 사용해야 한다.: 권장되는 음량이나 크기와 관련된 내용이 포함되지 않았다. ➡ **하**

• 10점 만점에 10점 예시 답안 •
• 70dB 이하의 음량으로 하루 60분을 넘지 않게 이어폰을 사용하기 바란다.
• 85dB의 소음에 8시간 이상 노출되지 않도록 기기의 최대 음량의 50% 이하로, 하루 1시간을 넘지 않게 이어폰을 사용하면 좋겠다.

다음은 학생이 '고카페인 음료의 문제점'에 대한 정보를 전달하는 글을 쓰는 과정의 일부이다. 물음에 답하시오.

가 글 쓰기 전 계획한 내용

- 목적: 정보 제공
- 예상 독자: 고카페인 음료를 접하기 쉬운 청소년
- 주제: 고카페인 음료 섭취가 청소년에게 미치는 부정적 영향
- 글을 실을 매체: 학교 누리집 중 학생 글 게시판

나 내용 생성을 위한 자료 수집

㉠ [질병관리청 보고서]

　질병관리청이 작년 전국 800개교 중고생 약 6만 명을 대상으로 한 '청소년 건강 행태 조사'에 따르면, 응답 청소년의 22.3%는 주 3회 이상 고카페인 음료를 섭취하고 있으며, 26.4%는 주 1~2회 마신다고 응답하였다.

㉡ [식약처 보도 자료]

　청소년은 체중 1kg당 카페인 2.5mg 이하가 최대 섭취 권장량이며, 몸무게가 50kg인 청소년은 최대 125mg까지 카페인을 섭취할 수 있다. *그런데 고카페인 음료의 경우 한두 캔이면 1일 섭취 권장량을 훌쩍 뛰어넘기 일쑤*이다.

㉢ [카드 뉴스]

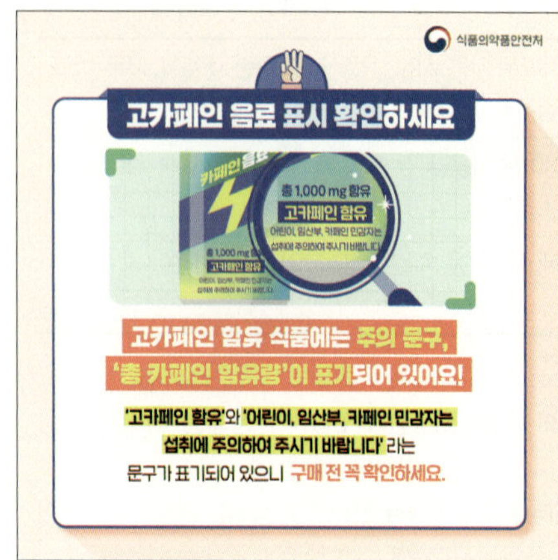

㉣ [전문가 인터뷰]

학생: 고카페인 음료를 섭취하면 어떤 문제가 생길 수 있나요?

내과 의사: 권장량 이상의 카페인을 섭취할 경우 불면증, 식욕 부진, 구토 등의 부작용이 나타날 수 있어요. 게다가 청소년에게 고카페인 섭취는 성인에게서 나타나는 부작용 외에 칼슘 흡수 불균형, 골다공증* 등을 추가로 유발할 수 있어 문제입니다.

㉤ [신문 기사]

　복지부에서 2023 아동 종합 실태 조사를 발표했다. 실태 조사에 따르면 아동과 청소년의 비만율이 눈에 띄게 늘고 있다. 0~17세의 과체중·비만율은 20%대를 넘어섰고, 9~17세의 비만율은 14.3%로 5년 전 조사(3.4%)의 3.5배 수준이었다.

고카페인 음료의 문제점을 알리기 위한 계획 수립 및 자료 수집

학교 누리집 게시판에 실을 글을 쓰기 위해 수집한 자료들을 제시하였다.

주제 □□□□ □□ 섭취가 청소년에게 미치는 부정적 영향

내용 연구

- (가): 글 쓰기 전 계획한 내용
- (나): 글의 내용을 생성하기 위해 수집한 자료
  - ㉠ 청소년의 고카페인 음료 섭취 실태를 알려 주는 질병관리청 보고서
  - ㉡ 청소년의 1일 카페인 섭취 □□□을/를 알려 주는 식약처 보도 자료
  - ㉢ 고카페인 음료를 확인하는 방법과 카페인을 줄이는 방법을 알려 주는 카드 뉴스
  - ㉣ 고카페인 음료 섭취로 인해 발생할 수 있는 문제를 알려 주는 전문가 인터뷰
  - ㉤ 청소년의 □□□이/가 증가하고 있음을 알려 주는 신문 기사

낱말 풀이

* 일쑤: 흔히 또는 으레 그러는 일.
* 골다공증: 뼈의 무기질과 단백질이 줄어들어 조직이 엉성해지는 증세.

구절 풀이

* 그런데 고카페인 음료의 경우~일쑤이다.: 고카페인 음료에 함유되어 있는 카페인의 양이 많아서 한 캔이나 두 캔만 마셔도 카페인 일일 권장량을 넘기기 쉽다.

| 정답 |

고카페인 음료, 권장량, 비만율

● 242008-0174

01 학생이 수집한 자료를 선별할 때 고려할 사항으로 적절하지 <u>않은</u> 것은?

① 글을 쓰는 목적에 부합해야 한다.
② 주제와 밀접한 관련이 있어야 한다.
③ 독자의 흥미와 수준을 고려해야 한다.
④ 독자에게 전할 만한 가치가 있어야 한다.
⑤ 주제에 대한 학생의 의견을 포함해야 한다.

● 242008-0175

02 (가)를 참고할 때, 학생이 쓸 글의 특성으로 적절한 것은?

① 정보를 객관적으로 전달한다.
② 실제로 있을 법한 이야기를 꾸며 쓴다.
③ 발생한 사건을 시간 순서대로 서술한다.
④ 주장을 뒷받침할 적절한 근거를 제시한다.
⑤ 감정과 생각을 운율이 있는 말로 표현한다.

● 242008-0176

03 〈보기〉를 고려할 때, 학생이 쓸 글의 제목으로 적절한 것은?

> **보기**
>
> 학생: 제목은 글의 주제가 직접적으로 드러나게 해야겠어.

① 다양한 고카페인 음료의 세계
② 고카페인 음료의 문제점을 알아보자
③ 고카페인 음료의 장점부터 단점까지
④ 식을 줄 모르는 고카페인 음료의 인기
⑤ 공부할 때 졸린 학생을 위한 음료 추천

● 242008-0177

04 ㉠~㉤을 이해한 내용으로 적절하지 <u>않은</u> 것은?

① ㉠: 50% 정도의 청소년들이 일주일에 한 번 이상 고카페인 음료를 섭취하고 있다.
② ㉡: 몸무게가 50kg인 청소년의 카페인 최대 일일 섭취 권고량은 125mg이다.
③ ㉢: 고카페인 음료의 섭취는 청소년보다 어린이, 임산부에게는 해롭지 않다.
④ ㉣: 고카페인 음료를 섭취하면 여러 부작용이 나타난다.
⑤ ㉤: 한국의 아동과 청소년의 비만율이 늘고 있다.

● 242008-0178

05 〈보기〉를 참고하여 글을 조직한 내용으로 적절하지 <u>않은</u> 것은?

> **보기**
>
> | 처음 | 독자의 관심 유발 ·· ⓐ |
> |---|---|
> | 중간 | 구체적인 정보 제공 ····································· ⓑ |
> | 끝 | 내용 요약 및 당부 ····································· ⓒ |

① ⓐ에서는 독자에게 고카페인 음료를 섭취한 경험이 있는지 떠올리도록 질문해야지.
② ⓑ에서는 청소년의 고카페인 음료 소비가 어느 정도인지 알려 줘야지.
③ ⓑ에서는 고카페인 음료가 청소년의 신체에 미치는 영향을 설명해야지.
④ ⓒ에서는 고카페인 음료가 지닌 문제를 요약해서 서술해야지.
⑤ ⓒ에서는 고카페인 음료 외에 청소년의 건강에 악영향을 미치는 음식을 조사해서 알려 줘야지.

 서술형

● 242008-0179

06 (나)의 ㉠~㉤ 중, 글에 필요한 자료를 선택하는 과정을 〈조건〉에 맞게 쓰시오.

> **조건**
>
> • 사용하지 않을 자료를 하나 선택하고, 그 이유를 한 문장으로 쓸 것

가 한국의 탈춤은 우리 조상들의 삶을 엿볼 수 있는 전통 예술로, 우리의 문화를 이해하는 데 큰 역할을 하고 있다. 그 가치는 이미 세계적으로 인정을 받아 하회 별신굿 탈놀이, 강릉 관노 가면극, 봉산 탈춤, 양주 별산대놀이가 유네스코 인류 무형 문화유산으로 등재되었을 정도이다. *탈춤은 성격에 따라 제의*적 탈춤과 유희*적 탈춤으로 나눌 수 있는데, 하회 별신굿 탈놀이와 강릉 관노 가면극은 마을의 풍요*를 비는 목적으로 공연하였기 때문에 제의적 탈춤에 해당한다. 이와 달리 봉산 탈춤이나 양주 별산대놀이는 유희적 탈춤에 해당한다.

나 하회 별신굿 탈놀이는 경상북도 안동 하회 마을에서 전승되는 탈춤이다. 이 탈춤은 각 인물의 사회적 지위와 성격을 상징적으로 표현하는데, 인물의 지위에 따라 턱을 다르게 만들어 인물의 성격과 사회적 지위를 표현한 독특한 디자인의 탈을 사용한다.

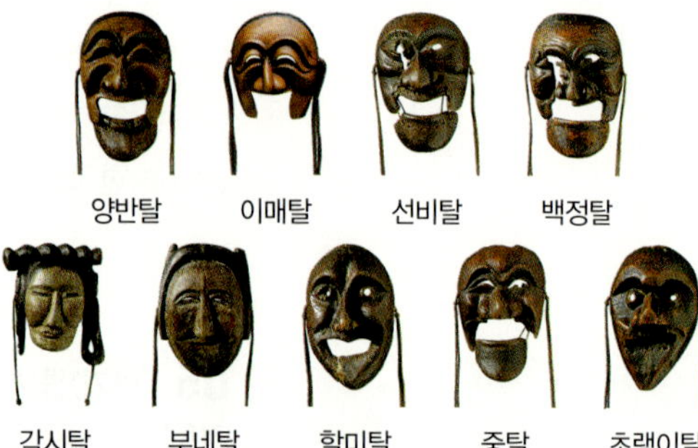

다 강릉 관노 가면극은 강원도 강릉 지역에서 내려오는 탈춤으로, 말이 없이 음악과 춤, 동작으로만 이루어진 탈춤이다. 관노 가면극은 마을의 안녕*과 풍요, 무병장수*를 기원하는 마을 축제이기 때문에 제의적 성격이 두드러진다고 할 수 있다.

라 봉산 탈춤은 황해도 봉산 지역에서 내려오는 탈춤으로, 주로 농민과 서민들의 삶을 풍자*와 해학*으로 표현하는 특징이 있다. 또한 다양한 모양의 탈을 사용하여 각 인물의 성격과 감정을 생생하게 표현한다.

마 양주 별산대놀이는 서울과 경기 지역에서 내려오는 탈춤이다. 이 탈춤은 여러 개의 장면으로 이루어져 있는데, 어떤 장면에서는 양반과 서민이 서로 다투는 모습이, 다른 장면에서는 승려와 무당이 등장하여 재미있는 이야기를 전한다. 이렇게 장면이 각각 구성되어 있어, 한 편의 연극처럼 다양한 이야기를 즐길 수 있다.

바 지금까지 한국 탈춤의 종류와 특징에 대해 살펴보았다. 탈을 쓰고 춤을 추는 전통은 많은 나라에 존재하지만 우리나라의 탈춤이 지닌 독특한 문화가 있다. 이렇게 우리 문화유산이 지닌 특징을 이해하고 그것에 관심을 기울이는 것은 과거와 현재를 연결하는 일이다. 앞으로 우리의 소중한 문화인 탈춤에 대해 관심을 가지고, 이를 보존하는 일에 앞장서야 할 것이다.

지문 이해

'유네스코에 등재된 한국 탈춤의 특징'

유네스코에 등재된 한국 탈춤의 종류와 특징을 알려 우리 문화의 중요성을 강조하는 글이다.

주제 유네스코에 등재된 한국 ☐☐의 종류와 특징

내용 연구
- (가): 한국 탈춤의 종류
- (나): 하회 별신굿 탈놀이 특징
- (다): ☐☐ 관노 가면극의 특징
- (라): ☐☐ 탈춤의 특징
- (마): 양주 별산대놀이의 특징
- (바): 우리 문화유산의 중요성

낱말 풀이
* 제의: 제사를 지내는 의식.
* 유희: 즐겁게 놀며 장난함. 또는 그런 행위.
* 풍요: 매우 많아서 넉넉함.
* 안녕: 아무 탈 없이 편안함.
* 무병장수: 병 없이 건강하게 오래 삶.
* 풍자: 남의 결점을 무엇에 빗대어 재치 있게 경계하거나 비판함.
* 해학: 익살스럽고 풍자적인 말이나 행동. 유머.

구절 풀이
* 탈춤은 성격에 ~ 탈춤에 해당한다.: 하회 별신굿 탈놀이와 강릉 관노 가면극은 마을의 풍요를 비는 의식적인 특징이 있고, 봉산 탈춤과 양주 별산대놀이는 즐겁게 노는 공연의 특징이 있다.

| 정답 |

탈춤, 강릉, 봉산

● 242008-0180

01 이 글을 쓰기 위해 계획한 내용 중, 실제 글에 반영되지 <u>않은</u> 것은?

① 예상 독자는 한국 문화유산에 관심을 가져야 할 사람들이야.
② 글의 주제는 '유네스코에 등재된 한국 탈춤의 특징'으로 해야겠어.
③ 글의 목적은 한국 탈춤의 종류와 특징에 대한 정보를 제공하는 것으로 하자.
④ 글과 관련된 시각 자료를 사용하여 대상에 대한 정보를 효과적으로 전달하자.
⑤ 한국 탈춤의 특성은 널리 알려져 있으니 다른 나라의 탈춤을 중심으로 설명하자.

● 242008-0181

02 글쓴이가 쓰기 과정에서 생성했을 내용으로 적절하지 <u>않은</u> 것은?

① 세계에서 탈춤이 있는 나라는 한국뿐이다.
② 한국의 탈춤은 우리 조상들의 삶을 담고 있다.
③ 탈춤은 제의적 탈춤과 유희적 탈춤으로 나뉜다.
④ 대사 없이 음악과 춤, 동작만 있는 탈춤도 있다.
⑤ 안동, 강릉, 봉산 등지에서 독특한 탈춤이 발달했다.

● 242008-0182

03 다음은 이 글을 쓰기 전에 작성한 개요이다. ㉠에 들어갈 내용으로 적절한 것은?

처음	유네스코에 등재된 한국의 탈춤
중간	• 하회 별신굿 탈놀이의 특징 • 강릉 관노 가면극의 특징 • ㉠ • 양주 별산대놀이의 특징
끝	한국 탈춤에 대한 관심 당부

① 봉산 탈춤의 특징
② 강릉 단오제의 특징
③ 안동 하회탈의 모양
④ 탈춤의 풍자와 해학
⑤ 양주 별산대놀이의 유희적 특징

● 242008-0183

04 다음은 이 글을 고쳐 쓰기 위해 추가로 수집한 자료이다. 〈보기〉의 자료가 들어갈 부분으로 적절한 것은?

┌─ 보기 ┐

① (가)　② (나)　③ (다)　④ (라)　⑤ (마)

✎ 서술형

● 242008-0184

05 〈보기〉를 참고하여, (마)에 추가할 내용을 〈조건〉에 맞게 쓰시오.

┌─ 보기 ┐

[양주 별산대놀이의 특징]
• 부드럽고 우아한 춤 동작
• 독립적인 여러 개의 이야기 구성

– 출처: 전통문화 포털 –

┌ 조건 ┐

• 〈보기〉의 내용을 활용하여 쓸 것.
• '양주 별산대놀이는 ~이/가 특징이다.'의 형식으로 쓸 것.

무엇을 배울까? 자신의 삶과 경험을 바탕으로 정서를 진솔하게 표현하는 글을 쓸 수 있다.

🔍 **생각돋보기**

　두 학생이 '경험을 담은 글 쓰기'에 대해 이야기를 나누고 있네요. 남학생은 경험을 담은 글의 소재가 특별해야 된다고 생각하기 때문에 글쓰기에 어려움을 겪고 있지만, 여학생은 일상적인 소재 속에서 가치 있는 경험을 떠올리고 있어요.
　경험을 담은 글을 쓰라고 하면 많은 학생들이 대체로 특별한 이야기, 인생에서 여러 번 만나기 드문 사건을 떠올리려고 애씁니다. 그러면서 '나는 살면서 특별한 경험을 한 적이 없는데.', '내 삶은 매일 똑같은데.'와 같이 생각하며 내용 선정에 애를 먹기 일쑤입니다. 그러나 경험의 특별함이 글의 감동과 즐거움을 결정하지는 않습니다. 눈을 뜨는 매일 아침이나 친구와 함께 걷는 하굣길을 화제로 하여도 감동과 즐거움을 주는 글을 쓸 수 있답니다. 경험을 담은 글을 쓰며 자신의 삶을 되돌아보고 더 나은 삶을 살 수 있는 기회도 얻을 수 있어요.

1 경험을 담은 글

　자신의 삶에서 가치 있는 경험을 바탕으로 독자에게 감동이나 즐거움을 주기 위해 쓴 글

2 경험을 담은 글을 쓰는 과정

경험 떠올리기	• 자신이 겪은 일 중 가치 있는 경험을 떠올리기

↓

내용 선정하기	• 떠올린 경험 중 쓸 내용을 선정하고, 그 경험의 구체적인 내용과 그로부터 얻은 깨달음을 선정하기

↓

내용 조직하기	• 경험과 깨달음이 잘 드러나도록 내용을 효과적으로 배치하기

↓

표현하기	• 거짓이나 과장 없이 경험을 구체적으로 표현하기 • 경험으로 얻은 깨달음을 솔직하게 표현하기

↓

고쳐쓰기	• 글의 주제, 목적, 문맥을 고려하여 구조, 문장 순서, 표현 등을 고쳐쓰기

🎓 **확인하기**

1. 다음 설명이 맞으면 ○표, 틀리면 ×표를 하시오.

⑴ 경험을 담은 글을 쓸 때의 경험은 특별할수록 좋다.
　　　　　　　（　　）

⑵ 경험을 담은 글을 쓸 때는 경험은 구체적으로 서술하되, 깨달은 바는 과장하여 최대한 극적으로 서술해야 한다.　　（　　）

⑶ 글을 고쳐 쓸 때는 주제, 목적, 문맥을 고려하여 문장 순서나 표현 등을 고쳐야 한다.　　（　　）

❸ 삶과 경험을 바탕으로 정서를 진솔하게 표현하는 글

- 자신의 경험을 바탕으로 느끼고 생각한 것을 자유롭게 쓴 '수필'이 대표적이다.
- '일기, 편지, 기행문, 감상문, 자서전' 등 형식이 다양하다.

❹ 경험을 담은 글을 쓸 때 유의할 점

- 경험한 내용을 과장하지 않는다.
- 경험이 불러일으킨 정서를 꾸밈없이 쓴다.
- 자신의 경험이 내적 성장에 어떤 도움을 주었는지 쓴다.

❺ 경험을 담은 글 쓰기의 의의

- 자신의 삶을 되돌아보고 성찰할 수 있다.
- 읽는 이에게 감동과 즐거움을 줄 수 있다.
- 더 나은 삶을 설계할 기회를 얻을 수 있다.
- 글로 정리하며 자신의 경험에서 새로운 가치를 발견할 수 있다.

예로 이해하기   양창모, '서로 다른 시계'

　내가 참여하고 있는 왕진* 프로그램의 한 실무자를 만났을 때다. 그는 이 일의 필요성에 많이 공감하면서도 의료와는 무관한 회사가 왕진 프로그램을 지원하면서 생기는 심적 부담을 토로했다. 필요한 일이고 의미가 있다는 것은 알지만, 이런 일은 보건소나 공공 의료 기관* 같은 곳에서 해야 하는 일이 아니냐는 것이었다. 나도 동의했다. 실은 나도 그렇게 생각하고 있었다. 하지만 공공 의료 기관이 해야 할 일을 못하고 있을 때 우린 어떻게 해야 할까. 그들에게 책임이 있으니 그들이 책임질 때까지 마냥 기다릴 수는 없었다. 기다리는 동안에도 누군가는 중풍이며 심근 경색에 걸려 평생 안고 살지 모를 마비와 후유증을 겪기 때문이다. 이 사실을 알고 있는 사람은 아무도 그 책임에서 자유로울 수 없다.

　왕진을 가다 보면 가끔 답이 없다고 느끼는 순간이 찾아온다. 하지만 답이 없다 말하는 순간 답은 사라진다. 나는 무관하다 말하는 순간 답은 없어진다. 이건 공공 의료에서 해야 할 일이라고 떠넘기고 돌아오는 순간 그것은 누구의 일도 아닌 일이 된다. 나는 늘 믿어 왔다. 한 사람의 이웃이 국가보다 중요하다고. 그렇다면 나는 왜 그 한 사람의 이웃이 되면 안 되는가. 그런 질문들이 길을 만들어 줄 것이라 믿으며 나는 다시 왕진 가방을 챙긴다.

* 왕진: 의사가 병원 밖의 환자가 있는 곳으로 가서 진료함.
* 공공 의료 기관: 국가·지방 자치 단체, 그 밖의 공공 단체가 설립·운영하는 보건 의료 기관.

어머니는 내가 집에서 책만 읽는 것을 싫어하셨다. 그래서 방과 후 골목길에 아이들이 모일 때쯤이면 대문 앞 계단에 작은 방석을 깔고 나를 거기에 앉히셨다. 아이들이 노는 걸 구경이라도 하라는 뜻이었다.

딱히 놀이기구가 없던 그때, 친구들은 대부분 술래잡기, 사방치기, 공기놀이, 고무줄놀이 등을 하고 놀았지만 나는 공기놀이 외에는 그 어떤 놀이에도 참여할 수 없었다. 하지만 골목 안 친구들은 나를 위해 꼭 무언가 역할을 만들어 주었다. 고무줄놀이나 달리기를 하면 내게 심판을 시키거나 신발주머니와 책가방을 맡겼다. 그뿐인가. 술래잡기를 할 때는 한곳에 앉아 있어야 하는 내가 답답해할까 봐 어디에 숨을지 미리 말해 주고 숨는 친구도 있었다.

우리 집은 골목에서 중앙이 아니라 모퉁이 쪽이었는데 내가 앉아 있는 계단 앞이 늘 친구들의 놀이 무대였다. 놀이에 참여하지 못해도 난 전혀 소외감이나 박탈감을 느끼지 않았다. 아니 지금 생각하면 내가 소외감을 느낄까 봐 친구들이 배려해 준 것이었다.

그 골목에서의 일이다. 초등학교 1학년 때였던 것 같다. 하루는 우리 반이 좀 일찍 끝나서 나 혼자 집 앞에 앉아 있었다. 그런데 그때 마침 골목을 지나던 깨엿 장수가 있었다. 그 아저씨는 가위를 쩔렁이며, 목발을 옆에 두고 대문 앞에 앉아 있는 나를 흘낏 보고는 그냥 지나쳐 갔다. 그러더니 손수레를 두고 다시 돌아와 내게 깨엿 두 개를 내밀었다. 순간 아저씨와 내 눈이 마주쳤다. 아저씨는 아무 말도 하지 않고 아주 잠깐 미소를 지어 보이며 말했다.

"괜찮아."

무엇이 괜찮다는 건지 몰랐다. 돈 없이 깨엿을 공짜로 받아도 괜찮다는 것인지, 아니면 목발을 짚고 살아도 괜찮다는 말인지……. 하지만 그건 중요하지 않다. 중요한 것은 내가 그날 마음을 정했다는 것이다. 이 세상은 그런대로 살 만한 곳이라고, 좋은 친구들이 있고 선의와 사랑이 있고, '괜찮아'라는 말처럼 용서와 너그러움이 있는 곳이라고 믿기 시작했다는 것이다.

— 장영희, '괜찮아'

유형 01

● 242008-0185

이 글에 드러난 글쓴이의 경험으로 적절하지 <u>않은</u> 것은?

① 집 앞 계단에 앉아 아이들이 노는 걸 구경하곤 했다.
② 친구들이 달리기를 할 때는 할 수 있는 역할이 없었다.
③ 술래잡기를 할 때 자신이 숨을 곳을 '나'에게 알려 주는 친구도 있었다.
④ 놀이에 참여하지 못할 때도 있었지만 소외감을 느낀 적은 없었다.
⑤ 혼자 집 앞에 앉아 있다가 골목을 지나던 깨엿 장수를 만난 적이 있다.

문제 확인하기

유형 확인 경험을 담은 글에 담긴 글쓴이의 경험을 확인하는 문항이다.

제시문으로 정답 확인　　　　정답 ②
'나'는 어릴 때부터 몸이 불편해 앉아서 하는 공기놀이 외의 놀이에는 직접적으로 참여하기 어려웠다. '하지만 골목 안 친구들은 나를 위해 꼭 무언가 역할을 만들어 주었다. 고무줄놀이나 달리기를 하면 내게 심판을 시키거나 신발주머니와 책가방을 맡겼다.'를 통해 친구들이 어린 시절 '나'를 얼마나 배려해 주었는지 알 수 있다.

오답 확인
① 1문단에서 '나'가 집에서 책만 읽는 것을 싫어하신 어머니 덕에 대문 앞에 앉아 아이들이 노는 걸 구경했음을 알 수 있다.
③ 2문단에서 '나'가 답답해할까 봐 자신이 숨을 곳을 알려 준 친구도 있었음을 알 수 있다.
④ 3문단에서 '나'는 놀이에 참여하지 못할 때도 있었지만 소외감을 느낀 적이 없었음을 알 수 있다.
⑤ 4문단에서 '나'가 언제나처럼 대문 앞에 앉아 있다가 깨엿 장수를 만났음을 알 수 있다.

필수 개념 확인

☐ **성찰적 글쓰기**
- 개념: 자신의 삶을 돌아보고 깊이 있게 사유하여 스스로 얻어 낸 깨달음을 적는 글쓰기
- 종류: 수필, 일기, 자서전, 편지 등
- 의의
  - 자신을 이해하고 정서적 성숙을 도움.
  - 자신이 추구하는 삶의 목표를 분명히 할 수 있음.

유형 **02**

● 242008-0186

이 글을 읽은 독자의 반응으로 적절하지 <u>않은</u> 것은?

① 몸이 불편해도 여러 놀이에 함께할 수 있게 해 준 친구들의 배려가 정말 감동적이었어.

② 세상이 살 만한 곳이라고 느끼려면 낯선 이의 갑작스러운 위로가 필요하다는 걸 알게 됐어.

③ 어떤 말은 의미를 정확히 이해할 수 없어도 사람을 위로하고 격려할 수 있다는 걸 알게 되었어.

④ 누군가의 따스한 말 한 마디가 힘든 삶을 살아가는 이들에게 큰 위로를 줄 수 있다는 걸 알았어.

⑤ 몸이 불편하다고 집에만 있는 것이 아니라 세상 밖으로 나와 친구들과 어울린 '나'의 모습이 감동적이었어.

💡 문제 확인하기

유형 확인 글쓴이의 경험과 정서가 드러난 글을 읽고 어떤 깨달음을 얻을 수 있는지 파악하는 문항이다.

제시문으로 정답 확인　　　　　　　　　　　　**정답** ②

어린 시절 '나'는 깨엿 장수 아저씨가 한 '괜찮아'라는 말 한 마디 덕에 '이 세상은 그런대로 살 만한 곳이라고, 좋은 친구들이 있고 선의와 사랑이 있고, '괜찮아'라는 말처럼 용서와 너그러움이 있는 곳'이라고 믿게 되었다. 그러나 이 말이 낯선 사람의 위로가 필요하다는 의미는 아니다.

오답 확인

① 2, 3문단에 몸이 불편한 '나'를 배려해 준 어린 시절 친구들의 모습이 나타나 있다.

③ 마지막 문단에서 '나'는 깨엿 장수 아저씨의 말이 정확히 무슨 의미인지 몰랐지만 큰 위로를 얻었음을 알 수 있다.

④ 마지막 문단에서 '나'가 세상이 용서와 너그러움이 있는 곳이라고 믿기 시작한 것은 깨엿 장수 아저씨의 따스한 말 한 마디 덕분이었음을 알 수 있다.

⑤ '나'는 어릴 때부터 몸이 불편했지만 집 안에만 있지 않고 세상 밖으로 나와 친구들과 어울리는데, 이러한 모습이 감동을 줄 수 있다.

 필수 개념 확인

☐ **독자의 반응**

글을 읽은 독자가 글에 대해 보이는 반응을 의미하는데 글의 내용 이해, 주제 파악, 글의 표현 방식 이해, 글쓴이의 의도 및 교훈 이해 등 다양한 내용을 포함함.

다음은 이 글을 읽은 학생이 쓴 감상문이다. 빈칸에 들어갈 알맞은 내용을 〈조건〉에 맞게 쓰시오.

> 이 글을 쓴 장영희 작가는 두 살 때 소아마비를 앓고 난 후 두 다리와 오른손을 움직일 수 없게 되었다고 한다. 그는 인생의 여러 어려움을 의지로 이겨 낸 희망의 대명사로 자주 인용된다. 이러한 작가의 어린 시절 경험이 담긴 글을 읽고 나니 (　　　　　　　). 나도 가치 있는 경험을 떠올려 글로 진솔하게 표현해 봐야겠다.

조건

- 경험을 담은 글 쓰기의 의의를 쓸 것.
- 문맥에 맞게 한 문장으로 쓸 것.

💡 문제 확인하기

유형 확인 삶의 경험을 담은 글을 쓰는 것의 의의를 알고 있는지 확인하는 문항이다.

평가 기준 확인

상	경험을 담은 글 쓰기의 의의를 문맥에 맞게 한 문장으로 서술한 경우
중	글을 읽고 난 후의 감정을 서술하였으나 경험을 담은 글 쓰기의 의의에 관한 내용은 미흡한 경우
하	삶의 경험을 담은 글 쓰기의 개념만을 서술한 경우

내 답안 체크

예1 **나도 여러 가지 경험과 그것과 관련된 감정이 떠올랐다:** 글을 읽고 난 후의 감정을 제시하였으나 삶의 경험을 담은 글 쓰기의 의의는 제시되지 않았다. ➡ **중**

예2 **경험한 내용을 과장하지 말고 써야겠다고 생각했다:** 경험을 담은 글 쓰기의 유의점과 관련된 내용으로, 삶의 경험을 담은 글을 쓰는 것의 의의가 제시되지 않았다. ➡ **하**

● 10점 만점에 10점 예시 답안 ●

내 삶을 되돌아보고 반성할 수 있었다. / 삶의 새로운 가치를 발견할 수 있었다.

아버지는 어느 날 점퍼 속에 강아지 한 마리를 넣어 왔다. 난 지 며칠이나 지났을까. 호떡을 싸는 종이 봉지에 들어갈 수 있을 정도로 작았다. 어린 시절 내게 개는 닭처럼 잡아먹지는 않는다고 하더라도 닭 이상으로 좋아할 것도 없는 동물이었다. 중학교 2학년 때 서울이라는 유목적*이고 도시적인 환경으로 전학 온 내게 아버지가 선물이라며 준 강아지는 내가 그때까지 보아 온 가축이 아니라 처치 곤란하고 '낯선 것'이었다. 그 이전에는 물론 그 뒤로 아버지는 한 번도 내게 선물을 준 적이 없다.

겨울밤이었고 아버지가 일평생 처음으로 선물이라며 종이 봉지 속에 든 강아지를 내게 줄 때 술 냄새가 났다. 나는 종이 봉지 속 강아지의 목덜미를 붙들어 현관 바깥 종이 상자 속에 내려놓았다. 가축은 집 안에 들일 수 없는 게 원칙이었다. 그때까지만 해도 나는 강아지를 선물로 생각하지 않았다. 아버지가 많은 식구 중 내게 주는 선물이라고 했지만 아버지가 그날 밤 집에 들어오면서 부딪친 첫 번째 식구가 내가 아니라 다른 사람이었다면 그의 선물이 되었을 가능성이 크다고 여겼다. 하지만 기분은 묘했다. 어쨌든 아버지에게서 처음 받은 선물이었으니까.

한밤중에 나는 선물이 우는 소리에 잠을 깼다. 내 옆, 옆과 그 옆, 그 옆에 자고 있는 그 누구도 잠을 깨거나 일어나지 않았다. 방을 나가서 바깥에 있는 화장실로 가기 위해 문을 열었을 때 선물이 우는 소리가 더욱 크게 들렸다. 사실 오줌이 마려웠던 것도 아니었다. 선물이 어떤 상태인지 알고 싶었던 것이었다. 그건 다리를 덜덜 떨며 낑낑거렸다. 나는 배가 고파서 우는 걸로 알았다. 부엌에 뭐가 있는지 몰라서 뭘 가져다줄 수 없었다. 나는 그날 저녁 내 몫으로 받고 아껴 먹다 남겨 둔 백설기*를 가지고 나왔다. 접시에 물을 담아 백설기와 함께 큰맘 먹고 내밀었다. 선물은 내 선물에 관심이 전혀 없었다. 그저 낑낑거리며 다리를 떨며 울 뿐이었다. 나는 무시당한 데 대해 화가 났다. 선물을 철회했다*. <u>ⓒ백설기를 집어 들면서도 물은 그냥 두었다. 울다 보면 목이 멜지도 모르고 물은 그럴 때 먹으면 되니까.</u>

방으로 돌아와 누웠을 때에도 선물의 울음소리는 계속해서 들려왔다. 천둥 치듯 아버지는 코를 골았지만 선물의 가느다란, 여린 낑낑거림은 정확하게 나의 청각을 자극하고 잠 못 들게 했다. 결국 다시 밖으로 나갔다. 철회했던 선물을 다시 주고 그 옆에 쭈그리고 앉았다. 선물의 머리를 쓰다듬기 시작하자 울음이 그쳤다. 선물은 너무 어려서 백설기를 먹을 수 없었다. 물을 마시지도 않았다. 다만 관심과 연민에 반응할 수 있을 뿐이었다.

관심과 연민의 공급이 중단되면 즉시 울음이 시작됐다. 결국 나는 내복 바람으로 날이 밝아 오는 것을 보았다.

*아버지는 강아지를 선물했다. 나는 강아지에게 백설기를 선물했다. 밤이 아침을 선물하듯 강아지는 내게 난생처음 경험하는 연민*의 감정을 선물했다.

● 242008-0187

01 글쓴이가 이 글을 쓸 때 떠올린 경험으로 적절한 것은?

① 시골의 겨울밤 풍경
② 어린 시절 좋아했던 음식
③ 누군가로부터 동정을 받았던 일
④ 아버지에게 처음으로 선물을 받았던 일
⑤ 도시로 이사 오고 난 후 시골이 그리웠던 일

● 242008-0188

02 이 글에 드러난 글쓴이의 경험으로 적절하지 <u>않은</u> 것은?

① 중학교 2학년 때 아버지로부터 선물을 받았다.
② '나'는 집에 온 강아지가 밤새 우는 소리를 들었다.
③ 아버지는 평소에 '나'에게 선물을 하는 분이 아니었다.
④ '나'는 먹기 싫어 남겨 둔 백설기를 강아지에게 주었다.
⑤ '나'는 아버지가 코 고는 소리보다 강아지의 울음소리를 더 잘 들었다.

● 242008-0189

03 이 글의 글쓴이가 ㉠과 같이 행동한 이유로 가장 적절한 것은?

① 강아지가 걱정돼서
② 강아지가 물을 잘 마셔서
③ 강아지가 울면 아버지가 깰까 봐
④ 백설기가 아깝다는 생각이 들어서
⑤ 강아지가 백설기를 먹다가 목이 마를까 봐

● 242008-0190

04 〈보기〉를 바탕으로 '나'에 대해 이해한 내용으로 가장 적절한 것은?

> **보기**
>
> 연민이란 '불쌍하고 가련하게 여기는 마음'을 말합니다. 이 마음은 대상에 대한 사랑을 전제로 하지요.

① '나'도 이제 대가를 바라지 않는 어른이 되었구나.
② '나'는 관심과 연민의 차이를 아는 사람이 되었구나.
③ '나'는 아버지가 강아지를 선물한 의도를 깨달았구나.
④ 도시에서의 삶이 '나'를 내적으로 성숙하게 만들었구나.
⑤ '나'가 강아지에게 연민을 느꼈다는 건 강아지를 좋아했다는 거구나.

● 242008-0191

05 이 글의 주제를 고려할 때, 글을 읽고 난 후의 감상으로 가장 적절한 것은?

① 진정한 연민은 생명과의 교류를 통해서만 가능하구나.
② 누군가에 대한 관심이 지속되려면 많은 희생이 필요하구나.
③ 가족끼리 선물을 주고받는 것이 누군가에게는 매우 낯선 일이겠구나.
④ 선물이란 실체를 가진 물건일 수도 있지만 어떤 깨달음일 수도 있구나.
⑤ 자식이 부모의 진심과 사랑을 깨닫는 건 오랜 시간이 지나야 가능하구나.

● 242008-0192

06 이 글의 주제를 〈조건〉에 맞게 쓰시오.

> **조건**
>
> • '강아지', '연민'의 두 단어를 반드시 활용할 것.
> • 글쓴이의 경험과 정서가 드러나도록 쓸 것.

가 *오늘 뭔가 불길한데… 나는 징크스에 약하다. 나에게 마주친 우연한 불행은 꼬리를 물고 하루 종일 들러붙는다. 적어도, 그렇다고 믿는다. 아침엔 가방 속 물통에 물이 새서 책이 다 젖었고, 오후엔 누군가 찬 축구공에 머리통을 맞았으며, 지금은 체육복이 뜯어졌다. 나는 자전거 손잡이에 걸린 실밥을 풀어내고 쌓인 짜증과 울분*을 모아 발길로 힘껏 자전거를 걷어찼다. 자전거가 와장창 비명을 지르며 넘어지자 적잖게 마음도 풀리고 이상하게 몸도 가벼워졌다. 이제 오늘 불행 끝. 불쌍한 자전거 덕분에 오늘은 덜 힘들게 집에 도착했다. 곧바로 냉장고를 열어 보니 내가 숨겨 둔 케이크와 음료수가 누군가에게도 약탈*되지 않고 남아 있었다. 히히, 그렇지. 바로 이 맛이지. 오늘의 불행이 끝났다는 안도감과 잠시의 달콤함을 맛본 후 학원 가방을 챙겨 집을 나섰다. 다시 올 땐 또 헉헉대야 하지만, 일단 내려가는 계단은 비교할 수 없이 가볍다. 4층에 도착하니 아까 내 발길에 차인 자전거가 기절한 채 아직도 누워 있었다. 괘씸한 놈. 나는 그냥 풀쩍 넘어갈까 하다 이렇게 누워 있는 자전거가 불쌍한 생각이 들어 자전거를 부축해서 계단 손잡이 난간으로 옮겨 주기로 했다.

나 그때였다. 자전거 바퀴살 아래로 가쁜 한숨 소리가 올라왔다. 아휴우, 휴우, 휴우… 계단 벽면을 따라 하얀 머리카락이 한숨 소리에 맞춰 힘겹게 흔들거리며 둥둥 떠오르고 있었다. 한 걸음 옮기고 아휴우, 또 한 걸음 옮기고 휴우. 우리 옆집 할머니다. 할아버지와 두 분이 사시는데 평소에 밖에 잘 나오지 않아 거의 인사를 나눈 적도 없어 얼굴도 모르지만 유난히 하얀 머리카락으로 우리 옆집 할머니라는 걸 알 수 있었다. 안 그래도 구부정한 허리로 한 손에는 지팡이를, 또 한 손엔 삐죽 튀어나온 대파 한 단을 넣은 장바구니를 쥐고 계단을 걸어, 아니 기어서 올라오는 게 아닌가.

다 *'어차피 할머니도 너를 모르잖아, 세라야. 너 설마 지금부터 12층까지 다시 올라가게? 학원 늦어도 돼?' 내 안의 ㉠사악한 내가 이렇게 내게 속삭이며 얼굴을 들어 할머니를 향하려던 내 고개를 숙이게 만들었다. 아이고, 휴우, 으휴우… 가쁜 숨소리가 내 귓전을 지나갈 때 나는 자전거를 묶는 척 고개를 푹 숙이고 할머니가 어서 다음 계단을 오르기를 기다렸다. 좀만 기다리면 돼. 조금만… 하지만 그 조금만이 시간 여행이라도 하듯이 무척 길게 내 가슴속에서 고동쳤다.

㉡'176계단의 형벌*'이라고? 네가 틀렸어. 세라 넌 이런 아이가 아니잖아. 이렇게 너를 속이며 숨어 있는 게 너에겐 더한 형벌이야. 그래 나는 이런 아이가 아니야.'

나는 고개를 들었다.

"할머니! 잠시만요. 저 자전거 다 묶었어요. 저 12층 살아요. 저 아시죠? 짐 주세요. 들어 드릴 테니 같이 가요."

나는 이제 막 다음 계단을 오르려는 할머니를 향해 소리쳤다. ㉢오늘 나의 징크스는 확실히 끝났다. 그리고 영원히 불행은 없을 것이다.

 **지문 이해**

이세라, '나의 형벌'

아파트 엘리베이터 공사 때문에 계단으로 이동해야 했던 때의 경험과 그로 인한 깨달음을 진솔하게 써 내려간 수필이다.

주제 형벌이라고 생각했던 176계단이 준 깨달음

내용 연구

글쓴이의 경험
• 계단을 걸어 내려가다가 힘겹게 계단을 오르시는 옆집 □□□을/를 발견함. • 할머니를 도와드릴 경우 다시 올라야 할 176계단을 형벌로 느낌.

↓

글쓴이의 깨달음
다시 올라야 할 계단이 아니라 스스로를 속이며 숨는 게 더한 □□(이)고, 할머니를 도운 덕에 자신의 □□□이/가 끝났음을 깨달음.

낱말 풀이

* 울분: 답답하고 분함.
* 약탈: 폭력을 써서 남의 것을 억지로 빼앗음.
* 형벌: 범죄에 대한 법률의 효과로서 국가가 범죄자에게 가하는 제재.

구절 풀이

* 오늘 뭔가 ~ 그렇다고 믿는다.: 사건이 일어날 것 같은 느낌에 불안해하는 글쓴이의 심리가 드러나 있다.
* 어차피 할머니도 ~ 가슴속에서 고동쳤다.: '나'는 계단을 내려가다가 힘겹게 계단을 오르는 할머니를 발견하고 내적으로 갈등하고 있다.

| 정답 |

할머니, 형벌, 징크스

● 242008-0193

01 글쓴이가 이 글에 포함시킨 내용이 <u>아닌</u> 것은?

① '나'가 불길함을 느끼는 이유
② '나'가 징크스를 믿게 된 사건
③ '나'가 계단을 오르다가 자전거를 걷어찬 이유
④ 불길함을 느끼던 '나'가 안도감을 맛보게 된 계기
⑤ 계단을 오르는 사람이 옆집 할머니라는 것을 알게 된 까닭

● 242008-0194

02 이 글의 글쓴이가 경험한 내용으로 적절하지 <u>않은</u> 것은?

① 아침에 물통이 새서 책이 젖었다.
② 오후에 누군가가 찬 공에 머리를 맞았다.
③ 계단을 올라가다가 자전거에 걸려 옷이 뜯어졌다.
④ 계단을 오르기 전에 옆집 할머니와 인사를 나눴다.
⑤ 넘어뜨렸던 자전거를 계단 손잡이 난간 쪽으로 옮겨 놓았다.

● 242008-0195

03 이 글의 글쓴이가 자신을 ㉠과 같이 묘사한 이유로 가장 적절한 것은?

① 모르는 사람을 도왔다가 위험한 일이 생길까 봐
② 겨우 털어 낸 오늘의 불행이 또 찾아올 것 같아서
③ 학원에 늦으면 선생님께 어떻게 말해야 하나 걱정이 돼서
④ 힘겹게 계단을 오르는 할머니를 돕고 싶지 않다는 마음이 들어서
⑤ 12층 계단을 다시 올라가도 할머니가 고마워하지 않을 것 같아서

● 242008-0196

04 ㉡을 이해한 내용으로 적절하지 <u>않은</u> 것은?

① 계단을 오르는 일을 '형벌'에 비유했다.
② 내적 갈등을 겪고 있는 글쓴이의 상황이 드러나 있다.
③ '나'가 징크스 때문에 얼마나 오랫동안 고통받았는지 나타나 있다.
④ '나'는 할머니를 돕지 않는다면 자신이 더 괴로워한다는 것을 알고 있다.
⑤ 고민을 끝낸 '나'가 어떻게 행동할 것인지에 대해 결정했음을 알 수 있다.

● 242008-0197

05 다음은 이 글의 글쓴이가 글을 쓰기 전에 작성한 계획표이다. ⓐ~ⓔ 중 글에 반영되지 <u>않은</u> 것은?

가치 있는 경험 떠올리기	• 아파트 엘리베이터 공사를 할 때 무척 힘들었지만 의미 있었던 경험도 꽤 있었음. …… ⓐ
떠올린 경험 중 하나를 선정하기	• 계단을 내려가다가 옆집 할머니를 만나 다시 계단을 올라갔던 것. …………… ⓑ
선정한 경험이 잘 드러나도록 조직하기	• 안 좋은 일이 생기면 내내 불행한 나의 징크스에 대한 내용으로 글을 시작할 것. …… ⓒ • 할머니께 인정받고 뿌듯했던 경험을 중간 부분에 쓸 것. ……………… ⓓ • 징크스에 대한 이야기로 시작했으니 징크스에 대한 내용으로 마무리. ……………… ⓔ

① ⓐ ② ⓑ ③ ⓒ ④ ⓓ ⑤ ⓔ

✏️ 서술형

● 242008-0198

06 다음은 ㉢의 의미에 대한 설명이다. 〈조건〉에 맞게 빈칸에 들어갈 알맞은 말을 쓰시오.

> 할머니를 도와드리기 위해 다시 계단을 올라야 했던 '나'는 ____________________ 것이다. 불행 뒤에 불행이 뒤따라오는 징크스를 가진 '나'는 할머니를 도와드린 덕에 징크스를 끝내고 행복감을 얻지 않았을까?

조건

• 몸의 상태와 마음의 상태를 대조하여 쓸 것.
• 문맥에 맞게 쓸 것.

무엇을 배울까?　화자의 의도와 관점을 추론하며 들을 수 있다.

생각돋보기

　학생은 의사가 '어떻게 오셨어요?'라고 물은 의도를 이해하지 못해 엉뚱한 답을 했습니다. 학생은 담화가 어디에서 이루어지는지, 말하는 이가 어떤 의도를 갖고 있는지에 따라 같은 말이라도 다르게 해석해야 한다는 것을 몰랐던 거죠.

　말하는 이의 의도를 제대로 알기 위해서는 담화가 이루어지는 상황, 즉 말하는 이·듣는 이·대화 내용·대화가 이루어지는 맥락 등에 대한 이해가 필요해요. 이러한 이해가 먼저 이루어져야 원활하게 의사소통을 할 수 있습니다. 강연이나 방송 등에서 발표자가 하는 말을 들을 때도 화자의 의도와 관점을 제대로 추론하기 위해서는 담화의 맥락을 파악하는 것이 중요해요. 이와 같이 말하는 이의 의도와 관점을 추론하며 들으면 정확하고 깊이 있는 이해가 가능해집니다.

1 추론하며 듣기의 뜻과 방법

(1) **뜻**: 담화에 표면적으로 드러나지 않은 요소를 미루어 생각하며 듣기

(2) **방법**: 담화의 상황 맥락을 고려하여 명시적으로 제시되어 있지 않은 내용, 말하는 이의 의도와 관점을 추론하기

> * 추론: 미루어 생각하여 논함.
> * 담화: 구체적인 맥락 속에서 이루어지는 발화나 발화의 연속체
> * 발화: 소리 내어 말함.
> * 상황 맥락: 말하는 이와 듣는 이의 관계, 시간이나 장소, 말을 하는 의도나 목적 등 담화가 이루어지는 장면과 직접 관련된 맥락.
> * 사회·문화적 맥락: 지역, 세대, 성별, 문화 등 공동체에서 사회·문화적으로 오랜 시간에 걸쳐 만들어진 맥락.

2 담화의 종류에 따라 추론하며 듣는 방법

일상 대화	대화가 이루어지는 상황, 상대와의 대화의 경험을 떠올리며 말의 의미를 추론함.
정보 전달 담화	경험과 배경지식을 활용하여 담화의 화제와 주제를 파악함.
설득 담화	담화의 목적과 화자의 의도를 고려하여 주제를 추론함.

확인하기

1. 다음 설명이 맞으면 ○표, 틀리면 ×표를 하시오.

⑴ 추론하며 듣기란 숨겨진 요소를 미루어 생각하며 듣는 것을 말한다. 　（　）

⑵ 말하는 이의 의도를 추론할 때, 상황 맥락을 고려할 필요는 없다. 　（　）

2. 담화의 종류와 추론하며 듣는 방법을 바르게 연결하시오.

⑴ 정보 전달 담화 ・　・㉠ 대화 상황과 상대와의 대화 경험을 떠올리기

⑵ 일상 대화 ・　・㉡ 경험과 배경지식 활용하기

❸ 추론하며 들을 때 유의할 점

- 담화의 소통 방식을 고려해야 한다.
- 발화 의도나 목적을 고려해야 한다.
- 발화자의 가치관이나 태도를 파악해야 한다.
- 담화에 생략된 내용이 무엇인지 고려해야 한다.

❹ 추론하며 듣기의 의의

- 담화의 목적을 이해할 수 있다.
- 말하는 이의 의도를 파악할 수 있다.
- 담화의 내용을 깊이 있게 이해할 수 있다.

3. 초성을 참고하여 빈칸에 들어갈 알맞은 말을 쓰시오.
(1) ㅊㄹ하며 들으면 담화의 내용을 깊이 있게 이해할 수 있다.
(2) 말하는 이의 ㅇㄷ을/를 파악하기 위해서는 담화의 내용을 추론하며 들어야 한다.

예로 이해하기 '돌고래를 전시하는 수족관에 가지 마세요'

"더 이상 돌고래가 갇혀서 죽는 일이 없도록 제발 자연으로 방류해 주세요."

→ 담화의 화제
(①   )

2024년 초 울산의 한 초등학생이 정치인들에게 보낸 편지의 일부입니다. 수족관에 갇힌 돌고래 문제는 2013년 서울대공원에서 제주 바다로 돌아간 남방큰돌고래 '제돌이' 이후로 꾸준히 제기되어 왔습니다. 사람들이 관심을 갖는 문제인 만큼 선거 때마다 주요 쟁점으로 거론되는 건 물론이고요.

국내 수족관에 돌고래가 처음 선을 보인 것은 1984년입니다. 그해 어린이날 국내 첫 돌고래 쇼가 열렸죠. 돌고래를 보기 위해 회당 2,000여 명의 관람객이 몰릴 정도로 인기였고, 이 인기에 힘입어 전국 각지에 돌고래 사육장이 들어섰습니다.

→ 담화의 목적
수족관에 갇힌 돌고래들이 겪는 문제 상황을 공유하고 (②   )고 주장하기 위해서이다.

그런데 얼마 전 뉴스에서 한 수족관에 살던 돌고래 두 마리가 잇달아 폐사*했다는 소식을 접했습니다. 폐사한 돌고래는 각각 18살, 14살이었는데 돌고래의 평균 수명이 30년인 것을 고려하면 지나치게 빨리 죽은 거죠. 환경 단체들은 작은 수족관 안에서 반복적으로 쇼를 진행한 것이 그 이유라고 말합니다.

쇼를 하는 돌고래가 아니어도 좁은 공간에 전시돼 살아야 하는 돌고래들은 야생에서 사는 돌고래보다 빨리 죽습니다. 조사에 따르면 2020년 국내 수족관 보유 돌고래 중 절반이 폐사했는데 31마리 중 20마리가 수족관에 살기 시작한 지 3년 이내에 폐사했다고 합니다. 부검* 결과 스트레스로 인해 면역 체계가 약해진 것이 이른 죽음의 가장 큰 원인이었습니다.

→ 말하는 이
세상 모든 것은 각자 있어야 할 자리에 있는 것이 가장 아름답다고 생각하므로 돌고래들도 수족관이 아닌 (③   )에서 살아야 한다고 생각한다.

수족관 관리에 관한 법률이 국회를 통과해서 이제 국내 수족관은 신규 돌고래를 보유할 수 없습니다. 그러나 수족관에 갇혀 있는 돌고래라도 보고 싶어 하는 사람들이 계속 존재한다면 이윤을 추구해야 하는 입장에서는 돌고래를 계속 수족관에 두려고 할 것입니다.

세상 모든 것은 각자 있어야 할 자리에 있는 것이 가장 아름답습니다. 수족관에 여전히 갇혀 있는 돌고래들이 원래의 터전으로 돌아갈 수 있도록 돌고래를 전시하는 수족관에 가지 맙시다.

* 폐사: 주로 짐승이나 어패류가 갑자기 죽음.
* 부검: 해부하여 검사함.

강연을 듣기 위해 모인 ○○중학교 학생 여러분 반갑습니다. ㉠오늘 강연은 올림픽 이야기로 시작할까 합니다.

과거에는 올림픽에서 금메달을 따지 못하면 시상대 위에서 아쉬움이 가득하거나 억울한 표정을 짓는 선수들이 많았습니다. 그러나 이제는 올림픽 시상대에 선 선수들이 각자의 메달을 목에 걸고 자랑스럽게 웃는 것을 볼 수 있습니다. 메달의 색깔과 관계없이 모두가 시상대 위에서의 순간을 즐기게 된 것 같습니다. 그런데 조사에 따르면 순위에 따른 실제 만족도는 같지 않다고 합니다.

이와 관련해 1990년대 초에 연구한 결과에 따르면 은메달 수상자보다 동메달 수상자가 더 행복감을 느낀다고 합니다. 은메달 수상자는 '~했으면 더 좋았을 텐데'라는 식의 더 나은 결과를 가정하는 사고법인 '상향식 사후 가정 사고'를 갖는 경우가 많았다고 합니다. 그런데 이러한 사고는 '실망'과 같은 부정적 감정을 동반하거든요. 반대로 동메달 수상자는 '~라면 큰일 날 뻔했다'는 식의, 더 나쁜 결과를 가정하는 사고법인 '하향식 사후 가정 사고'를 가진 경우가 많았습니다. 상향식과 반대로 이러한 사고법은 안도, 기쁨과 같은 긍정적 감정을 동반합니다.

정리해 보면 은메달 수상자는 "조금만 더 잘했으면 금메달을 땄을 텐데."라는 생각으로 후회하게 되지만, 동메달 수상자는 "조금만 방심했다면 메달을 따지 못했겠다."라는 생각으로 기쁨이 더욱 커지게 되는 것입니다.

일상생활에서도 은메달 수상자처럼 생각하며 괴로워하는 사람들이 많습니다. 그러므로 행복감을 유지하기 위해서는 기대치를 적당하게 설정하는 것이 좋습니다. 여러분도 '전국 1등 하기'와 같은 실현하기 어려운 목표보다는 '하루에 1시간 공부하기, 영어 단어 10개씩 외우기'처럼 실현 가능한 목표를 세우고 매일 실천한다면 성취를 통해 긍정적인 감정을 느낄 수 있고, 어느새 불가능해 보이는 목표에도 도달할 수 있을 것입니다.

오늘 여러분의 목표는 무엇인가요?

유형 01

◐ 242008-0199

강연자가 ㉠과 같이 강연을 시작한 의도를 추론한 내용으로 가장 적절한 것은?

① 실현 가능한 목표를 세우고 성취하면 긍정적인 감정을 얻을 수 있다는 것을 말하려고

② 올림픽에 참여하는 선수들처럼 열심히 살면 이루지 못할 목표가 없다는 것을 강조하려고

③ 자신의 지난 실수를 계속 곱씹으며 후회하기보다는 실수를 통해 성장하는 것이 중요하다고 말하려고

④ 일상을 은메달 수상자와 같은 마음으로 살아간다면 목표를 이루기 수월해진다는 메시지를 전하려고

⑤ 시상대 위의 메달리스트들의 사례를 통해 높은 기대치를 설정하는 구체적인 방법을 알려 주기 위해서

문제 확인하기

유형 확인 강연을 들을 때 말하는 이가 어떤 의도를 갖고 강연의 내용을 구성했는지 확인하는 문항이다.

제시문으로 정답 확인 　　　　　　　　　**정답 ①**

강연자가 ㉠과 같이 강연을 시작한 이유는 5문단에 제시되어 있다. 기대치를 적당하게 설정하고, 실현 가능한 작은 목표부터 하나씩 이루어 간다면 성취를 통해 긍정적인 감정을 느낄 수 있다는 것을 전하기 위해서 ㉠과 같이 강연을 시작한 것이다.

오답 확인

② 강연자는 무조건 열심히 살라는 것이 아니라 적당한 목표를 세우고 그것을 실천하는 삶을 살라고 말하고 있다.

③ 은메달이나 동메달을 딴 것이 실수가 아니므로 실수를 통해 성장하는 것과 관련한 내용은 제시되어 있지 않다.

④ 은메달 수상자는 '~했으면 더 좋았을 텐데'라는 식으로 사고하기 때문에 동메달 수상자보다 행복감을 덜 느끼는 경우가 많다. 이는 강연자가 학생들에게 전하고자 하는 메시지와 관계가 없다.

⑤ 이 강연은 실현 가능한 수준의 기대치를 설정하고 그것을 실천하는 것의 가치를 설명하고 있으므로, 높은 기대치를 설정하는 것은 강연의 주제를 고려할 때 적절하지 않다.

 필수 개념 확인

☐ **추론하며 듣기의 뜻과 방법**

• 뜻: 담화에 표면적으로 드러나지 않은 숨겨진 요소를 미루어 생각하며 듣기

• 방법: 담화의 상황 맥락을 고려하여 명시적으로 제시되어 있지 않은 내용을 미루어 생각해 보고, 말하는 이의 의도와 관점을 추론하기

유형 **02**

● 242008-0200

이 강연의 내용을 고려할 때 〈보기〉의 상황에 있는 학생에게 말하는 이가 해 줄 수 있는 말로 적절하지 <u>않은</u> 것은?

> **보기**
>
> 올해 초 수영을 시작한 영수는 얼마 전 처음으로 출전한 대회에서 작은 상을 받았다. 영수는 이 상에 만족하지 않고 올림픽 최연소 국가 대표가 되는 것을 목표로 최선을 다하려고 한다.

① 자신이 보기에 작은 성취일지라도 만족해 보세요.

② 거대한 목표보다는 실현 가능한 작은 목표를 세워 보세요.

③ 먼 미래의 목표보다는 내일 이룰 목표를 먼저 세워 보세요.

④ 상을 받지 못했을 수도 있었다는 것을 기억하며 자신을 칭찬해 주세요.

⑤ '더 열심히 했었다면 어땠을까?' 하는 가정을 해 보면 더 성장할 수 있을 거예요.

🔍 **문제 확인하기**

유형 확인 담화 내용과 관련한 말하는 이의 관점을 파악했는지 확인하는 문항이다.

제시문으로 정답 확인   **정답** ⑤

말하는 이는 올림픽 은메달 수상자들이 갖는 '상향식 사후 가정 사고'는 부정적인 감정을 동반한다고 말하고 있다. 따라서 말하는 이의 관점을 고려할 때 ⑤는 적절하지 않다.

오답 확인

① 말하는 이는 매일의 실천을 통해 느끼는 성취감을 맛보라고 말하고 있다.

② 말하는 이는 작은 목표를 세워 매일 실천하라고 말하고 있다.

③ 말하는 이의 관점에 따르면 지나치게 먼 목표보다는 오늘의 목표를 정하는 것이 중요하다.

④ 말하는 이는 동메달 수상자들처럼 '하향식 사후 가정 사고'를 해야 긍정적 감정을 가질 수 있다고 말하고 있다.

 **필수 개념 확인**

> ☐ **담화의 구성 요소**
> • 말하는 이
> • 듣는 이
> • 전달하고자 하는 내용
> • 맥락

다음은 학생이 강연을 듣고 난 후의 감상을 적은 것이다. 빈칸에 들어갈 알맞은 말을 〈조건〉에 맞게 쓰시오.

> 저는 제가 한 일을 되돌아보며 자주 후회합니다. 좋은 사람이 되고 싶고, 성공한 인생을 살고 싶은데 늘 제 선택에 대한 확신이 없습니다. 그런데 강연을 듣고 나서 동메달 수상자처럼 (ⓐ   )을/를 가져야겠다고 생각했습니다. 생각의 방향만 바꾸면 내 삶이 (ⓑ   )고 생각하니 큰 위로가 되었습니다.

> **조건**
>
> • ⓐ는 동메달 수상자의 사고 방식과 연관 지어 쓸 것.
> • ⓑ는 삶의 방향과 연관 지어 쓸 것.

____

____

🔍 **문제 확인하기**

유형 확인 담화의 목적과 주제를 추론하도록 하는 문항이다.

평가 기준 확인

상	ⓐ, ⓑ에 들어갈 내용을 〈조건〉에 맞게 서술한 경우
중	ⓐ, ⓑ에 들어갈 내용을 〈조건〉에 맞게 서술하였으나 강연 주제와의 관련성이 떨어지는 경우
하	ⓐ, ⓑ 중 하나에 해당하는 내용을 〈조건〉에 맞게 서술한 경우

내 답안 체크

예1 ⓐ **하향식 사후 가정 사고,** ⓑ **부정적으로 변할 수 있다:** ⓐ에 적절한 내용을 제시하였으나, ⓑ를 적절하게 제시하지 못하였다. ➡ **중**

예2 ⓐ **상향식 사후 가정 사고,** ⓑ **달라질 수 있다:** ⓐ에 적절한 내용을 제시하지 못하였고, ⓑ에도 '긍정적 변화'의 내용을 포함하지 않고 단순히 달라진다고 제시하였다. ➡ **하**

> **10점 만점에 10점 예시 답안**
>
> ⓐ 하향식 사후 가정 사고
> ⓑ 긍정적으로 변할 수 있다

가 '아침을 여는 단어 하나'를 찾아 주신 구독자 여러분 반갑습니다.

오늘 여러분과 함께 살펴볼 단어는 '라곰'입니다. 여러분, '라곰'이라는 말 들어 보셨어요? '라곰(Lagom)'은 스웨덴을 비롯한 북유럽 사람들의 품성을 설명하는 말로 스웨덴어 사전에는 '알맞은, 적당히'라고 풀이되어 있습니다.

대부분의 스웨덴인들은 갑작스러운 상황이 생겨 열차나 버스가 지연*돼도 불만을 표시하지 않습니다. 하염없는 기다림에도 누구를 탓하지 않고 말없이 기다리는 거죠. 또한 그들은 불필요한 말은 피하고 짧고 간결하게 말하며 타인의 감정이 상할 수 있는 대화는 자제합니다. *늘 스스로 절제하고 타인을 배려하기 위해 노력하죠. 이러한 태도는 '라곰' 정신에서 나온다고 볼 수 있습니다.

나 라곰의 유래는 바이킹 전통에서 찾을 수 있습니다. 꿀을 발효시켜 만든 술을 코뿔소 뿔 모양의 잔에 따라 함께 돌려 마시던 풍습을 지녔던 바이킹인들은 한 사람이 너무 많이 마셔도, 적게 마셔도 곤란했습니다. 앞사람이 맘껏 마시면 뒷사람의 술이 모자라고, 반대라면 누군가 남은 술을 모두 감당해야 하거든요. 그래서 눈치껏, 적당히 마시되 이 정도로 충분하다는 자기만족도 필요했을 것입니다. 이러한 절제와 배려가 라곰의 삶입니다.

다 *자신의 삶에서 더 많은 것을 추구하는 대신 현재 자기가 가진 것에 만족하고, 가진 것의 크기와 무관하게 감사하는 태도가 '라곰'의 기본입니다. 모든 것이 유한하므로* 나의 것을 절제하면 더 많은 사람들이 더 풍성한 행복을 누릴 수 있습니다. 그러므로 '라곰', 즉 '적당히'를 기억하면 우리는 욕심을 줄이고 불필요한 것들을 배제*하면서 만족스러운 삶을 살 수 있습니다.

라 그렇다면 라곰의 삶을 살 수 있는 구체적인 방법에는 어떤 것이 있을까요? 우선 적절한 '휴식'이 필요합니다. 스웨덴 사람들은 오후 4시가 되면 하던 일을 멈추고 친구, 동료들과 커피와 간식을 즐기는데, 이를 '피카'라고 합니다. '잠시 멈춤'으로 정신을 맑게 하고 집중력을 높일 수 있습니다. 또한 부정적인 감정도 인간의 자연스러운 감정으로 받아들이는 것도 중요합니다. 다만 부정적인 감정이 긍정적인 감정과 균형을 이루도록 노력해야 합니다.

마 나를 둘러싼 환경에 만족하고, 나와 관계를 맺고 사는 사람들과 더불어 행복하기 위해 '라곰'을 기억합시다. '빨리빨리'의 삶을 사는 한국인들도 '라곰'할 수 있습니다. 모두가 라곰한다면 가진 것이 충분치 않아도 충분히 행복할 수 있답니다.

이상으로 방송을 마치겠습니다.

지문 이해

'라곰(Lagom)'

'라곰'의 의미와 유래 등을 살펴보며 절제와 균형을 이루는 삶의 필요성을 강조하는 방송 원고이다. 우리말로 '적당한' 정도로 해석되는 '라곰'은 북유럽 사람들의 사고방식이나 태도를 설명하는 말이다.

주제 절제와 균형을 통해 라곰의 삶을 살자.

내용 연구
(가) 라곰의 □□
(나) 라곰의 □□
(다) 라곰의 특징
(라) 라곰의 삶을 사는 □□
(마) 라곰의 삶을 살기를 당부함.

낱말 풀이
* 지연: 무슨 일을 더디게 끌어 시간이 늦추어짐.
* 유한하다: 시간 따위에 일정한 한도나 한계가 있다.
* 배제: 물리쳐 제외함.

구절 풀이
* 늘 스스로~볼 수 있습니다.: 스웨덴 사람들이 배려하는 품성을 갖게 된 이유는 매사에 절제를 실천하는 '라곰' 정신 때문이다.
* 자신의 삶에서 ~ 기본입니다.: '라곰'이 전제하고 있는 기본적인 가치가 무엇인지 제시되어 있다.

| 정답 |

개념, 유래, 방법

242008-0201

01 이 방송을 듣고 알 수 있는 내용이 <u>아닌</u> 것은?

① 방송의 제목
② 라곰의 개념
③ 라곰의 유래
④ 라곰의 단점
⑤ 라곰의 삶을 사는 방법

242008-0202

02 이 방송에서 진행자가 스웨덴인들을 긍정적으로 평가하는 이유로 적절하지 <u>않은</u> 것은?

① 스스로 절제하는 삶을 살아서
② 타인을 배려하는 태도를 가지고 있어서
③ 더 많은 행복을 추구하기 위해 노력해서
④ 타인의 감정을 상하게 하는 대화를 자제해서
⑤ 갑작스러운 상황에도 불만을 표시하지 않아서

242008-0203

03 이 방송에서 진행자가 '라곰'에 대해 갖고 있는 관점을 이해한 내용으로 적절하지 <u>않은</u> 것은?

① 우리나라에 적용할 수 있다.
② 많은 사람을 행복하게 할 수 있다.
③ 충분한 소유와 연결되는 개념이다.
④ 집중력을 높이는 데 도움을 줄 수 있다.
⑤ 스웨덴 사람들의 느긋한 성품과 관련이 있다.

242008-0204

04 이 방송의 진행자가 〈보기〉의 밑줄 친 사람들에게 할 수 있는 말로 적절하지 <u>않은</u> 것은?

> **보기**
>
> 등굣길에 버스를 타고 가는데, 앞쪽 사거리에서 사고가 났는지 버스가 한참 동안 멈춰 있었다. 버스가 멈춘 지 3분 정도가 지나자 버스에 탄 사람들이 기사님께 항의를 하고 저마다 불만을 토로하는 바람에 버스 안은 사고 현장보다 더 혼란스러웠다. 버스가 움직이고 나서도 사람들의 화는 가라앉지 않았다.

① 성실한 하루가 모이면 성공한 인생이 됩니다.
② 더불어 행복하기 위해서는 불편을 감수해야 할 때도 있답니다.
③ 우리도 누군가에게 불편을 끼치는 사람이 될 수 있다는 것을 기억합시다.
④ 타인의 상황을 조금씩 배려한다면 훨씬 더 살기 좋은 세상이 될 거예요.
⑤ 인내하고 절제하는 삶을 사는 사람들이 늘면 세상이 얼마나 행복해질지 생각해 봅시다.

242008-0205

🖊 서술형

05 다음은 말하는 이가 이 방송을 준비하며 작성한 '제작 의도'이다. 빈칸에 들어갈 알맞은 말을 〈조건〉에 맞게 쓰시오.

> 더 많이 가지려고 발버둥을 치는 사람들이 많습니다. 그러다가 타인에게 피해를 끼치고, 그 피해가 다시 자신에게 돌아오는 경우도 많고요. 저는 이러한 사람들에게 _______________ 말해 주고 싶습니다.

> **조건**
>
> • '라곰'이라는 단어를 반드시 활용할 것.
> • (가)에 제시된 '라곰'의 개념을 활용할 것.

학생: ㉠잠드는 게 너무 어렵습니다. 오래 자도 피곤하고요.

전문가: 요즘 자는 것과 관련해 어려움을 호소하는 학생들이 많습니다. 충분한 수면 시간, 우수한 수면의 질, 규칙적인 수면, 이 3가지 조건이 만족되어야 건강한 잠을 이룰 수 있는데 이 모든 조건의 핵심은 '규칙성'입니다.

㉡저는 20년 이상 수면에 어려움을 겪는 환자를 치료해 왔습니다. 이유는 저마다 다르지만 어떤 이유든 건강하지 않은 수면은 각자의 잘못된 일상생활 때문에 생깁니다. 예를 들어 볼게요. *㉢주말에 늦잠 자는 학생들 많죠? 주중에 쌓인 피로를 풀기 위해서겠지만 이러한 수면 패턴이 습관이 되면 수면의 규칙성은 무너지고 건강도 나빠집니다. 그러므로 당장 피곤하다고 느낄 수 있겠지만 휴일의 취침 시각이나 기상 시각을 평일과 동일하게 맞춰야 합니다.

학생: 선생님이 말씀하신 '수면의 규칙성'에 대해 좀 더 자세히 설명해 주실 수 있나요?

전문가: 네. *우리 뇌 속 '시상 하부'라는 곳에는 '생체*시계'가 있습니다. 생체 시계는 시신경에 들어온 빛의 정보에 기초해서 약 24시간 주기의 생체 리듬을 만들어 내죠. 그런데 매일 빛이 들어오는 시간이 달라져 수면과 각성*이 반복되는 주기가 불규칙해지면, 세포 기능의 조화가 깨지면서 생체 리듬이 무너지고 결국엔 건강을 해치게 됩니다. 따라서 일상의 규칙성을 확보하는 게 무엇보다 중요합니다.

학생: 그렇군요. 마지막으로 꿀잠을 자기 위해 유의해야 할 점이 있다면 말씀해 주세요.

전문가: 스마트폰을 보다가 잠이 드는 학생들이 많습니다. 그런데 스마트폰의 강한 빛은 숙면*을 방해합니다. 생체 리듬과 관련된 대표적인 호르몬인 멜라토닌은 과도한 빛이 들어오면 합성이 중단되거든요. 그러므로 잠들기 직전에는 스마트폰을 멀리해야 합니다. 건강한 잠을 위해 저녁 6시 이후에는 밝은 빛을 피하고, 늦은 밤에는 눈을 직접 비추지 않는 간접 조명*을 켜 두세요. ㉣'잠이 보약이다'라는 말 들어 보셨죠? 여러분의 꿀잠을 진심으로 응원합니다.

학생: 인터뷰에 응해 주셔서 정말 감사합니다.

지문 이해

'꿀잠을 자는 방법'

'꿀잠'을 자기 위한 방법에 관해 한 학생이 전문가와 나눈 인터뷰이다. 숙면을 취하지 못하는 이유와 수면의 질을 높이기 위한 구체적인 방법 등을 전문가의 답변을 통해 확인할 수 있다.

주제 건강한 수면을 위한 방법과 꿀잠의 중요성

내용 연구

학생	잘 자는 방법은?
전문가	수면의 □□□을/를 확보해야 함.

학생	수면의 규칙성이란?
전문가	□□□□에 있는 생체 시계가 만들어 내는 생체 리듬의 규칙성

학생	□□을/를 자기 위해 유의할 점은?
전문가	잠들기 전에는 스마트폰을 멀리할 것

낱말 풀이
* 생체: 살아 있는 몸.
* 각성: 깨어 정신을 차림.
* 숙면: 잠이 깊이 듦. 또는 그 잠.
* 간접 조명: 광원(光源)에서 나온 빛을 일단 벽이나 천장 따위에 비추고 반사시켜 부드럽게 만든 후 그 반사광을 이용하는 방법

구절 풀이
* 주말에 늦잠~건강도 나빠집니다: 잠을 몰아서 자는 습관은 건강에 악영향을 끼친다는 의미이다.
* 우리 뇌~리듬을 만들어 내죠.: 시상 하부의 역할을 설명하는 부분이다.

| 정답 |

규칙성, 시상 하부, 꿀잠

● 242008-0206

01 잠에 대한 전문가의 생각으로 적절하지 <u>않은</u> 것은?

① 밤에 간접 조명을 켜 두면 숙면에 도움이 된다.
② 평일에 부족한 잠은 주말에 보충하는 것이 좋다.
③ 매일 잠 들고, 깨는 시간을 동일하게 맞춰야 한다.
④ 건강하지 못한 수면의 원인은 각자의 일상에 있다.
⑤ 수면의 규칙성을 확보해야 건강한 삶을 살 수 있다.

● 242008-0207

02 학생이 ㉠과 같이 말한 이유로 가장 적절한 것은?

① 잘 자는 방법을 알고 싶어서
② '수면의 규칙성'이 무엇인지 궁금해서
③ 수면에 어려움을 겪는 학생들의 수가 궁금해서
④ '수면의 질'이 우수하다는 것의 의미가 궁금해서
⑤ 몇 년 동안 관련 분야에서 일하셨는지 알고 싶어서

● 242008-0208

03 전문가가 ㉡의 말을 한 의도를 추론한 것으로 적절한 것은?

① 학생들로 하여금 수면의 특성에 대해 생각하게 하기 위해서
② 수면 관련 어려움을 호소하는 학생들의 참여를 유도하기 위해서
③ 수면과 관련하여 학생들이 각자의 경험을 떠올릴 수 있게 하기 위해서
④ 자신의 전문성을 보여 주어 인터뷰 내용에 대한 신뢰감을 주기 위해서
⑤ 자신의 고민에 듣는 이들이 공감할 수 있는 계기를 제공하기 위해서

● 242008-0209

04 전문가가 ㉢에게 해 줄 말로 적절하지 <u>않은</u> 것은?

① 주말에 늦잠을 자는 것은 건강한 잠이 아닙니다.
② 주말에 늦잠을 자는 수면 패턴이 습관이 되면 수면의 규칙성이 무너집니다.
③ 당장 피곤하다고 느낄 수 있겠지만 주말에도 평일과 같은 시각에 일어나야 합니다.
④ 주중에 쌓인 피로를 풀기 위해 주말에 늦잠을 자면 건강을 더 해칠 수도 있습니다.
⑤ 취침 시각은 상황에 따라 다르게 맞춰도 되지만 기상 시각은 매일 동일해야 합니다.

● 242008-0210

05 전문가가 ㉣의 속담을 인용한 이유를 추론한 내용으로 가장 적절한 것은?

① 잘 자는 것의 중요성을 강조하기 위해
② 간접 조명과 꿀잠의 상관관계를 밝히기 위해
③ 수면에 어려움을 겪는 학생들이 용기를 얻기를 바라서
④ 우리 뇌 속 시상 하부가 어떤 역할을 하는지 알려 주기 위해
⑤ 스마트폰을 보다가 잠이 드는 것의 위험성을 보여 주기 위해

 서술형

● 242008-0211

06 다음에 제시된 문제 상황에 대해 전문가가 해 줄 말을 〈조건〉에 맞게 쓰시오.

문제 상황	우리 학교 학생들을 대상으로 설문 조사를 한 결과 90% 이상의 학생들이 스마트폰을 보다가 잠드는 것으로 나타났다.
전문가의 조언	숙면을 돕는 멜라토닌은 ______ ⓐ ______ 합성이 중단됩니다. 잠 들기 전에 보는 스마트폰의 강한 빛이 숙면을 방해하니 ______ ⓑ

조건

• ⓐ에는 문제 상황과 관련된 내용을 쓸 것.
• ⓑ에는 문제 상황을 해결할 방법을 쓸 것.

무엇을 배울까? 토의에서 다양한 의견을 교환하여 대안을 마련하고 문제를 해결할 수 있다.

🔍 생각돋보기

　아빠가 가족들의 의견은 물어보지도 않고 주말 외식 메뉴를 결정했군요. 고기를 먹고 싶지 않았던 딸과 아들은 아빠가 일방적으로 메뉴를 결정한 것이 서운했던 모양이네요. 외식 메뉴를 결정하기 전에 가족들의 의견을 물어보았다면 더 좋았겠죠.

　이처럼 여러 사람이 함께 하나의 문제를 해결하기 위해서는 서로의 의견을 공유하는 과정이 필요해요. 그리고 각자의 의견만을 내세우기보다는 서로의 의견을 존중하면서 가장 좋은 해결 방안을 찾도록 노력해야 하지요. 이러한 과정을 '토의'라고 합니다. 토의를 통해 혼자서 하는 결정보다 좀 더 합리적이고 만족스러운 방안을 찾을 수 있습니다.

1 토의의 뜻과 특징

(1) 뜻: 공동의 문제를 해결하기 위해 여러 사람의 의견을 모으는 협력적인 말하기

(2) 특징
- 구성원들이 관심을 가지는 공동의 문제를 주제로 다룸.
- 다수가 협력하여 문제 해결을 위한 합리적인 방안을 찾을 수 있음.

2 토의의 종류

패널 토의	• 토의할 문제에 관심이 있거나 전문 지식이 있는 사람을 패널로 정해, 패널 간에 의견을 나눈 뒤에 청중과 질의응답을 하는 토의
심포지엄	• 몇 명의 발표자가 특정 주제에 대해 발표한 뒤에 청중과 질의응답을 하는 토의
포럼	• 토의할 문제에 대해 많은 지식을 지닌 사람들이 자신의 의견을 발표한 뒤에 청중과 질의응답을 하는 토의 • 청중의 참여가 처음부터 적극적으로 이루어짐.
원탁 토의	• 열 명 내외의 사람들이 주어진 주제에 대해 순서와 상관없이 자유롭게 의견을 나누는 토의 • 서로 대등한 관계에서 대화 형식으로 진행하며, 참여자들이 모두 적극적으로 참여할 수 있어 의사 결정이 빠르고 쉬움.

🎓 확인하기

1. 다음 설명이 맞으면 ○표, 틀리면 ×표를 하시오.

(1) 토의는 공동의 문제를 해결할 방법을 찾는 과정이다.

　　　　　　　(　　)

(2) 토의는 상대방을 설득하기 위한 경쟁적인 말하기이다.

　　　　　　　(　　)

2. 다음 빈칸에 들어갈 알맞은 말을 〈보기〉에서 찾아 쓰시오.

> **보기**
> 패널 토의, 심포지엄, 포럼, 원탁 토의

(1) 특정한 주제에 대해 강연식으로 발표한 뒤 청중과 질의응답을 하는 토의 (　　)

(2) 열 명 내외의 사람들이 순서와 상관 없이 주제에 대한 의견을 나누는 토의 (　　)

3 토의 구성원의 역할

(1) 사회자
- 토의 주제 및 토의 순서를 안내하고, 토의 진행하기
- 토의 참여자의 발언 내용을 정리하거나 요약하기
- 토의 참여자들이 골고루 발언할 수 있도록 공정하게 발언 기회 주기
- 토의 분위기를 편안하게 이끌어 토의 참여자들이 적극적으로 참여하게 하기
- 의견이 맞서는 경우 절충하도록 제안하여 문제 해결 유도하기

(2) 토의 참여자
- 토의 주제와 관련된 자료(면담, 신문 기사, 뉴스 등) 조사하기
- 문제 해결을 위한 대안과 이를 뒷받침할 수 있는 근거를 준비하여 제시하기
- 상대방의 의견에 찬성 또는 반대 의견 제시하기

(3) 청중
- 토의 내용 경청하기
- 질문이나 의견 제시를 통해 문제 해결에 도움 주기

4 토의 구성원이 주의해야 할 점
- 토의의 목적을 달성할 수 있도록 적극적인 태도로 참여하기
- 다른 사람의 말을 귀 기울여 듣고, 끼어들어 말하지 않기
- 다른 사람의 감정을 상하게 하는 발언을 하지 않기
- 준언어적 표현(말의 속도, 크기 등)과 비언어적 표현(손짓, 몸짓, 표정 등)을 상황에 맞게 사용하여 상대방을 존중하고 배려하기

 운동장에 쓰레기가 버려지는 문제를 어떻게 해결할 것인가?

사회자: ㉠오늘은 '운동장에 쓰레기가 버려지는 문제를 어떻게 해결할 것인가?'를 주제로 토의를 하겠습니다. 최근 운동장에 버려지는 쓰레기가 많아지고 있습니다. 보기에도 좋지 않고, 운동 중 쓰레기를 밟고 넘어져 다치는 학생이 생길 위험도 있습니다. 이를 해결할 방안에 대한 의견을 말씀해 주시기 바랍니다.

다인: 현재 우리 학교 운동장에는 쓰레기통이 설치되어 있지 않습니다. 제가 지난 한 주간 운동장을 관찰한 결과, 주로 학생들이 버리는 쓰레기는 점심시간에 운동장에서 간식을 먹거나 음료수를 마신 후에 생깁니다. 그런데 가까운 곳에 쓰레기통이 없으니 운동장에 쓰레기를 놓고 가는 경우가 많은 것입니다.

하연: 저는 쓰레기통을 설치하는 문제보다 쓰레기를 아무 곳에나 버려도 괜찮다고 생각하는 학생들의 인식에 문제가 있다고 생각합니다. 학교 신문반의 설문 조사 결과에 따르면 운동장에 쓰레기를 버리는 것에 문제의식을 느끼지 못한다는 학생이 50%를 넘었습니다. 그러므로 운동장에 쓰레기를 버려 생기는 문제가 많다는 것을 알리는 캠페인을 하면 문제를 해결할 수 있을 것입니다.

사회자: 안녕하세요? 오늘은 '수련 활동 장소를 어디로 할 것인가?'를 주제로 이야기 나누도록 하겠습니다. 올해 1학년 학생들의 수련 활동은 2박 3일로 진행되며, 시기는 11월로 예정되어 있습니다. 장소와 구체적인 활동 내용은 아직 정해지지 않았는데요, 장소에 따라 구체적인 활동 내용도 결정될 것으로 보입니다. 어느 곳이 수련 활동 장소로 적합할지 자유롭게 의견을 나누어 주시기 바랍니다.

시아: 1학년 학생들은 초등학교 시절보다 다양한 활동이 중학교에서 이루어질 것으로 기대하고 있습니다. 이러한 기대에 부응할 수 있는 활동이 바로 바다에서의 수상 레저 활동이라고 생각합니다. 수상 놀이 기구를 이용하거나, 물놀이를 하면 새로운 경험이 될 것입니다.

민영: 그런데 윤시아 학생은 하나만 알고 둘은 모르는 것 같습니다. 11월이면 바닷물이 제법 차가워져서 수상 레저 활동은 어려울 것입니다.

사회자: 잠시만요, 정민영 학생. 의견이 다른 부분에 대해 근거를 들어 반박할 수는 있지만, 다른 학생의 기분을 상하게 할 수 있는 발언은 자제해 주시기 바랍니다.

민영: 네, 주의하겠습니다. 저는 이번 수련 활동은 다양한 진로 탐색 활동을 할 수 있는 곳으로 가기를 희망합니다. 최근에 새로 생긴 △△천문대에서 학생 단체를 대상으로 우주 과학 캠프를 진행한다고 합니다. 미래에 유망한 우주 과학 분야에 대해 배우고, 친구들과 밤새 별을 보며 이야기를 나누는 경험을 해 보았으면 좋겠습니다.

시아: 좋은 의견입니다. 그런데 우주 과학에 관심이 없는 학생들은 2박 3일이라는 시간이 너무 길게 느껴지지 않을까요?

민영: 이번 기회에 우주 과학에 관심을 갖게 될 수도 있다고 생각합니다. 그렇다면 우주 과학 캠프는 1박 2일로 진행하고, 남은 1박 2일에 다른 활동으로 진행하는 것은 어떨까요?

사회자: 아직 발언하지 않은 수연 학생은 어떤 의견이신가요?

수연: 학생들이 능동적으로 활동에 참여할 수 있는 장소로 간다는 점에서 윤시아 학생과 정민영 학생의 의견을 긍정적으로 생각합니다. 저는 학생들이 능동적으로 활동하는 데 야영 활동만 한 것이 없다고 생각합니다. 야영장에서 함께 텐트를 치고 함께 음식을 준비하면서 학생들이 서로 협력하는 경험을 쌓을 수 있을 것입니다.

시아: 좋은 의견이네요. △△천문대에서 가까운 야영장으로 가면 좋겠네요. 다만 준비한 음식 재료가 상할 수 있으니 야영장에서 먼저 1박 2일을 보낸 후, 우주 과학 캠프에 참여하는 것이 좋겠습니다.

사회자: 그럼 이번 수련 활동 장소는 △△천문대에서 가까운 야영장과 △△천문대로 의견이 모아졌습니다. 이것으로 토의를 마치겠습니다.

유형 01

◐ 242008-0212

이 토의에서 토의 참여자의 의견으로 적절하지 <u>않은</u> 것은?

① 시아: 수상 레저 활동은 학생들의 기대에 부응할 수 있는 활동이다.

② 민영: △△천문대에서 친구들과 밤새 별을 보는 경험을 하기를 희망한다.

③ 수연: 우주 과학 캠프는 학생들의 능동적 참여가 어렵다는 점이 아쉽다.

④ 민영: 우주 과학에 관심 없던 학생들도 우주 과학 캠프를 통해 관심이 생기기를 기대한다.

⑤ 시아: 음식 재료가 상할 것을 우려하여 야영 활동을 우주 과학 캠프보다 먼저 진행하였으면 한다.

💡 문제 확인하기

유형 확인 토의 참여자가 어떤 의견을 제시하였는가에 대해 파악할 수 있는지 확인하는 문항이다.

제시문으로 정답 확인 정답 ③

수연은 시아와 민영의 의견에 대해 '학생들이 능동적으로 활동에 참여할 수 있는 장소'를 제안했다며 긍정적으로 평가하고 있다.

오답 확인

① 시아는 '1학년 학생들은 초등학교 시절보다 다양한 활동이 중학교에서 이루어질 것으로 기대하고' 있으며 이러한 '기대에 부응할 수 있는 활동'이 수상 레저 활동임을 밝히고 있다.

② 민영은 △△천문대에서 우주 과학 캠프에 참여하여 '친구들과 밤새 별을 보며 이야기를 나누는 경험을 해 보았으면 좋겠'다고 말하고 있다.

④ 2박 3일이 길 수도 있다는 시아의 질의에 민영은 '이번 기회에 우주 과학에 관심을 갖게 될 수도 있다고' 말하고 있다.

⑤ 시아는 야영 활동을 위해 '준비한 음식 재료가 상할 수 있으니 야영장에서 먼저 1박 2일을 보낸 후, 우주 과학 캠프에 참여하는 것이 좋겠'다고 제안하고 있다.

📖 필수 개념 확인

☐ **토의 참여자**
- 토의 주제에 대해 직접 의견을 제시하며 토의를 벌이는 사람
- 자신의 의견만을 고집하는 것이 아니라 다른 사람의 의견을 경청하며 해결 방안을 도출하기 위해 노력해야 함.

유형 **02**

▶ 242008-0213

이 토의에서 사회자의 역할로 적절하지 <u>않은</u> 것은?

① 토의 주제가 무엇인지 소개하고 있다.
② 토의를 하게 된 배경에 대해 설명하고 있다.
③ 토의 주제에 대한 자신의 입장을 밝히고 있다.
④ 토의 참여자들에게 발언 기회를 고루 주고 있다.
⑤ 토의한 내용을 요약하며 토의를 마무리하고 있다.

다음 자료를 참고하여 '민영'의 발언 중 문제가 되는 부분을 찾아 쓰고, 그 발언에 어떤 문제가 있는지 쓰시오.

> 토의를 '협력적인 말하기'라고 하는 것은 토의가 공동의 문제를 해결하기 위해 가장 바람직한 해결 방안을 찾는 것을 목적으로 하기 때문이다. 그러므로 토의 참여자는 다른 참여자의 말을 존중하고 수용하면서 문제를 해결하기 위한 최선의 방안을 찾기 위해 노력해야 한다.

 **문제 확인하기**

유형 확인 토의의 목적을 달성하기 위한 사회자의 역할을 이해하고 있는지 확인하는 문항이다.

제시문으로 정답 확인 **정답 ③**
사회자는 토의 주제에 대한 자신의 입장을 밝히고 있지 않으며, 중립적인 자세를 취하고 있다.

오답 확인
① 사회자는 토의 주제로 '수련 활동 장소를 어디로 할 것인가?'를 제시하고 있다.
② 사회자는 수련 활동이 '2박 3일로 진행되며, 시기는 11월로 예정되어' 있으나, '장소와 구체적인 활동 내용'은 아직 정해지지 않은 상황 등을 토의를 하게 된 배경으로 밝히고 있다.
④ 사회자는 수연이 아직 발언하지 않은 점을 고려하여 '아직 발언하지 않으신 수연 학생은 어떤 의견'을 가지고 있는지 물으며 발언 기회를 고루 주고 있다.
⑤ 사회자는 '△△천문대에서 가까운 야영장과 △△천문대'로 수련 활동 장소를 정하는 것으로 의견이 모아졌음을 밝히며 토의를 마치고 있다.

 **문제 확인하기**

유형 확인 토의 참여자가 토의의 목적을 달성하기 위해 지녀야 할 태도가 무엇인지 확인하는 문항이다.

평가 기준 확인

상	문제가 되는 '민영'의 발언을 찾고, 그 발언이 지닌 문제를 바르게 서술한 경우
중	문제가 되는 '민영'의 발언을 찾았으나, 그 발언이 지닌 문제를 바르게 서술하지 못한 경우 / '민영'의 발언 중 문제가 되는 발언을 찾지 못하였으나, '민영'의 태도에 어떤 문제가 있는지 바르게 서술한 경우
하	문제가 되는 '민영'의 발언을 찾지 못하고, 그 발언이 지닌 문제를 바르게 서술하지 못한 경우

내 답안 체크
예1 '민영'의 발언에는 다소 문제가 있다.: '민영'의 발언 중 문제가 되는 지점을 찾지 못하였고, 왜 문제가 되는지 설명하지 못하였다. ➡ 하
예2 '민영'은 상대 토의 참여자의 발언에 대해 '하나만 알고 둘은 모르는 것 같습니다.'라고 말하였다.: '민영'의 발언 중 문제가 되는 발언을 찾았으나, 왜 문제가 되는지 설명하지 못하였다. ➡ 중

• **10점 만점에 10점** 예시 답안 •
'민영'은 상대 토의 참여자의 발언에 대해 '하나만 알고 둘은 모르는 것 같습니다.'라고 말하며 다른 참여자의 말을 존중하지 않는 태도를 보였다.

필수 개념 확인

☐ **토의에서 사회자의 역할**
• 토의 주제 및 토의 배경 소개하기
• 토의 참여자들에게 공평하게 발언 기회 주기
• 토의 참여자들의 적극적인 참여 유도하기
• 토의 내용을 정리하고 요약하며 토의 마무리하기

사회자: 안녕하세요. 학기 초에 진행되었던 스마트폰 사용 실태* 조사에서 우리 학교 학생들의 스마트폰 사용 시간이 매우 긴 것으로 나타났습니다. 오늘 토의에서는 '지나친 스마트폰 사용 문제를 어떻게 해결할 것인가?'를 주제로 이야기를 나누어 보도록 하겠습니다. 여러분, 지금부터 좋은 의견 있으시면 제안해 주시기 바랍니다.

진혁: 이번 조사 결과를 살펴보면 스마트폰 사용으로 인해 학업이나 일상생활에 어려움을 겪는 학생이 40%에 달하는 것으로 나타났습니다. 스스로 스마트폰 사용 시간을 조절하는 것에 어려움을 겪는 학생이 이렇게 많다는 것은 스마트폰 사용을 엄격하게 규제해야 할 필요성이 있다는 것을 보여 줍니다. 그러므로 저는 학교에서만이라도 스마트폰을 사용하지 않도록 선생님들의 엄격한 규제가 필요하다고 생각합니다.

솔잎: ㉠말씀을 듣고 있자니 답답할 따름입니다. 그렇게 강제적으로 스마트폰 사용을 금지하면 학생들의 반발만 키울 것이라는 것은 생각하지 못하셨나 봐요? 물론 수업 중 몰래 스마트폰을 사용하는 등 학업에 영향을 줄 정도로 스마트폰을 사용하는 것은 문제가 있습니다. 그러나 본질적으로 이 문제를 해결하려면 학생들의 자발적인 참여가 필요합니다. 그래서 저는 학급 회의를 통해 학생들이 스스로 규칙을 만들어 스마트폰 사용 시간을 조절하도록 해야 한다고 생각합니다.

민지: *저는 학생들이 스마트폰 사용에 몰두하는 이유에 대해 생각해 보아야 한다고 생각합니다. 스마트폰은 학생들이 학업으로 스트레스를 받을 때, 가장 손쉽게 스트레스를 풀 수 있는 수단입니다. 짧은 시간이라도 게임을 하거나 영상을 시청하면 스트레스가 풀리거든요. 만약 학교에서 스트레스를 풀 수 있는 수단을 마련해 준다면 스마트폰 사용도 자연스럽게 줄어들 것이라고 생각합니다.

솔잎: 민지 학생의 의견에 동의합니다. 예민한 청소년 시기이기 때문에 학생들은 스트레스를 많이 받게 되는데, 이를 풀 수 있는 수단과 시간은 제한적입니다. 점심시간을 늘려 학생들이 운동할 수 있는 시간을 주거나, 점심시간에 음악실을 노래방처럼 이용할 수 있도록 하면 스마트폰 사용을 자제하는 것뿐만 아니라, 학생들 사이에 친목*을 다지는 데에도 많은 도움이 될 것으로 보입니다.

진혁: ㉡좋은 의견입니다. 아까 솔잎 학생이 말한 것처럼 학급 회의 시간에 스마트폰 사용 규칙을 스스로 정하도록 하면서, 학교에서 스트레스를 풀 수 있는 수단에는 어떤 것이 있을지 함께 논의하도록 하면 좋은 의견이 많이 나올 것 같습니다.

사회자: 네, 지금까지 '지나친 스마트폰 사용 문제를 어떻게 해결할 것인가?'를 주제로 토의를 해 보았습니다. (ⓐ)보다는 (ⓑ)으로 의견이 모아졌습니다. 더불어 스마트폰 사용 대신 스트레스를 풀 수 있는 수단에 대해서도 학급 회의에서 함께 논의하자는 의견도 있었습니다. 좋은 의견 내 주신 학생 여러분, 감사합니다. 그럼 이상으로 토의를 모두 마치겠습니다.

지문 이해

'지나친 스마트폰 사용 문제의 해결 방안에 대한 토의'

이 토의는 스마트폰 사용 실태 조사에서 학생들의 스마트폰 사용이 과도하다는 문제가 확인된 후 이루어진 것으로, '지나친 스마트폰 사용 문제를 어떻게 해결할 것인가?'를 주제로 삼고 있다.

주제 지나친 □□□□ □□ 문제를 해결할 방안

내용 연구

- 토의의 진행 과정

토의 배경과 토의 주제 소개
• 토의 □□: 스마트폰 사용 실태 조사 결과   • 토의 □□: '지나친 스마트폰 사용 문제를 어떻게 해결할 것인가?'

↓

토의 참여자 간 의견 교환
• 진혁: 선생님들의 엄격한 □□이/가 필요함.   • 솔잎: 학생들이 □□□(으)로 규칙을 만들어야 함.   • 민지: 스마트폰 대신 스트레스를 풀 수단을 마련해 주어야 함.

↓

토의 마무리
• 사회자: 토의 내용 정리

낱말 풀이

* 실태: 있는 그대로의 상태. 또는 실제의 모양.
* 친목: 서로 친하여 화목함.

구절 풀이

* 저는 학생들이 ~ 한다고 생각합니다.: 문제가 발생한 원인을 분석하여 그에 따른 해결 방안을 찾기 위해 노력하고 있다.

| 정답 |

스마트폰 사용, 배경, 주제, 규제, 자발적

▶ 242008-0214

01 이와 같은 말하기에 대한 설명으로 적절하지 <u>않은</u> 것은?

① 상대방을 설득하기 위한 경쟁적인 말하기이다.
② 공동의 문제가 있을 때 해결 방안을 찾는 과정이다.
③ 참여자 간에 발언을 수용하며 경청하는 태도가 필요하다.
④ 자신의 의견을 말할 때에는 타당한 근거로 뒷받침하여 말해야 한다.
⑤ 서로 맞서는 의견이 있을 때 절충하기 위한 상호 간의 노력이 필요하다.

▶ 242008-0215

02 이 토의의 주제로 적절한 것은?

① 올바른 스마트폰 사용 예절은 무엇인가?
② 스마트폰을 학업에 활용하는 방법은 무엇인가?
③ 지나친 스마트폰 사용 문제를 어떻게 해결할 것인가?
④ 교칙에 어긋난 스마트폰 사용 문제를 어떻게 해결할 것인가?
⑤ 올바른 스마트폰 사용 규칙을 학생들이 어떻게 정하게 할 것인가?

▶ 242008-0216

03 〈보기〉는 이 토의의 내용을 정리한 회의록이다. 회의록의 내용으로 적절하지 <u>않은</u> 것은?

┌─ 보기 ─

• **진혁**: 스마트폰 사용 시간 조절에 어려움을 겪는 학생이 많아 선생님들의 엄격한 규제가 필요함. ……… ①
• **솔잎**: 학생들의 반발을 줄이려면 학생들이 자발적으로 스마트폰 사용 시간을 조절하도록 해야 함. ……… ②
• **민지**: 학교에서 스마트폰 사용 가능 시간을 정해 주어 학생들이 학업 스트레스를 해소할 수 있도록 해 주어야 함. ……………………………………… ③
• **솔잎**: 스트레스 해소 수단으로, 점심시간을 늘리거나 음악실을 노래방처럼 이용할 수 있도록 하는 방안이 있음. …………………………………… ④
• **진혁**: 스마트폰 사용 대신 스트레스를 풀 수 있는 수단에 대해서도 학급 회의를 통해 학생들의 의견을 모으는 것이 좋겠음. ………………………… ⑤

▶ 242008-0217

04 이 토의를 방청한 학생들이 ㉠에 대하여 '솔잎'에게 해 줄 수 있는 조언으로 가장 적절한 것은?

① 정현: 상대방의 발언을 끊고 끼어들어 말하지 말아야 해.
② 홍선: 충분한 근거를 들어 상대방의 발언을 반박해야 해.
③ 희원: 상대방의 감정을 상하게 하는 발언은 자제해야 해.
④ 유나: 토의의 주제에서 벗어난 발언은 하지 않도록 해야 해.
⑤ 치훈: 상대방의 발언을 경청하며 토의에 적극적으로 참여해야 해.

▶ 242008-0218

05 ㉡에 나타난 '진혁'의 토의 참여 태도를 평가한 내용으로 가장 적절한 것은?

① 사회자에게 발언권을 얻어 순서에 따라 발언하고 있다.
② 다양한 자료를 준비하여 자신의 의견을 뒷받침하고 있다.
③ 토의 내용을 요약하여 토의의 흐름을 매끄럽게 하고 있다.
④ 상대방의 의견을 토대로 더 좋은 해결 방안을 찾고 있다.
⑤ 갈등이 일어나지 않도록 상대방의 의견에 단순히 동조하고 있다.

✏️ 서술형

▶ 242008-0219

06 학생들의 의견이 모아지는 토의의 과정을 고려하여, 사회자의 마지막 발언 중 ⓐ, ⓑ에 들어갈 알맞은 내용을 쓰시오.

ⓐ	
ⓑ	

사회자: 안녕하세요, 학생 여러분. 오늘은 '급식실에서 발생하는 음식물 쓰레기의 양을 어떻게 줄일 것인가?'를 주제로 토의합니다. 영양 선생님의 말씀에 따르면 우리 학교 음식물 쓰레기는 매년 증가하는 추세*라고 합니다. 오늘은 그 원인이 무엇인지 먼저 이야기를 나누고, 다음으로 이의 해결 방안에 대해 논의해 보겠습니다. 토의 참여자 여러분께서는 우리 학교 음식물 쓰레기가 증가하는 이유가 무엇이라고 생각하시나요?

한민: 학생들이 급식을 남기는 가장 큰 이유는 원하는 메뉴가 잘 나오지 않기 때문입니다. 학생들이 메뉴 구성에 참여하지 못하니 입맛에 맞는 메뉴가 잘 나오지 않습니다. 메뉴에 대한 말이 나온 김에, 저는 일회용 쓰레기가 많이 나오는 급식 메뉴 구성에도 문제가 있다고 생각합니다.

재윤: 저는 올바른 식습관의 필요성을 학생들이 잘 모르는 것이 급식을 많이 남기는 이유라고 생각합니다. 우리 학교 급식이 균형 잡힌 영양분을 제공한다는 점을 학생들이 잘 모르고 있습니다.

지원: 저는 모든 학생에게 같은 양의 음식을 주는 배식 방법에 문제가 있다고 생각합니다. 학생들의 체격이나 몸 상태에 따라 먹는 양이 다른데, 같은 양의 급식을 주면 학생들에 따라 음식이 모자라거나 넘치는 일이 벌어지기 마련입니다.

사회자: (토의 구성원을 둘러보며) 메뉴 구성, 올바른 식습관의 필요성에 대한 학생들의 인식, 배식 방법과 관련지어 각각 문제를 분석해 주셨습니다. 그럼 이를 해결할 방법에 대해서도 말씀해 주시기 바랍니다.

한민: 학급 회의를 통하여 학생들의 입맛에 맞는 메뉴가 어떤 것인지 의견을 모아 보면 좋겠습니다. 학생들이 좋아하는 메뉴가 나오면…….

재윤: (한민의 말을 끊고) 그런데 학생들의 입맛에 맞는 메뉴가 잘 나오면 음식물 쓰레기의 양이 줄어들까요? 저는 반대로 학생들이 먹고 싶은 음식만 먹는 현상이 더 심해질 수 있다고 생각합니다.

지원: 그럼 원하는 메뉴를 무작정 말하라고 하는 것이 아니라, 다음 달에 나올 메뉴를 영양 선생님께서 미리 학생들에게 공개하고, 대체하기를 원하는 메뉴가 무엇인지 의견을 듣고 반영해 주는 것은 어떨까요?

한민: (고개를 끄덕이며) 좋은 생각입니다. 그럼 결과적으로 학생들의 입맛에 맞는 메뉴의 비율이 늘어나서 음식물 쓰레기의 양이 줄어들 것입니다.

재윤: 저도 동의합니다. *다만 영양 선생님께서 영양 성분을 고려하여 메뉴를 결정하신 것이므로, 학생들도 학생들의 취향뿐만 아니라 영양 성분을 고려하여 대체할 메뉴를 알려 주면 좋겠습니다. 이렇게 하면 우리 학교 급식 메뉴의 영양 구성이 훌륭하다는 것을 학생들이 잘 알게 되어 급식을 잘 먹는 효과가 있을 것으로 보입니다.

지원: 저는 우리 학교 급식에도 자율 배식 제도를 도입해야 한다고 생각합니다. 학생들이 스스로 먹을 양을 결정하여 음식을 가져가므로 음식물 쓰레기의 양이 줄어들 것으로 생각됩니다.

한민: 배식 시간이 너무 오래 걸리지 않을까요?

지원: 그런 부분이 우려된다면 모든 메뉴를 자율 배식하기보다는 밥이나 김치 등 일부 메뉴만 자율 배식하여 배식 시간을 조절할 수 있습니다.

사회자: 그럼 지금까지 나온 의견을 요약해 보겠습니다. (　　　　　　　ㄱ　　　　　　　) 좋은 의견이 많이 나왔네요. 적극적으로 토의해 주신 여러분, 감사합니다.

지문 이해

'급식실에서 발생하는 음식물 쓰레기의 양을 줄일 방안에 대한 토의'

이 토의는 음식물 쓰레기의 양이 매년 증가하는 상황을 배경으로, '급식실에서 발생하는 음식물 쓰레기의 양을 어떻게 줄일 것인가?'를 주제로 삼고 있다.

주제　급식실에서 발생하는 □□□ 쓰레기의 양을 줄일 방안

내용 연구

• 토의의 진행 과정

토의 주제와 토의 배경 소개

• 토의 주제: '급식실에서 발생하는 음식물 쓰레기의 양을 어떻게 줄일 것인가?'
• 토의 배경: 우리 학교 음식물 쓰레기가 매년 증가하는 추세라는 영양 선생님의 말씀

↓

토의 참여자 간 의견 교환

• 한민: 학급 회의를 통해 학생들의 □□에 맞는 메뉴가 제공되어야 함.
• 재윤: 학생들이 □□ □□을/를 고려하여 대체할 메뉴를 알려 주어야 함.
• 지원: □□ □□ 제도를 도입해야 함.

↓

토의 마무리

• 사회자: 토의 내용 정리

낱말 풀이

* 추세: 어떤 현상이 일정한 방향으로 나아가는 경향.

구절 풀이

* 다만 영양 ～ 알려 주면 좋겠습니다.: 지원의 의견에 자신의 생각을 덧붙이며 합리적인 문제 해결 방안을 찾고 있다.

| 정답 |
음식물, 입맛, 영양 성분, 자율 배식

○ 242008-0220

01 이 말하기의 목적으로 가장 적절한 것은?

① 학생들에게 학교생활에 대한 정보를 전달하고자 한다.
② 학생들의 의견을 모아 학교의 문제를 해결하고자 한다.
③ 학교에서 생활하며 학생들이 어떤 어려움을 겪는지 알아보고자 한다.
④ 학생들 사이에 논쟁이 되는 사안에 대해 찬반 입장을 파악하고자 한다.
⑤ 학교의 입장을 학생들이 이해하고 따라오도록 학생들을 설득하고자 한다.

○ 242008-0221

02 이 토의의 주제로 가장 적절한 것은?

① 급식실에서 발생하는 음식물 쓰레기의 양을 어떻게 줄일 것인가?
② 음식물 쓰레기를 남기지 않도록 학생들을 설득하는 방법은 무엇인가?
③ 급식실에서 음식물 쓰레기를 발생시키는 학생을 어떻게 지도할 것인가?
④ 급식실에서 음식물 쓰레기를 처리해야 하는 어려움을 학생들이 어떻게 알게 할 것인가?
⑤ 음식물 쓰레기로 인해 발생하는 환경 문제를 학생들이 알게 할 수 있는 방법은 무엇인가?

○ 242008-0222

03 이 토의에 나타난 학생들의 의견을 정리한 내용으로 적절하지 <u>않은</u> 것은?

> [학교 음식물 쓰레기가 증가하는 이유]
> 한민: 학생들의 입맛에 맞는 메뉴가 나오지 않음. ······ ①
> 재윤: 올바른 식습관의 필요성을 학교에서 알리지 않음. ·· ②
> 지원: 배식 방법에 문제가 있음.
>
> [학교 음식물 쓰레기의 양을 줄일 방법]
> 한민: 학급 회의를 통해 학생들의 입맛에 맞는 메뉴를 파악해야 함. ·········· ③
> 지원: 영양 선생님께서 메뉴를 우선 정하고 대체를 원하는 메뉴에 대한 학생들의 의견을 듣는 것이 좋겠음. ······ ④
> 재윤: 학생들은 영양 성분을 고려하여 대체할 메뉴를 제시해야 함. ·········· ⑤

○ 242008-0223

04 이 토의에 나타난 사회자의 역할로 적절하지 <u>않은</u> 것은?

① 토의의 주제를 소개하고 있다.
② 토의의 배경이 무엇인지 설명하고 있다.
③ 토의 참여자에게 토의의 순서를 안내하고 있다.
④ 토의 참여자들이 의견을 절충하도록 제안하고 있다.
⑤ 토의 중간에 토의 참여자들의 발언 내용을 정리하고 있다.

○ 242008-0224

05 ㉠에 들어갈 내용으로 적절하지 <u>않은</u> 것은?

> ⓐ음식물 쓰레기가 증가하는 이유로 학생들의 입맛에 맞는 메뉴가 잘 나오지 않는다는 점을 지적해 주었습니다. ⓑ또한 올바른 식습관에 대한 학생들의 인식 부족, 학생 차이를 고려하지 못하는 배식 방법을 문제로 언급하였습니다. ⓒ이를 해결할 방안으로 학생들의 입맛에 맞는 메뉴를 늘리되, 영양 선생님께서 정한 메뉴에 대해 학생들의 의견을 반영하자는 의견이 있었습니다. ⓓ단, 학생들도 영양 성분을 고려하여 급식 메뉴를 제안해야 합니다. ⓔ그리고 전체 메뉴를 자율 배식하여 학생들 스스로 먹을 양을 조절하자는 것으로 의견이 모아졌습니다.

① ⓐ　　② ⓑ　　③ ⓒ　　④ ⓓ　　⑤ ⓔ

✏ **서술형**

○ 242008-0225

06 다음은 토의 참여자들에 대한 평가이다. ⓐ, ⓑ에 들어갈 알맞은 내용을 〈조건〉에 맞게 쓰시오.

> 토의 참여자들이 음식물 쓰레기가 발생하는 원인을 이야기하는 과정에서 '한민'은 (ⓐ)이/가, 해결 방안을 이야기하는 과정에서 '재윤'은 (ⓑ)이/가 잘못되었습니다.

조건

• ⓐ에는 '한민'의 토의 태도의 문제점을 쓸 것.
• ⓑ에는 '재윤'의 토의 태도의 문제점을 쓸 것.

무엇을 배울까? 소통 맥락과 수용자 참여 양상을 고려하여 상호 작용적 매체를 분석할 수 있다.

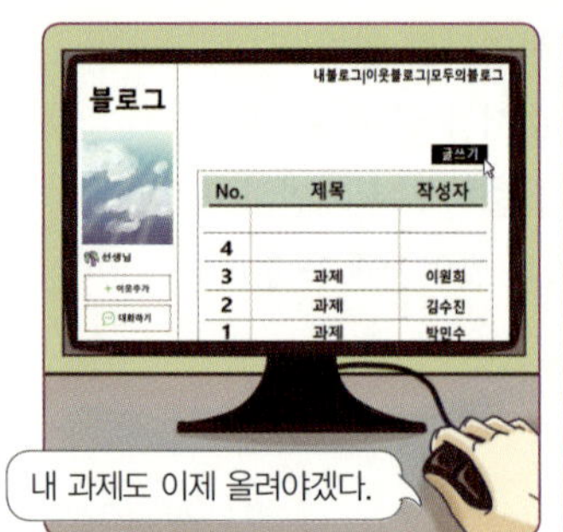

🔍 생각돋보기

　다양한 매체를 통해 다른 사람들과 소통하고 있네요. 먼저 국어 선생님 블로그의 '과제 제출 게시판'에 과제를 제출하기도 하고, 'Q&A 게시판'에 달린 원희의 질문에 답을 작성하여 올리기도 합니다. 원희의 사회 관계망 서비스에 게시된 여행 사진에 '좋아요(♡)'를 눌러 주기도 하고, '나만의 떡볶이 레시피'를 소개하는 개인 인터넷 방송을 진행하기도 해요.

　이처럼 우리 주변에는 다양한 매체가 있어요. 그리고 우리는 이 매체들을 통해서 정보를 공유하거나 관계를 맺으면서 살아간답니다. 따라서 다양한 매체의 특성과 이용상의 유의 사항을 바로 알고 이에 맞게 적절하게 사용한다면, 다른 사람들과 원활하게 소통하면서 즐거운 하루하루를 보낼 수 있답니다.

■ 대중 매체와 개인 인터넷 방송

(1) 뜻

대중 매체	많은 사람에게 대량으로 정보와 생각을 전달하는 매체
개인 인터넷 방송	개인이 직접 방송을 제작하고, 인터넷을 이용하여 전달하는 매체

(2) 특성

	대중 매체	개인 인터넷 방송
만드는 방식	전문가 집단이 체계적으로 역할을 분담하여 제작함.	개인이 생산자가 되어 여러 역할을 전담하여 제작함.
소재	대중의 관심사를 고려한 소재를 주로 다룸.	개인의 관심사를 반영한 소재를 주로 다룸.
표현	내용 및 표현에서 방송법과 사회적 규범을 고려해야 함.	규제를 적게 받아서 비교적 자유롭게 표현할 수 있음.
소통 방식	수용자가 생산자와 소통하거나 내용을 만드는 과정에 참여하는 것이 비교적 어려움.	수용자가 생산자와 소통하거나 내용을 만드는 과정에 참여하는 것이 비교적 쉬움.

🎓 **확인하기**

1. 다음 설명이 맞으면 ○표, 틀리면 ×표를 하시오.

(1) 대중 매체는 많은 사람에게 대량으로 정보와 생각을 전달한다.　（　　）

(2) 개인 인터넷 방송은 대중 매체보다 방송법의 규제를 엄격하게 적용받는다.　（　　）

2. 대중 매체에 해당하면 '대', 개인 인터넷 방송에 해당하면 '개'라고 쓰시오.

(1) 개인보다는 전문가 집단이 체계적으로 역할을 분담하여 제작한다.　（　　）

(3) 영향력

대중 매체	• 많은 사람에게 필요한 정보를 한꺼번에 전달할 수 있음. • 세대와 지역 등을 가리지 않고 많은 사람에게 영향을 줌.
개인 인터넷 방송	• 개개인의 취향, 가치관, 관심사 등에 따라 서로 다른 영향을 줌. • 최근 개인 인터넷 방송의 이용이 늘어나면서 영향력이 커지고 있음.

2 상호 작용적 매체

(1) **개념**: 여러 사람이 정보를 주고받으면서 매체 이용자들이 쌍방향으로 소통하는 매체

(2) **특성**

- 상호 작용적 매체를 이용하면 주로 온라인상에서 정보나 의견을 공유하거나 관계를 맺으며 상호 작용할 수 있다.
- 상호 작용적 매체 가운데 학교 누리집이나 공공 기관 누리집은 주로 공적 정보를 공유하는 공간이고, 개인 블로그나 사회 관계망 서비스는 주로 자신의 생각이나 의견, 관점 등을 비교적 자유롭게 공유할 수 있는 개방적 공간이다.

(3) **이용상의 유의점**

- 매체 이용자를 고려하여 존중하고 배려하는 태도로 바른 언어 표현을 사용해야 한다.
- 공유하려는 내용이 다른 사람에게 끼칠 영향력을 생각하여 책임감 있게 행동해야 한다.
- 공유하려는 정보가 개인 정보는 아닌지, 자신이 공유한 정보를 누가 볼 것인지 등을 생각해야 한다.
- 저작권, 초상권 등 다른 사람의 권리를 침해하는 정보나, 가짜 뉴스와 같은 거짓 정보는 없는지 살펴보아야 한다.

(2) 비교적 개인의 관심사를 반영한 소재를 많이 다룬다. ( )

(3) 생산자와 수용자 사이에 활발한 소통이 이루어질 수 있다. ( )

3. 다음은 상호 작용적 매체에 대한 설명이다. 초성을 참고하여 빈칸에 들어갈 알맞은 말을 쓰시오.

(1) 매체 이용자를 존중하고 배려하는 태도로 바른 ㅇㅇ 을/를 사용하도록 한다.

(2) 내용을 공유할 때는 다른 사람에게 끼칠 영향력을 생각하는 ㅊㅇㄱ 있는 태도가 필요하다.

(3) 저작권, 초상권 등 다른 사람의 ㄱㄹ을/를 침해해서는 안 된다.

개인 인터넷 방송 이용상의 유의점

선생님: 최근 개인 인터넷 방송이 발달하면서 다양한 문제가 발생하고 있습니다. 다음 기사의 사례에 나타난 문제점과 개인 인터넷 방송을 이용하는 바람직한 태도가 무엇인지 알아봅시다.

> **[기사 1]**
> 영화를 소개하는 개인 인터넷 방송을 운영하는 운영자에게 영화 제작사가 메시지를 보내어 저작권을 침해한 것이므로 삭제하지 않으면 손해 배상을 청구하겠다고 경고했다.
>
> **[기사 2]**
> 청소년 10명 중 9명이 개인 인터넷 방송을 시청하는데, 개인 인터넷 방송에서 16초에 한 번씩 비속어가 등장하여 청소년들의 언어생활에 악영향을 미친다고 하였다.

[기사 1]
개인 인터넷 방송 운영자가 타인의 저작권을 침해하였다. 따라서 저작권, 초상권 등 다른 사람의 (①) 을/를 침해하지 않도록 해야 한다.

[기사 2]
개인 인터넷 방송 운영자가 다른 사람에게 끼칠 영향력을 간과하고 비속어를 사용하였다. 매체 이용자를 (②)하는 태도로 바른 언어를 사용해야 한다.

유형 **01**

◉ 242008-0226

매체에 대한 설명으로 적절한 것은?

① 대중 매체는 인터넷으로 정보를 전달하지 않는다.
② 신문, 라디오, 잡지 등은 개인 인터넷 방송에 속한다.
③ 대중 매체는 소수의 사람에게 사적인 정보를 전달한다.
④ 개인 인터넷 방송은 주로 개인이 직접 방송을 제작한다.
⑤ 개인 인터넷 방송은 주로 텔레비전을 통해 정보를 전달한다.

문제 확인하기

유형 확인 매체의 개념과 특징을 바르게 이해했는지 확인하는 문항이다.

정답 확인　　　　　　　　　　　　　　　　　　　정답 ④
개인 인터넷 방송은 주로 개인이 생산자가 되어 여러 역할을 전담하여 제작한다.

오답 확인
① 최근 인터넷의 발달로 대중 매체도 인터넷으로 정보를 전달한다.
② 신문, 라디오, 잡지 등은 대중 매체에 속한다.
③ 대중 매체는 많은 사람에게 대량으로 정보와 생각을 전달한다.
⑤ 개인 인터넷 방송은 주로 인터넷을 통해 정보를 전달한다.

필수 개념 확인

☐ **대중 매체와 개인 인터넷 방송**
- 대중 매체는 많은 사람에게 대량으로 정보와 생각을 전달하는 매체로 신문, 잡지, 영화, 라디오, 텔레비전 등이 있다.
- 개인 인터넷 방송은 개인이 직접 방송을 제작하고, 인터넷을 이용하여 전달하는 매체이다.

유형 **02**

◉ 242008-0227

〈보기〉의 ㄱ, ㄴ에 대한 설명으로 가장 적절한 것은?

> **보기**
>
> ㄱ. 대중 매체　　　　　ㄴ. 개인 인터넷 방송

① ㄱ은 ㄴ에 비해 좀 더 최근에 영향력이 커진 매체이다.
② ㄱ은 ㄴ에 비해 좀 더 전문가 집단이 체계적으로 촬영·편집한다.
③ ㄱ은 ㄴ에 비해 내용을 만드는 과정에 수용자의 참여가 좀 더 쉽다.
④ ㄱ은 ㄴ에 비해 개인의 관심사가 반영된 소재를 좀 더 많이 다룬다.
⑤ ㄱ은 ㄴ에 비해 생산자와 수용자 간 실시간 소통이 좀 더 활발하다.

문제 확인하기

유형 확인 대중 매체와 개인 인터넷 방송의 특성과 영향력을 바르게 이해했는지 확인하는 문항이다.

정답 확인　　　　　　　　　　　　　　　　　　　정답 ②
대중 매체는 주로 전문가 집단이 체계적으로 역할을 분담하여 촬영하거나 편집하는 과정을 거쳐 제작한다.

오답 확인
① ㄴ은 ㄱ에 비해 좀 더 최근에 영향력이 커진 매체이다.
③ ㄴ은 ㄱ에 비해 내용을 만드는 과정에 수용자의 참여가 좀 더 쉽다.
④ ㄴ은 ㄱ에 비해 개인의 관심사가 반영된 소재를 좀 더 많이 다룬다.
⑤ ㄴ은 ㄱ에 비해 생산자와 수용자 간 실시간 소통이 좀 더 활발하다.

필수 개념 확인

☐ **대중 매체와 개인 인터넷 방송의 특성**
- 대중 매체는 전문가 집단이 체계적으로 역할을 분담하여, 개인 인터넷 방송은 개인이 생산자가 되어 여러 역할을 전담하여 제작한다.
- 대중 매체는 대중의 관심사를 고려한 소재를 주로 다루고, 개인 인터넷 방송은 개인의 관심사를 반영한 소재를 주로 다룬다.
- 대중 매체는 내용 및 표현에서 방송법과 사회적 규범을 고려해야 하는 데 반해, 개인 인터넷 방송은 비교적 규제의 영향을 적게 받아서 내용 및 표현이 자유로운 편이다.
- 대중 매체는 수용자가 생산자와 소통하거나 내용을 만드는 과정에 참여하기가 비교적 어렵지만, 개인 인터넷 방송은 사용자가 생산자와 소통하거나 내용을 만드는 과정에 참여하기가 비교적 쉽다.

유형 **03**

▶ 242008-0228

상호 작용적 매체에 대한 설명으로 적절하지 않은 것은?

① 생산자와 수용자가 쌍방향으로 소통한다.
② 블로그, 사회 관계망 서비스 등이 그 예이다.
③ 내용, 표현에서 대중 매체에 비해 자유로운 편이다.
④ 주로 온라인상에서 정보를 공유하고 관계를 맺는다.
⑤ 초상권 등 타인의 권리 침해 시 법적 제재를 받지 않는다.

💡 문제 확인하기

유형 확인 상호 작용적 매체의 개념과 특성 및 이용상의 유의점을 바르게 파악했는지 확인하는 문항이다.

정답 확인   정답 ⑤

상호 작용적 매체도 초상권 등 타인의 권리를 침해하지 않도록 주의해야 하며 타인의 권리를 침해하면 법적인 제재를 받을 수 있다.

오답 확인

① 상호 작용적 매체는 생산자와 수용자가 쌍방향으로 소통하는 매체이다.
② 블로그, 사회 관계망 서비스, 학교 누리집 등은 상호 작용적 매체의 예로 적절하다.
③ 상호 작용적 매체는 내용, 표현에서 대중 매체에 비해 자유로운 편이다.
④ 상호 작용적 매체는 주로 온라인상에서 정보나 의견을 공유하고 관계를 맺는 매체이다.

📖 필수 개념 확인

☐ **상호 작용적 매체의 뜻과 특징**
- 여러 사람이 정보를 주고받으면서 매체 이용자들이 쌍방향으로 소통하는 매체
- 주로 온라인상에서 정보나 의견을 공유하거나 관계를 맺으며 상호 작용할 수 있다.
- 학교 누리집, 공공 기관 누리집은 주로 공적 정보를 공유하는 공간이고, 개인 블로그, 사회 관계망 서비스는 주로 개인적인 생각, 의견, 관점 등을 자유롭게 공유하는 개방적 공간이다.

☐ **상호 작용적 매체의 이용상 유의점**
- 공유하려는 정보에 개인 정보가 포함되지 않았는지, 공유하는 정보를 누가 볼 것인지 등에 대해 생각해야 한다.
- 저작권, 초상권 등의 법률을 준수하고 가짜 뉴스, 거짓 정보는 없는지 점검해야 한다.

다음은 상호 작용적 매체 이용 시 유의점이다. 〈보기〉를 참고하여 상호 작용적 매체 사용자가 유의할 점을 〈조건〉에 맞게 쓰시오.

> 상호 작용적 매체는 여러 사람이 정보를 주고받으면서 쌍방향으로 소통하는 매체이다. 주로 온라인상에서 정보나 의견을 공유하거나 관계를 맺으면서 상호 작용하기 때문에, 시·공간적인 제약에서 벗어나 매우 다양한 집단의 사람들과 소통할 수 있다.

─ 조건 ─
- '~을/를 고려하여 ~해야 한다. / ~해서는 안 된다.'의 형식으로 쓸 것.

____
____
____

💡 문제 확인하기

유형 확인 상호 작용적 매체 이용상의 유의점을 바르게 이해했는지 확인하는 문항이다.

평가 기준 확인

상	고려할 점과 주의할 점을 모두 바르게 서술한 경우
중	고려할 점과 주의할 점 중 하나만 바르게 서술한 경우
하	고려할 점과 주의할 점을 모두 서술하지 못한 경우

내 답안 체크

예1 **수용자에게 미치는 영향력을 고려한다.**: 주의할 점에 대해 서술하지 않았다. ➡ 중

예2 **거짓 정보가 없는지 확인해야 한다.**: 고려할 점에 대해 서술하지 않았다. ➡ 중

• 10점 만점에 10점 예시 답안 •

- 사회에 끼치는 영향력을 고려하여 가짜 뉴스는/거짓 정보는 없는지 점검해야 한다.
- 법적인 책임감을 고려하여 저작권을/초상권을 침해해서는 안 된다.
- 법치 국가임을 고려하여 개인 정보를 포함해서는 안 된다.
- 이용자의 연령층을 고려하여 이용자를 존중/배려해야 한다.

▶ 242008-0229

01 대중 매체에 대한 설명으로 가장 적절한 것은?

① 주로 쌍방향으로 소통한다.
② 개인이 직접 매체를 제작한다.
③ 대량의 정보와 생각을 전달한다.
④ 소수의 사람에게 뉴스를 전달한다.
⑤ 직접 만나서 대화로 소식을 전한다.

▶ 242008-0230

02 개인 인터넷 방송에 대한 설명으로 적절한 것은?

① 인터넷의 발달로 쇠퇴했다.
② 일방향의 소통만 가능하다.
③ 실시간으로 의사소통할 수 있다.
④ 내용과 표현의 규제가 엄격하다.
⑤ 신문, 잡지, 영화 등이 포함된다.

▶ 242008-0231

03 〈보기〉와 같은 매체의 특징으로 가장 적절한 것은?

> ┌ 보기 ┐

① 방송법의 규정에서 자유로운 편이다.
② 개인의 관심사를 반영한 소재를 주로 다룬다.
③ 나이, 성별, 직업 등 특정 집단의 이익을 대변한다.
④ 프로그램 제작 과정에 수용자의 참여가 활발하다.
⑤ 전문 인력들이 체계적으로 역할을 분담하여 만든다.

▶ 242008-0232

04 〈보기〉와 관련 있는 매체로 적절한 것은?

> ┌ 보기 ┐
> • 개인이 생산자가 되어 여러 역할을 전담한다.
> • 사회적 규범과 법률적인 제재에서 비교적 자유롭다.
> • 진행자와 참여자 간에 활발한 의사소통이 가능하다.

① 신문　　　　② 잡지　　　　③ 라디오
④ 텔레비전　　⑤ 개인 인터넷 방송

▶ 242008-0233

05 〈보기〉의 ㄱ~ㄹ은 매체에 대한 설명이다. 적절한 것을 모두 골라 묶은 것은?

> ┌ 보기 ┐
> ㄱ. 개인 인터넷 방송에서 전달하는 내용은 국경선을 넘지 않는다.
> ㄴ. 정보 통신 수단이 발달하면서 개인 인터넷 방송의 영향력이 커지고 있다.
> ㄷ. 대중 매체는 세대와 지역 등을 가리지 않고 많은 사람에게 영향을 미칠 수 있다.
> ㄹ. 개인 인터넷 방송은 이용자의 취향, 가치관 등에 따라 서로 다른 영향을 줄 수 있다.

① ㄱ　　　　　② ㄱ, ㄴ　　　　③ ㄱ, ㄴ, ㄷ
④ ㄴ, ㄷ, ㄹ　　⑤ ㄱ, ㄴ, ㄷ, ㄹ

✎ 서술형

▶ 242008-0234

06 다음은 대중 매체와 개인 인터넷 방송에 대한 설명이다. ㉠, ㉡이 무엇인지 순서대로 쓰시오.

> • 개개인의 취향, 가치관, 관심사 등에 따라 서로 다른 영향을 주는 것은 ㉠보다 ㉡에 해당한다.
> • 매체에 적용되는 규제의 정도는 ㉡이 ㉠보다 약하다.

㉠: _____________　　　㉡: _____________

07 다음은 상호 작용적 매체에 대한 설명이다. 적절하지 <u>않은</u> 것은?

> 상호 작용적 매체란 ㉠여러 사람이 ㉡오프라인으로 ㉢정보를 주고받으면서 매체 ㉣이용자들 간에 ㉤쌍방향으로 소통하는 매체를 의미한다.

① ㉠　　② ㉡　　③ ㉢　　④ ㉣　　⑤ ㉤

08 다음 매체에 대한 설명으로 적절하지 <u>않은</u> 것은?

① 시간의 제약을 받지 않고 사용할 수 있다.
② 게시물의 법적인 책임에서 벗어날 수 있다.
③ 사람들이 실시간으로 정보를 공유할 수 있다.
④ 멀리 떨어진 사용자 간에 생각을 주고받을 수 있다.
⑤ 개인의 흥미, 관심에 따라 이용량이 달라질 수 있다.

09 다음 매체를 사용하는 학생의 생각으로 적절하지 <u>않은</u> 것은?

① 공식적인 글이니 표준말을 사용해야지.
② 어른들도 볼 수 있으니 존댓말로 적어야지.
③ 중요한 공지 사항이니 맞춤법에 맞게 써야겠어.
④ 사람들이 보기 편하게 글자체, 글자 크기, 글자 색깔에 신경 써야겠어.
⑤ 줄임말, 유행어를 사용해서 사람들의 눈에 띄게 자극적으로 작성해야겠어.

10 여행 블로그를 운영하는 학생이 자신의 블로그에 올려도 되는 게시물로 적절한 것은?

① 다른 차량의 번호판이 나온 도로 사진
② 관광 지역에서 돈을 주고 산 특산품 사진
③ 여행지에 대해 사실과 다른 정보가 포함된 글
④ 다른 관광객들의 얼굴이 포함된 바닷가 사진
⑤ 허가받지 않은 다른 블로그의 게시물이 포함된 글

11 다음 매체의 진행자가 지녀야 할 모습으로 적절하지 <u>않은</u> 것은?

① 공유하려는 정보가 정확한지 확인하는 태도
② 다른 사람의 인권, 초상권 등을 존중하는 태도
③ 수용자에게 미칠 영향력을 생각하는 책임감 있는 태도
④ 이용자와 친근한 소통을 위해 음원을 무료 배포하는 태도
⑤ 다루는 내용에 개인 정보가 포함되었는지 점검하는 태도

✏️ 서술형

12 ㉠, ㉡의 매체를 ⑴ 누가 만드는지, ⑵ 생산자와 수용자가 어떻게 소통하는지 〈조건〉에 맞게 쓰시오.

> **조건**
> • 첫째 문장은 '㉠은 ~이/가, ㉡은 ~이/가 제작한다.'의 형식으로 쓸 것.
> • 둘째 문장은 '㉠은 ~방향으로, ㉡은 ~방향으로 소통한다.'의 형식으로 쓸 것.

▶ 242008-0241

01 상호 작용적 매체에 대한 설명으로 적절하지 <u>않은</u> 것은?

① 매체 이용자들이 쌍방향으로 소통하는 매체이다.
② 공공 기관 누리집, 개인 블로그, 사회 관계망 서비스 등이 해당한다.
③ 매체 이용자를 존중하고 배려하는 태도로 바른 언어 표현을 사용해야 한다.
④ 개인의 견해를 피력하는 공간이므로 표현의 자유가 공공의 이익보다 중시된다.
⑤ 매체의 내용이 저작권, 초상권 등을 지키고 있는지 점검하며 이용하는 것이 바람직하다.

▶ 242008-0242

02 다음은 동아리 광고를 만들기 위한 제작 계획이다. 이에 대해 학생들이 토의한 내용으로 적절하지 <u>않은</u> 것은?

> ### 동아리 홍보 계획
>
> - 목적: 우리 동아리 홍보
> - 예상 독자: 동아리 가입을 생각하는 우리 학교 학생
> - 예상 독자의 관심사: 동아리 프로그램 및 동아리 활동 내용
> - 예상 독자의 수준: 동아리에 대한 관심과 흥미가 높음.

① 학교 누리집뿐만 아니라 학생들이 자주 보는 사회 관계망 서비스에도 동아리 광고를 게시하면 좋겠어.
② 동아리 활동 프로그램을 소개하고 동아리의 특징이 잘 드러나는 실제 동아리 활동 모습을 담으면 좋겠어.
③ 동아리 축제, 전시회, 졸업생 동아리 선배와의 만남 등 다양한 동아리 관련 행사가 있다는 점도 보여 주면 좋겠어.
④ 동아리 활동의 장점을 잘 보여 줄 수 있고, 학생들의 흥미를 유발할 수 있는 기발하고 간결한 광고 문구를 생각해 보면 좋겠어.
⑤ 학교나 학생의 실제 사진은 진부하니까 학생들에게 인기 있는 만화 캐릭터를 활용해서 급식실의 우수한 식단을 홍보하면 좋겠어.

▶ 242008-0243

03 다음 매체에 대한 설명으로 가장 적절한 것은?

① 실시간 정보 공유가 가능하다.
② 생산자에게서 수용자로 일방향적 소통을 한다.
③ 공간적으로 가깝게 위치한 사용자들끼리만 교류할 수 있다.
④ 정보 생산자가 될 수 있는 범위가 한정적이므로 정보의 전문성이 높다.
⑤ 개인적 생각을 밝힐 수 있는 공간이므로 타인을 공개적으로 비난해도 된다.

▶ 242008-0244

04 독서 블로그를 운영하는 사람이 자신의 블로그에 올릴 수 있는 게시물로 가장 적절한 것은?

① 책을 읽은 자신의 평점과 리뷰
② 허가받지 않은 도서 광고 사진
③ 좋아하는 작가의 휴대 전화 번호
④ 텔레비전에서 방송되는 도서 광고 영상
⑤ 출판사 누리집에 게시된 독자의 인터뷰 영상

 서술형

▶ 242008-0245

05 다음 상황에서 이용하기에 적절한 매체를 〈조건〉에 맞게 쓰시오.

> 현수는 학교에서 학생들과 지역 시민들이 함께하는 시 낭송회를 준비하고 있다. 행사 날짜가 가까워져 학교 구성원과 지역 시민들에게 행사 정보를 공식적으로 알리고자 한다.

> **조건**
> • 적절한 매체 두 가지를 들 것.
> • 한 문장으로 쓸 것.

▶ 242008-0246

06 현대 사회에서 매체를 바탕으로 한 소통에 대한 설명으로 적절하지 <u>않은</u> 것은?

① 소통의 목적이 정서 표현에서 정보 전달로 변화되었다.
② 매체를 바탕으로 한 소통의 범위와 파급력이 넓어지고 강해졌다.
③ 소통의 속도가 빨라지며 발신자와 수신자 사이의 연결성이 강화되었다.
④ 언어뿐 아니라 소리, 이미지, 동영상 등이 결합되는 복합 양식성이 강해졌다.
⑤ 댓글이나 퍼 나르기, 재가공 등이 가능해지면서 표절, 가짜 뉴스 등의 부작용이 나타나기도 한다.

▶ 242008-0247

07 다음은 교장 선생님의 정년 퇴임식에서 상영할 영상 편지 제작 계획이다. 유의할 점으로 적절하지 <u>않은</u> 것은?

영상 편지 제작 계획

- ■ 수신자: 교장 선생님
- ■ 주제: 교장 선생님, 퇴임 축하드립니다.
- ■ 매체: 영상 편지(퇴임식에서 상영하고, 추후 학교 누리집에 게시 예정)
- ■ 역할 분담: 음악 및 음향 담당, 섭외 및 촬영 담당, 자막 및 편집 담당, 대본 담당
- ■ 제작상의 유의점
  - –
  - –

---

① 영상 편지의 목적과 주제에 맞게 제작한다.
② 흥미를 끌기 위해 교장 선생님의 비밀을 공유한다.
③ 음악 및 자막, 영상이 잘 어우러질 수 있도록 한다.
④ 기존 영상 제작물을 참고하되 학생들의 창의적 의견을 반영한다.
⑤ 학생들의 인터뷰를 통해 교장 선생님의 퇴임을 축하드린다는 메시지를 전달한다.

▶ 242008-0248

08 다음 중 매체 언어 문화의 발전을 위해 바람직한 자세를 보여 주는 행위는?

① 유료 폰트를 구매하지 않고 사용하는 행위
② 단체 대화방에서 특정 친구를 욕하거나 따돌리는 행위
③ 웹툰 속 마음에 드는 장면을 찍어 저장했다가 친구에게 보내 주는 행위
④ 인터넷 기사에서 익명으로 특정인을 비난하는 내용의 댓글을 다는 행위
⑤ 블로그에 사실이 확인된 정보를 명확하고 간결한 표현으로 작성하는 행위

✏ 서술형

▶ 242008-0249

09 다음은 '사회 관계망 서비스'의 특징에 대한 설명이다. 빈칸에 들어갈 알맞은 말을 고르시오.

- 개인의 생각, 의견, 관점 등을 자유롭게 공유하고, 매체 이용자들 간에 폭넓은 인간관계를 형성하는 것을 목적으로 하는 (개방적 / 폐쇄적) 공간이다.
- 가까운 사람과 대화할 때처럼 대체로 친근한 말투나 격식을 덜 차린 표현을 사용하는 것이 (허용 / 금지)된다.
- 문자 언어뿐 아니라 '좋아요', '공감' 단추처럼 의견이나 감정을 간단히 표현할 수 있는 (기호 / 개념)(을/를) 이용하여 소통하기도 한다.

인용 지문·사진 출처

〈지문 출처〉

- 20쪽, 박상기, 「옥수수 빵소니」, 『옥수수 빵소니』, 창비, 2017.
- 24쪽, 장주식, 「먹고 싶다, 수박」, 『어쩌다 보니 왕따』, 우리학교, 2012.
- 29쪽, 장철문 외, 「거꾸로 말했다」, 『나를 키우는 시 1』, 창비, 2023.
- 30쪽, 진형민, 「멍키 스패너」, 『희망의 질감』, 문학동네, 2022.
- 34쪽, 조우리, 『커튼콜』, 창비, 2022.
- 38쪽, 시드볼트센터 외, 『시드볼트』, 시월, 2022.
- 42쪽, 최낙언, 『맛의 원리』, 개정 4판, 예문당, 2022.
- 44쪽, 서정오, 「아기 장수 우투리」, 『꼬불꼬불 옛이야기 3』, 보리, 2016.
- 48쪽, 전승민 외, 「AI와 미래 기술」, 『미래가 온다? 우리가 간다!』, 자음과 모음, 2012.
- 50쪽, 심선아, 「즉석 식품은 왜 나쁠까」, 『맛있게 배우는 영양 속 과학 이야기』, 원교재사, 2015.
- 82쪽, 「'달콤한 음료'를 즐기는 청소년에게 생길 수 있는 3가지 문제」, 하이닥, 2022.
- 95쪽, 양창모, 「서로 다른 시계」, 『아픔이 마중하는 세계에서』, 한겨레출판, 2022.
- 100쪽, 이세라, 「나의 형벌」, 제17회 남산백일장 수상작, 2022.

〈사진 출처〉

- 87쪽, 무색 투명 페트병 분리배출 방법 사진, ⓒ서울특별시
- 90쪽, 청소년과 함께하는 카페인 섭취 줄이기 카드 뉴스, ⓒ식품의약품안전처
- 92쪽, 하회 별신굿 탈놀이 탈 사진, ⓒ국가유산청
- 93쪽, 봉산 탈춤 탈 사진, ⓒ두피디아

MEMO

MEMO

중학
신입생
예비과정
국어

정답과 해설

01 비유, 상징, 운율의 특성과 효과

교과서 따라잡기 1

본문 10~11쪽

01 ⑤　02 ①　03 ⑤　04 ③　05 ④
06 예시 답안 ⓐ: ~이 될 수 있을까, ⓑ: ~(를) 갖고 싶다, 또는 ~면 ~는

01 4연에서 '마음 어두운 밤'은 '나'가 처한 부정적 상황을 나타낸다. 부정적 상황에 처한 '나'는 '길을 비추어 주는 / 그런 사람'을 갖고 싶다는 소망을 드러내고 있다.
|오답 피하기| ① '나'는 자신이 외롭거나 힘들게 된 사정을 하소연하고 있지 않다.
② '나'를 사랑하는 이에 해당하는 대상이 나타나 있지 않다.
③ 풍경의 아름다움이 나타나 있지 않다.
④ '별'이나 '꽃'과 같이 타인을 위로해 주는 존재가 되고 싶다는 것은 '나'가 나아가야 할 미래와 관련이 있다. 그러나 '나'가 과거를 돌아보는 내용은 나타나 있지 않다.

02 1연에서 '별'과 같은 사람은 외로울 때 쳐다보면 눈을 마주쳐 바라봐 주는 존재로 형상화되어 있다. 이는 '별'이 누군가 외로울 때 함께 있어 주는 존재임을 보여 준다.
|오답 피하기| ② '별'은 상대와 눈을 마주쳐 주는 존재로 나타날 뿐, 자신의 내면을 돌아보는 모습은 나타나 있지 않다.
③, ⑤ 순수한 마음으로 삶을 사는 존재나 스스로 자신의 미래를 개척하는 존재는 모두 긍정적인 측면이 있지만, 타인을 위로할 줄 안다는 의미가 담겨 있지 않다.
④ 외로워하는 타인을 돕는 존재가 다른 사람들에 비해 눈에 띄는 존재를 의미하는 것은 아니다.

03 '화안히'는 시적 허용이 쓰인 시어로, 본래 문법적으로는 '환히'라고 써야 할 시어를 일부러 길게 늘여 쓴 것이다. 문법적으로는 옳지 않지만 이를 통해 운율을 형성하거나 의미를 강조할 수 있다. '하이얀'은 본래 '하얀'이라고 써야 할 시어이지만 일부러 길게 늘여 써서 시어가 강조되고 있다.

|오답 피하기| ①, ②, ③, ④ 문법적으로 틀리지만 시어를 강조하기 위해 일부러 길게 늘여 쓴 부분은 찾을 수 없다.

04 〈보기〉는 빛깔이나 모양 등을 눈으로 보는 듯한 느낌을 주는 시각적 이미지에 대한 설명이다. 이 시에 쓰인 '하얀 들꽃이 될 수 있을까'에서 '하얀'은 흰색을 떠올리게 하는 시각적 이미지가 사용된 시어이다.
|오답 피하기| ①, ④, ⑤ 시각적 이미지가 쓰인 시어를 찾을 수 없다.
② '하얀 들꽃'과 달리 '꽃'만 쓰인 시어는 시각적 이미지로 볼 수 없다. '향긋한 꽃'이라고 하면 후각적 이미지, '부드러운 꽃'이라고 하면 촉각적 이미지가 나타나므로 시어가 어떤 말로 수식되어 있는지 잘 살펴보아야 한다.

05 '하얀 들꽃'은 사람처럼 웃을 수 있는 존재가 아니므로 ㉢에는 사람이 아닌 대상을 사람처럼 표현한 의인법이 쓰였다고 볼 수 있다.
|오답 피하기| ① 같은 단어를 여러 번 반복하고 있지 않다.
② 성격이 비슷한 대상이 나열되어 있지 않다.
③ '아', '오' 등 감탄을 드러내는 말이 나타나 있지 않다.
⑤ 비교되는 두 대상이 나타나 있지 않다.

06 평가 기준 확인

상	ⓐ, ⓑ를 모두 바르게 찾아 쓴 경우
중	ⓐ, ⓑ 중 한 가지만 바르게 쓴 경우
하	ⓐ, ⓑ를 모두 바르게 쓰지 못한 경우

1, 2연에서는 '~이 될 수 있을까'와 같은 문장 구조가 반복되고 있으며, 3, 4연에서는 '~(를) 갖고 싶다', '~면 ~는'과 같은 문장 구조가 반복되고 있다. 이와 같이 비슷한 문장 구조가 반복되는 표현법을 대구법이라고 한다. 대구법은 시어의 의미를 강조하고 운율을 형성하는 효과가 있다.

교과서 따라잡기 2

본문 12~13쪽

01 ③　02 ④　03 ③　04 ②　05 ①
06 예시 답안 ・표현하려는 대상: 무지개, ・빗댄 대상: 하늘 다리

01 1연에서 '맞아 주자'라는 표현을 통해 말하는 이가 햇비가 그치기를 기다리지 않고 비를 맞고 있음을 알 수 있다. 2연에서 말하는 이는 비가 그친 후 무지개가 뜨자 동무들과 함께 노래하고 춤을 추려 하고 있다.

|오답 피하기| ① 1연의 '보슬보슬 햇비 / 맞아 주자 다 같이'를 통해 말하는 이가 햇비를 맞고 있음을 알 수 있다.
② 2연의 '하늘 다리 놓였다 / 알롱알롱 무지개'를 통해 말하는 이가 무지개를 바라보고 있음을 알 수 있다.
④, ⑤ 2연의 '노래하자 즐겁게 / 동무들아 이리 오나 / 다 같이 춤을 추자'를 통해 말하는 이가 즐겁게 노래를 부르며 동무들에게 춤을 추자고 권하고 있음을 알 수 있다.

02 '옥수숫대'는 햇비를 맞으며 닷 자 엿 자 자라는 아이들의 모습을 빗대어 표현한 시어이다.

|오답 피하기| ① 햇비가 내리는 모양을 나타낸 시어는 '보슬보슬'이다.
② 햇비가 내리는 자연의 모습을 묘사한 시어는 나타나 있지 않다.
③ 말하는 이는 아이들에게 햇비를 맞자고 말하고 있다.
⑤ '옥수숫대'는 어린이들을 빗대어 표현한 시어이므로 ⊙을 옥수숫대의 모습을 표현하려는 것으로 볼 수 없다.

03 ⓒ에는 사람이 아닌 해님을 사람처럼 웃는 모습으로 표현한 의인법이 쓰였다. 강아지가 무리 지어 따라오는 것은 동물의 행태를 그대로 묘사한 것이므로 의인법이 쓰였다고 볼 수 없다.

|오답 피하기| ① 새가 사람처럼 노래하는 모습으로 표현하고 있다.
② 나무가 사람처럼 춤을 추는 모습으로 표현하고 있다.
④ 바위가 사람처럼 미소 짓는 모습으로 표현하고 있다.
⑤ 파도가 사람처럼 시끄럽게 떠드는 모습으로 표현하고 있다.

04 〈보기〉의 내용은 이 시에 동일한 어미로 끝나는 문장이 반복되며, 동일한 시어가 반복되고, 같은 소리가 두 번 반복되어 나타나고 있다는 것이다. 동일한 문장이나 시어가 반복되면 시에서 리듬감을 느낄 수 있게 된다.

|오답 피하기| ① '-다'로 끝맺는 문장의 반복과 비 오는 장면은 관련이 없다.
③ '-다'로 끝맺는 문장의 반복과 '자'의 반복에서 비를 맞는 듯한 생동감을 느끼기 어렵다.
④ '-다'로 끝맺는 문장의 반복과 '자'의 반복은 비 내리는 소리와 관련이 없다.
⑤ 〈보기〉의 내용은 독자에게 말하는 듯한 느낌과 관련이 없다.

05 제시된 구절은 본래 '다 같이 맞아 주자', '즐겁게 노래하자'와 같이 쓰는 것이 어순에 맞는 표현이지만, 어순을 바꾸어 제시함으로써 시구의 의미가 강조되고 있다.

|오답 피하기| ② 제시된 구절에서 사람이 아닌 대상을 사람처럼 표현하고 있지 않다.
③ 제시된 구절에서 반복되는 시어는 나타나 있지 않다.
④ 제시된 구절에서 한 대상을 다른 대상에 빗대어 표현하고 있지 않다.
⑤ 제시된 구절에는 감탄을 드러내는 말이 쓰이고 있지 않다.

06 평가 기준 확인

상	표현하려는 대상, 빗댄 대상을 모두 바르게 찾아 쓴 경우
중	표현하려는 대상, 빗댄 대상 중 한 가지만 바르게 쓴 경우
하	표현하려는 대상, 빗댄 대상을 모두 바르게 쓰지 못한 경우

ⓒ은 하늘에 뜬 무지개를 '하늘 다리'에 빗댄 표현이다. 표현하려는 대상은 '무지개'이고, 이를 표현하기 위해 빗댄 대상은 '하늘 다리'이다.

교과서 따라잡기 3

본문 14~15쪽

01 ② **02** ① **03** ② **04** ④ **05** ②
06 예시 답안 ・의인법이 쓰인 구절: 말갛게 씻은 얼굴 고운 해 / 애띤 얼굴 고운 해, ・표현 효과: 독자가 '해'에 친근감과 생동감을 느끼게 한다.

01 이 시에서 '청산'은 '해'가 솟아난 후에 오는 것으로, '꽃', '새', '짐승' 등이 한자리에 어울려 앉아 조화를 이룬 이상적 세계로 묘사된다. 그러므로 '해야 솟아라'에는 이상적인 세계가 다가오기를 바라는, 말하는 이의 소망이 담겨 있다고 볼 수 있다.

|오답 피하기| ① 이 시에서는 현실의 아름다움이 아니라 이상적인 세계의 아름다운 모습을 묘사하고 있다.
③ 이 시에는 과거를 돌아보고 자신을 반성하는 내용은 나타나 있지 않다.
④ 이 시에는 시간의 흐름에 따른 자연의 변화가 나타나 있지 않다.
⑤ 이 시에는 공간의 이동에 따른 풍경에 대한 설명이 나타나 있지 않다.

02 ㉠은 어둠을 살라 먹고 이상향을 가져다줄 존재로 묘사되어 있다. 반면 '달밤'은 어둠이 가득한 시간으로, 부정적인 상황을 상징하는 시어이다.
|오답 피하기| ②, ③ '청산'은 말하는 이가 추구하는 이상적인 세계를 상징하는 시어이며, '양지'는 청산의 일부분으로 볼 수 있다.
④, ⑤ '사슴', '칡범' 등의 짐승과 '새', '꽃'은 청산에서 함께 조화롭게 살아가는 존재를 상징하는 시어이다.

03 ㉡은 직유법이 쓰인 구절로, 표현하려는 시어는 '골짜기'이고 빗댄 대상은 '눈물'이다. 즉 '눈물'이라는 시어를 통해 '골짜기'의 특성을 나타내고자 한 것이다.
|오답 피하기| ① '골짜기'를 '눈물'에 빗대어 표현하고 있다.
③ 사람이 아닌 것을 사람처럼 표현하는 것은 의인법이다. ㉡은 직유법이 쓰인 구절이다.
④ '골짜기'를 '눈물'의 속성을 통해 표현하고 있다고 하여 두 대상이 동일한 대상이라고 보기는 어렵다.
⑤ '눈물'의 속성을 '골짜기'에서 발견하게 되는 것이므로 공통점이 강조된다고 볼 수 있다.

04 무생물을 생물처럼 표현한다고 하여 리듬감이 느껴지는 것은 아니다.
|오답 피하기| ①, ②, ③, ⑤ 동일하거나 유사한 시어, 구절, 문장 구조 등을 반복하여 리듬감을 느낄 수 있다.

05 ㉢은 말하는 이가 추구하는 이상적인 세계를 상징하는 시어로, '사슴'과 '칡범'이 뛰노는 것을 통해 생명력 넘치는 공간으로 볼 수 있다.

|오답 피하기| ① '약육강식'은 '약한 자가 강한 자에게 먹힌다는 뜻으로, 강한 자가 약한 자를 희생시켜서 번영하거나, 약한 자가 강한 자에게 끝내는 멸망됨을 이르는 말.'이다.
③, ⑤ '청산'은 말하는 이가 추구하는 이상적인 세계이므로 참고 견뎌야 하는 현실이나 고난과 시련을 주는 존재로 볼 수 없다.
④ '청산'은 말하는 이의 꿈이 이루어지는 공간이다.

06 평가 기준 확인

상	의인법이 쓰인 구절, 표현 효과를 모두 바르게 쓴 경우
중	의인법이 쓰인 구절, 표현 효과 중 한 가지만 바르게 쓴 경우
하	의인법이 쓰인 구절, 표현 효과를 모두 바르게 쓰지 못한 경우

'말갛게 씻은 얼굴 고운 해', '애띤 얼굴 고운 해' 등에서 의인법이 쓰인 것을 확인할 수 있다. 의인법은 사람이 아닌 대상을 사람처럼 표현하여 독자에게 친근감과 생동감을 주는 효과가 있다.

02 문학 작품 속 갈등의 진행과 해결

교과서 따라잡기 1

본문 20~23쪽

01 ②　　**02** ③　　**03** ④　　**04** ④　　**05** ②

06 예시 답안 ⓐ: 재준이의 스마트폰이 깨졌다, ⓑ: 원망하는

07 ④　　**08** ③　　**09** ③　　**10** ①　　**11** ④

12 예시 답안 ⓐ: 환자복, ⓑ: 양심을 속이지 않겠다(혹은 아픈 척하며 돈을 받는 대신 그 돈을 포기하겠다)

---

01 [A]에서는 '나'의 속마음을 직접 드러냄으로써 '나'의 심리를 생생하게 전달하고 있다.

|오답 피하기| ① [A]에서 '나'는 현재 자신의 감정을 표현하고 있으므로, 과거의 일을 요약하여 전달한다고 볼 수 없다.

③ [A]에서 말하는 이는 '나'로, 다른 인물의 속마음이 어떠한지 정확하게 파악하는 데는 한계가 있다.

④ [A]에서 '나'는 객관적인 입장이 아닌 자신의 입장에서 선글라스 아저씨에 대한 생각을 드러내고 있다.

⑤ [A]에서 말하는 이는 '나'로, 특정 인물이 아니라 자신의 입장에서 느끼는 감정을 전달하고 있다.

02 아저씨가 '나'와 대화를 하다가 차에 급히 올라타는 것으로 보아, 차에서 내리지 않고 대화했다는 것은 적절하지 않다.

|오답 피하기| ①, ②, ④ '나'는 어둑어둑해진 골목길에서 교통사고를 당했을 때 잃어버린 재준이의 스마트폰을 찾았고 그 스마트폰 액정에 금이 간 것을 발견한다.

⑤ '나'가 사고 난 사실을 '아빠한테 얘기하면 맞아 죽을 거'라고 말하는 부분을 통해, 아빠는 '나'가 교통사고 당한 것을 모르고 있음을 알 수 있다.

03 '나'는 선글라스 아저씨의 차에 치였다가 벌떡 일어난 후 '핑글핑글 머리가 어지럽고, 다리가 후'들거림을 느꼈다.

|오답 피하기| ① '나'는 '어제 사고 났는데 오늘 차에 또 치'였다. 즉 '나'는 이틀을 연이어서 자동차와 관련된 사고를 당한 것이다.

② '나'는 선글라스 아저씨에게 '아프다고 말하긴 싫'어 '괜찮아요!'라고 말했다.

---

③ '나'는 교통사고를 당했을 때 떨어뜨린 재준이의 스마트폰을 골목길에서 찾으려 했다.

⑤ '나'는 집에 돌아와서 옷을 벗은 후 '옆구리가 넓게 까져 피가 묻'은 상처를 확인하였다.

04 아저씨가 연락처도 남기지 않고 급히 승용차를 타고 떠난 것으로 보아, 아저씨가 주위를 살펴보는 행위는 목격자가 없음을 확인하는 것으로 볼 수 있다.

|오답 피하기| ① 아저씨는 '나'가 다쳤는지 물어보았지만 꼼꼼하게 확인하지는 않았다.

② 아저씨는 자신의 승용차가 아니라 주위를 살폈다.

③ 아저씨가 '나'를 도와줄 사람을 찾으려 했다면 급히 승용차를 타고 떠나지 않았을 것이다.

⑤ 급히 차를 타고 떠나는 행위와 교통사고의 원인을 파악하려는 노력은 서로 관련이 없다.

05 '나'는 '연락처'를 받지 못하고 '차 번호'도 알지 못해 스마트폰이 깨진 것을 안 후에도 선글라스 아저씨에게 연락을 하지 못하고 있다. 즉 '연락처'와 '차 번호'는 '나'가 선글라스 아저씨를 찾을 수 있는 단서에 해당한다.

|오답 피하기| ① '나'는 '연락처'나 '차 번호'를 알아내려고 노력하고 있지 않다.

③ '나'는 선글라스 아저씨가 '연락처'나 '차 번호'를 알려 줄 것이라고 짐작하고 있지 않다.

④ '나'는 '연락처'나 '차 번호'를 알려 달라고 요구하고 있지 않다.

⑤ '연락처'나 '차 번호'는 사고의 원인을 파악할 수 있는 단서가 되기 어렵다.

06 평가 기준 확인

상	ⓐ, ⓑ를 모두 바르게 쓴 경우
중	ⓐ, ⓑ 중 한 가지만 바르게 쓴 경우
하	ⓐ, ⓑ를 모두 바르게 쓰지 못한 경우

'나'는 사고가 난 후 아프지 않은 척하고 선글라스 아저씨를 원망하지도 않았다. 그러나 재준이의 스마트폰이 깨졌다는 사실을 안 후에야 스마트폰 수리비를 받을 수 없다는 사실에 선글라스 아저씨를 원망하기 시작한다.

07 아빠가 '나'의 실수 때문에 사고가 일어났다고 말하는 내용은 나타나 있지 않다. 또한 아빠가 옥수수 아저씨를 뺑소니로 고발하겠다는 내용을 통해 아빠는 사고의 원인이 옥수수 아저씨에게 있다고 생각하고 있음을 알 수 있다.

|오답 피하기| ① 옥수수 아저씨는 '나'에게 사고 당시 연락처만 남겼던 사연을 설명했다.

② '나'는 병실을 자주 비우는 것을 근거로 대학생 형이 아파서 들어온 환자가 아니라고 생각하고 있다.

③ '나'는 옥수수 아저씨가 생계를 꾸려 나가는 모습을 상상했다.

⑤ 옥수수 아저씨의 늦둥이 아기는 산소 호흡기를 쓰고 힘겹게 숨 쉬고 있다.

08 옥수수 아저씨는 사고가 났을 때 아기 상태가 심각한 상황이라 정신이 없어 연락처만 남기고 병원으로 갔다고 말했다.

|오답 피하기| ① 옥수수를 파는 것과 아기를 낫게 하기 위해 최선을 다하는 것은 교통사고와 관련한 노력으로 볼 수 없다.

② 옥수수 아저씨가 한 노력은 사고가 난 후에 연락처를 남긴 것으로, 아기를 낫게 하는 것과는 관련이 없다.

④ 옥수수 아저씨는 '나'를 병원에 데려가지 않고 연락처만 남기고 떠났다.

⑤ 연락처를 남기고 간 것은 자신이 사고를 냈음을 처음부터 인정한 것으로 볼 수 있다.

09 '나'는 꼬깃꼬깃 볼품없는 지폐를 보고 불쾌함을 느끼는 것이 아니라 옥수수 아저씨의 고단한 삶을 떠올려 보고 있다.

|오답 피하기| ①, ② ⓛ은 옥수수 아저씨가 음료수 대신 맛있는 것을 사 먹으라며 '나'에게 준 만 원짜리 지폐를 가리키는 표현이다.

④, ⑤ '나'는 지폐를 보며 옥수수를 파는 아저씨의 삶을 떠올렸다.

10 옥수수가 아저씨의 생계 수단이라는 점을 고려한다면 '옥수수 뺑소니'라는 제목은 '나'가 옥수수 아저씨의 생계를 위협하는 행위를 나타내는 것으로 볼 수 있다.

|오답 피하기| ② '나'가 옥수수 아저씨를 불쌍히 여기는 것을 뺑소니처럼 부정적인 대상으로 묘사하고 있지 않다.

③ 옥수수의 의미와 옥수수 아저씨의 삶을 위로하는 것은 서로 관련이 없다.

④ '나'는 옥수수 아저씨를 용서의 대상으로 여기고 있지 않다.

⑤ 제시문은 옥수수의 의미를 근거로 제목의 의미를 짐작하는 것이므로 선글라스 아저씨와는 관련이 없다.

11 ⓒ은 '나'가 옥수수 아저씨를 속이는 대신 얻으려 한 물건들이므로 '나'가 과도한 욕심을 부려 갖고자 하는 대상으로 볼 수 있다.

|오답 피하기| ①, ② ⓒ은 '나'의 아픔이나 삶의 목표와 관련이 없다.

③, ⑤ ⓒ은 옥수수 아저씨의 삶이나 가치관과는 관련이 없다.

12 평가 기준 확인

상	ⓐ, ⓑ를 모두 바르게 쓴 경우
중	ⓐ, ⓑ 중 한 가지만 바르게 쓴 경우
하	ⓐ, ⓑ를 모두 바르게 쓰지 못한 경우

환자복을 입는 것은 양심을 속이고 아픈 척하며 돈을 받겠다는 의미로 해석할 수 있다. 평상복은 환자복과 반대되는 의미를 가진 소재로, 평상복으로 갈아입는다는 것은 더 이상 아픈 척하지 않겠다는 것이고, 자신의 양심을 속이지 않겠다는 것으로 해석할 수 있다.

교과서 따라잡기 2

본문 24~27쪽

01 ①   **02** ③   **03** ③   **04** ⑤   **05** ①

06 예시 답안 ⓐ: 짜릿함(혹은 사명감), ⓑ: 누군가에 의해 잘 가꾸어져 있었다

07 ①   **08** ②   **09** ④   **10** ④   **11** ⑤

12 예시 답안 ・작은 잘못: 수박을 딴 일, ・더 큰 잘못: 수박을 땄다는 사실을 숨기는 일(혹은 양심을 속이는 일)

01 '나'는 수박을 따 버린 후 비밀을 공유한다는 점에서 짜릿하면서도, 한편으로는 불안한 자신의 심리를 구체적으로 설명하고 있다.

|오답 피하기| ②, ③ '나'는 자신이 직접 겪은 일에 대해 이야기하고 있다.
④ '나'는 친구들의 표정과 행동 등을 통하여 친구들의 심리를 추측할 수 있을 뿐, 모든 친구의 심리를 정확히 파악하지는 못하고 있다.
⑤ '나'가 인물들의 옷차림에 대해 묘사하는 내용은 나타나 있지 않다.

02 인정이는 "수박 먹고 싶지 않아?"라는 지원이의 질문에 "먹고 싶긴 하지……."라고 답하였다.
|오답 피하기| ① '나'는 수박을 본 후 이상한 흥분에 휩싸여 수박에 대해 여러 말을 쏟아 내었다.
② 지원이는 아무도 말릴 새가 없이 오랜 세월 수박 농사를 지어 온 농부라도 되는 양 아주 능숙한 솜씨로 수박을 뚝 땄다.
④ 은비는 "난 안 먹을래."라고 말한 후 한 걸음 뒤로 물러나며 "나는 빠지겠어. 이 사건은 나와 무관한 거야. 난 결코 이 상황을 인정할 수 없어."라며 수박을 딴 일과 자신은 관련이 없다고 말하였다.
⑤ '나'와 지원이, 세영이와 인정이는 잘 감춘 수박을 끌어안고 교실로 들어갔다.

03 지원이는 '나'가 수박이 먹고 싶다는 말을 쏟아 내고 있는 와중에 이미 벌처럼 빠르게 수박이 있는 쪽으로 다가가 있었다. 이로 미루어 보아 지원이는 어떤 일을 깊게 생각하기보다는 행동이 앞서는 성격임을 알 수 있다.
|오답 피하기| ① 수박을 따는 일을 평소에 목표한 일이라고 보기는 어렵다.
② '나'의 말이 지원이를 향해 한 말이라고 보기 어렵다. 또한 '나'의 말을 흘려들었다면 수박을 따지 않았을 것이다.
④ 지원이는 수박을 먹을지 말지에 대해 매우 빠르게 결정을 내리고 있다.
⑤ 수박을 먹고 싶다고 생각하는 상황이 힘든 일에 빠진 상황이라고 보기는 어렵다.

04 친구들은 갑자기 수박을 딴 지원이의 행동에 놀랐다. 처음에는 모두가 비명에 가까운 짧은 소리를 내었으며, ⓛ에서는 당황해서 아무런 대답을 하지 못하고 있다.

|오답 피하기| ① 지원이가 수박을 딴 것은 아무도 말릴 틈이 없이 일어난 일이다.
② 수박을 딴 사람은 지원이이다.
③ '나'는 수박을 먹고 싶다고 말하였다.
④ 학교에 수박이 있다는 사실을 안 것은 지원이가 수박을 따기 전의 일이다.

05 '나'는 지원이가 딴 수박을 친구들과 함께 처리해야 하는 곤란한 상황에 빠진다. 이 과정에서 남의 것을 훔친 것이 아니라며 스스로를 합리화하지만, 누군가 정성 들여 수박을 가꾼 흔적을 떠올리고는 불편함을 느끼기도 한다.
|오답 피하기| ② 수박은 갈등을 불러일으키는 핵심 소재이다.
③ '나'와 친구 사이의 갈등이 나타나 있지 않다.
④ '나'가 자신의 부족함을 깨닫는 내용은 나타나 있지 않다.
⑤ '나'와 친구들 사이의 오해라고 볼 수 있는 내용은 나타나 있지 않다.

06 평가 기준 확인

상	ⓐ, ⓑ를 모두 바르게 쓴 경우
중	ⓐ, ⓑ 중 한 가지만 바르게 쓴 경우
하	ⓐ, ⓑ를 모두 바르게 쓰지 못한 경우

'나'는 '우리만의 비밀을 공유한다는 건 꽤 짜릿한 맛이 있었다.'라고 말하고 있으며, '서로를 지켜 줘야 한다는 희한한 사명감'까지 생긴다고 말하고 있다. 그러나 '수박은 너무나 잘 가꿔져' 있었고, '사람의 손길이 확연했다'는 점에서 불편함을 느꼈다.

07 수박의 주인이 누군지 알게 된 이후에 울상이 된 사람은 '나'가 아니라 지원이이다.
|오답 피하기| ② 민아가 '나'의 가방의 지퍼를 열자 눈을 뜬 채로 코를 베였다라고 생각한 것을 통해 알 수 있다.
③ '나'의 가방을 열고 놀란 민아의 반응을 통해 알 수 있다.
④ 민아는 "그거 교장쌤 수박이야."라고 말하고 있다.
⑤ '나'와 지원이는 민아가 수박의 주인이 교장 선생님이라고 말해 주자 몹시 놀라고 있다.

08 교장 선생님의 날카로운 인상을 눈꼬리와 입꼬리의 모양을 통해 묘사하여 교장 선생님의 성격을 짐작하게 하고 있다.

|오답 피하기| ① '나'가 생각하는 교장 선생님의 성격이 직접 제시되어 있지 않다.

③ 교장 선생님의 성격에 대한 여러 사람의 견해가 제시되어 있지 않다.

④ 일화란 세상에 널리 알려지지 않은 흥미로운 이야기를 말한다. 제시된 부분에 교장 선생님의 성격을 추측할 수 있는 일화는 제시되어 있지 않다.

⑤ 교장 선생님이 스스로 자신의 성격이 어떠하다고 생각하는 부분이 제시되어 있지 않다.

09 민아가 수박을 원래 있던 곳에 갖다 놓자고 말하는 것과 교장 선생님이 알면 감당할 수 있냐고 묻는 것을 통해 수박을 딴 사실을 교장 선생님이 모르게 하자는 민아의 의도를 짐작할 수 있다.

|오답 피하기| ① 수박을 이미 땄으므로 수박이 잘 자라도록 하는 것은 불가능하다.

② 민아는 수박을 '나'와 지원이가 갖다 놓으라고 말하고 있다.

③, ⑤ 교장 선생님을 속이자는 의도로 말하고 있으므로 수박을 딴 일에 책임을 지자는 것이나 교장 선생님에게 잘 말씀드려 보자는 의도로 볼 수 없다.

10 '나'는 수박을 있던 데 갖다 놓으라는 민아의 말에 그것은 양심을 속이는 일이라고 말하고 있다. 하지만 교장 선생님이 알면 감당할 수 있냐는 말에 답하지 못하는 것으로 볼 때 '나'가 교장 선생님에게 혼나는 것을 두려워하기도 함을 알 수 있다.

|오답 피하기| ① 지원이와 민아는 수박을 어떻게 해결해야 할지에 대해 계속 고민하고 있다.

② 수박을 있던 데 갖다 놓자고 설득하고 있는 사람은 '나'가 아니라 민아와 지원이이다.

③ 지원이와 민아는 모두 수박을 있던 데 갖다 놓자고 말하고 있다.

⑤ '나'가 교장 선생님께 혼나지 않으면서 조용히 넘어갈 방법을 찾는 내용은 제시되어 있지 않다.

11 지원이는 '나'가 수박을 있던 데 갖다 놓자는 민아의 말을 따르지 않자 벌레 씹은 얼굴이 되었다. 이로 미루어 보아 지원이는 '나'가 빨리 수박을 있던 데 갖다 놓자고 말하기를 바라고 있음을 알 수 있다.

|오답 피하기| ① 벌레 씹은 얼굴을 한 것으로 보아 만족하고 안심한 상황이라고 볼 수 없다.

②, ③ 지원이는 자기처럼 '나'도 민아의 말을 따르기를 기대하고 있다.

④ 지원이는 민아가 아닌 '나'에게 수박을 제자리에 갖다 놓자고 말하고 있다.

12 평가 기준 확인

상	'작은 잘못', '더 큰 잘못'을 모두 바르게 서술한 경우
중	'작은 잘못', '더 큰 잘못' 중 한 가지만 바르게 서술한 경우
하	'작은 잘못', '더 큰 잘못'을 모두 바르게 서술하지 못한 경우

'나'는 수박을 따는 잘못을 저지른 일로 혼나는 일을 피하려고 교장 선생님 몰래 수박을 있던 곳에 갖다 놓는 것은 양심을 속이는 일이라고 생각하고 있다. 그러므로 '작은 잘못'은 수박을 딴 일, '더 큰 잘못'은 양심을 속이는 일이라고 볼 수 있다.

교과서 따라잡기 1

01 ④ **02** ① **03** ④ **04** ③ **05** ①
06 **예시 답안** 급하게 생각하지 말고 성장하는 때를 기다려야 한다.

01 (가)와 (나)는 작가가 전달하고자 하는 주제를 운율이 있는 언어로 형상화한 문학 작품인 시이다. 운율이란 시에서 일정한 글자와 형식을 규칙적으로 반복하여 음악적인 느낌을 주는 것을 말한다.
|오답 피하기| ① 문제를 해결하기 위한 방법을 제안한 글은 건의문이다.
② 주장을 뒷받침할 적절한 근거를 제시하는 글은 주장하는 글(논설문)이다.
③ 과거의 사건을 시간의 순서에 따라 서술하는 글은 연대기(역사적으로 중요한 사건을 연대순으로 적은 기록)이다.
⑤ 글쓴이의 경험을 일정한 형식을 따르지 않고 생각나는 대로 솔직하게 쓴 글은 수필이다.

02 (가)에서 '나'는 상처가 난 뒤 딱지 안에 새살이 돋아나듯이 성장하는 때가 온다는 것을 전하고 있고, (나)에서 '나'는 아등바등 넘지 못하던 벽을 넘어 성장하는 때가 온다는 것을 말하고 있다. 상처가 생기고 넘어지는 과정은 어려움의 과정이고, 이를 극복하는 과정은 곧 성장하는 과정임을 공통적으로 전달하고 있다.

03 (가)에서 '딱지'는 상처를 회복하는 시간을, '새살'은 상처의 회복을 상징한다. 이처럼 상징적 의미를 지닌 시어를 사용하여 상처를 입은 후 회복하는 과정을 기다려야 성장하게 된다는 주제를 효과적으로 전달하고 있다.
|오답 피하기| ① 반복되는 표현이 있기는 하지만 각 행마다 같은 구절을 반복하고 있지 않다.
② 사람이 아닌 대상을 사람처럼 표현하고 있지 않다.
③ 비유적 표현을 사용하고 있으나, 비유적 표현으로 계절적 분위기가 드러나지 않는다.
⑤ 말하고자 하는 바와 반대되는 말을 사용하고 있지 않다.

04 3, 4연에서는 '수영', '공부', '바이올린', '탁구' 등을 배울 때 처음에는 아등바등하며 배우기가 쉽지 않지만 노력하다 보면 어느 순간 자전거를 타고 세상을 씽씽 달릴 때처럼 잘할 수 있는 때가 온다고 하였다. 따라서 3, 4연에서는 '수영', '공부', '바이올린', '탁구'가 지닌 차이점이 아니라 공통점이 강조되어 있다고 볼 수 있다.
|오답 피하기| ① 1연에서는 '나'가 상대에게 기다려 달라고 말하고 있다.
② 2연에서는 '나도 모르게 두 바퀴로 세상을 씽씽 달릴 때처럼 / 자물쇠가 철컥 열리는 순간'이 있다고 하였다.
④ 3연에서 말한 '때'는 바로, 4연에 제시되어 있는 '벽을 / 어느 순간 훌쩍 뛰어넘는 / 그런 때'이다.
⑤ 5연에서는 가을에 심은 나무가 봄에 꽃을 피우는 자연의 섭리를 제시하여, 재촉하지 말고 기다려야 하는 이유를 드러내고 있다.

05 '딱정벌레 날개처럼 하얀 새살'과 '자물쇠가 철컥 열리는 순간'은 모두 어려움을 극복하고 성장하는 때를 의미한다.
|오답 피하기| ② '성찰'은 '자신의 마음을 반성하고 살핌.'을 뜻하는 단어로, ㉠과 ㉡은 성찰이 아니라 성장의 의미로 볼 수 있다.

06 **평가 기준 확인**

상	ⓐ, ⓑ가 공통적으로 전달하는 의미를 한 문장으로 서술한 경우
중	ⓐ, ⓑ가 공통적으로 전달하는 의미를 서술했으나 문장의 형식을 갖추지 못한 경우
하	ⓐ, ⓑ가 공통적으로 전달하는 의미를 서술하지 못한 경우

(가)에서 아버지는 '딱지를 떼지 말아라 딱지가 새살을 키운다.'라고 하였고, (나)에서는 자물쇠가 열리는 순간이 있으니 '그러니 기다려 주세요 / 너무 재촉하지는 말아 주세요'라고 하였다. 이는 모두 성장하는 때를 기다려 달라는 말이다.

교과서 따라잡기 2

01 ④　　**02** ②　　**03** ②　　**04** ⑤　　**05** ⑤
06 예시 답안 ⓐ: 자신의 노력, ⓑ: 연극은 함께 만드는 것임

---

01 이 글에는 은비가 연극 무대에서 실수를 하면서 겪게 되는 내적 갈등이 드러나 있다. 은비는 지금까지 자신의 노력을 하찮게 여기고 이에 대해 괴로움을 느끼다가 다른 친구들이 자신의 노력을 인정해 주고 있었음을 알게 되며, 내적 갈등을 극복하고 연극을 성공리에 마치게 된다.
|오답 피하기| ① 인물과 사회의 갈등은 드러나 있지 않다. ② 인물과 운명 사이의 갈등은 드러나 있지 않다. ③ 인물과 인물 사이에 갈등이 심화되는 과정은 제시되어 있지 않다. ⑤ 인물과 자연의 갈등은 드러나 있지 않다.

02 밑줄을 긋고 형광펜을 덧칠하고 여기저기 메모를 적기까지 한 탓에 대본은 너덜너덜한 종이 뭉치가 되어 있었다는 것으로 보아 은비는 대본을 많이 읽고 노력했음을 알 수 있다.
|오답 피하기| ① 「파도」의 1막과 2막에서 은비는 다섯 번의 실수를 했으며 이후에는 실수를 하지 않았다. ③ 윤서는 "은비야, 너무 긴장하지 마. 연극은 처음이잖아. 떨리는 게 당연해."라며 은비를 응원하였다. ④ '소품 팀이 푸른 천을 흔들어 파도를 만들었다. 조명 팀이 수면에 부딪치는 햇살을 표현했다.'를 통해 모두 협동하여 극을 마쳤음을 알 수 있다. ⑤ '은비는 그 순간, 자신이 벌써 다음 커튼콜을 기다린다는 걸 알았다.'에서 은비가 커튼콜을 하며 다음 커튼콜을 기다렸음을 알 수 있다.

03 '백지장도 맞들면 낫다'는 여럿이 힘을 모아 함께하면 더 보람되고 결과가 좋다는 뜻이다. (다)에서 소품 팀이 푸른 천을 흔들어 파도를 만들고, 조명 팀이 수면에 부딪치는 햇살을 표현하고, 배우들이 바다로 나아가는 장면은 모두가 힘을 합쳐서 연극을 위해 애쓰고 있는 장면이다. 이와 관련된 속담은 협동의 중요성을 알리는 '백지장도 맞들면 낫다'이다.

|오답 피하기| ① '모난 돌이 정 맞는다'는 성격이 너그럽지 못하면 대인 관계가 원만할 수 없음을, 또는 너무 뛰어난 사람은 남에게 미움을 받기 쉬움을 이르는 말이다. ③ '발 없는 말이 천 리 간다'는 사람들끼리 하는 말은 금방 쉽게 퍼지니 말을 할 때에는 늘 조심하라는 뜻이다. ④ '돌다리도 두들겨 보고 건너라'는 잘 아는 일이라도 세심하게 주의를 하라는 말이다. ⑤ '열 길 물속은 알아도 한 길 사람의 속은 모른다'는 사람의 속마음을 알기 어려우니 늘 경계해야 한다는 뜻이다.

04 '팔을 저으며 파도를 향해 나아'가는 것은 시련을 두려워하지 않고 거친 세상으로 나아가는 도전적인 삶의 태도를 의미하는 것이다.

05 ㉡에서 '끝나지 않았다'라고 서술된 '우리의 이야기'는 실제 은비와 윤서를 포함한 연극 부원 모두가 나아가야 할 실제의 삶을 의미한다. 연극이 많은 노력 끝에 성공한 것처럼, 실제 연극부 친구들의 삶도 노력과 성장의 과정을 반복하며 계속될 것임을 알 수 있다.

06 평가 기준 확인

상	ⓐ, ⓑ를 모두 적절히 서술한 경우
중	ⓐ, ⓑ 중 한 가지만 적절히 서술한 경우
하	ⓐ, ⓑ를 모두 서술하지 못한 경우

(나)에 제시된 부분에서 은비는 친구들이 자신이 얼마나 간절하게 오디션을 준비했는지 알고 있었다는 사실을 윤서로부터 전해 들었다. (다)에 제시된 부분에서 은비는 연극은 혼자 만들 수 없고 연기도 혼자 하는 것이 아님을 알게 되었다.

01 요약하며 읽기

교과서 따라잡기 1

본문 40~41쪽

01 ⑤　　**02** ⑤　　**03** ①　　**04** ③　　**05** ①
06 예시 답안 새앗골에 가며 만난 모든 존재가 복이고, 자신이 찾던 복이 멀리 있지 않다는 것을 깨닫는다.

01 총각은 새앗골을 찾아갈 때 만났던 처녀를 다시 만나자 그녀가 자신의 복임을 깨닫고 처녀와 함께 집에 돌아와 행복하게 지낸다. 처녀를 다시 만난 총각이 처녀에게 거짓말을 하고 있지는 않다.
| 오답 피하기 | ① (가)에서 흰 수염 노인은 총각에게 복은 이미 코앞에 와 있다고 말하였다.
② (나)에서 흰 수염 노인은 총각에게 복 대신 새앗골 오는 길에 도움을 준 이들의 질문에 대한 답을 주었다.
③ (나)에서 이무기는 총각의 말을 통해 자신이 용이 되지 못한 이유가 여의주를 갖고 있기 때문이라는 것을 알고 여의주를 버렸다.
④ (라)에서 장기를 두던 노인들은 총각 덕에 평생을 해도 장기에서 결판을 낼 수 없다는 것을 알게 되고, 장기 두기를 그만두었다.

02 이 글은 '이야기 글'이다. 이야기 글의 경우 주요 등장인물을 둘러싸고 일어나는 사건과 그것의 해결 과정, 갈등의 양상 등을 중심으로 요약하며 읽는 것이 바람직하다.
| 오답 피하기 | ① 설득하는 글을 요약하는 방법이다.
② 이야기 글을 읽은 후 느낀 점을 쓰는 것은 독후 활동의 한 방법이지만, 이야기 글을 요약하는 방법이라고 볼 수는 없다.
③ 육하원칙에 따라 요약하는 것은 기사문을 요약하는 방법이다.
④ 어떤 대상에 대해 새롭게 알게 된 내용을 중심으로 요약하는 것은 정보를 전달하는 글(설명문)을 읽을 때의 방법이다.

03 인물과 사건을 중심으로 요약해야 하는 이야기 글이라는 것을 고려할 때, (가)의 주요 등장인물은 총각과 노인이고, 주요 사건은 총각이 흰 수염 노인을 만났으나 원하던 복을 얻지 못하고 도움을 준 이들에게 줄 답을 달라고 하는 것이다. 총각이 새앗골에서 노인을 만난 것은 사실이지만 이것만으로 중심 내용이 충분히 요약되었다고 볼 수는 없다.

04 ㉠은 총각이 새앗골을 찾아오면서 만난 모든 이가 그를 행복하게 하는 존재이고, 이것은 총각이 복을 받고 싶다는 마음으로 길을 떠난 순간부터 이미 복을 얻었다는 의미이다. 복을 타기 위해서는 복 있는 사람을 가까이 두어야 한다는 의미는 아니다.

05 총각은 처녀와 함께 집에 들어가며 "엄니, 아들이 복을 타 가지고 왔소!"라고 말한다. 아들이 탄 복은 새앗골을 찾아가며 만난 이들의 부탁을 들어주고 얻은 것이다. 즉 ㉡에서 총각이 탄 복은 남을 도우며 얻게 된 것이다.

06 평가 기준 확인

상	총각이 얻은 복과 총각의 깨달음을 문맥에 맞게 서술한 경우
중	총각이 얻은 복과 총각의 깨달음 중 하나만 문맥에 맞게 서술한 경우
하	총각이 얻은 복과 총각의 깨달음을 모두 문맥에 맞게 서술하지 못한 경우

총각은 복을 타기 위해 갖은 고생을 하며 새앗골을 찾아가지만 새앗골에서 만난 노인은 '복이 이미 코앞에 와 있다'는 수수께끼 같은 말만 남긴다. 그러나 총각은 집으로 돌아오는 길에 자신이 길 위에서 만난 모든 존재가 복이며, 복이 멀리 있지 않다는 것을 깨닫는다.

교과서 따라잡기 2

본문 42~43쪽

01 ③　　**02** ①　　**03** ③　　**04** ⑤　　**05** (라), (마)
06 예시 답안 매운맛의 음식을 먹으면 감각 수용체가 활성화된 후 엔도르핀이 분비되어 스트레스가 풀리는 느낌이 든다. 그러나 지나치게 자주 먹는 것은 좋지 않다.

01 (나)에 따르면 매운맛은 단맛이나 신맛 같은 미각과 달리 혀에서 통각으로 느끼는 감각이다. 쉽게 말해 통증의 일종이라고 볼 수 있다.

|오답 피하기| ① (나)에 따르면 사람들이 매운맛에 빠지는 이유는 알리신, 피페린, 캡사이신과 같은 매운맛의 성분과 관련이 있다.

② (다)에 따르면 우리 몸은 매운 음식을 위험한 신호로 인식한다.

④ (다)에 따르면 매운 음식을 먹으면 체온 유지와 관련된 고온 감각 수용체가 활성화된다.

⑤ (다)에 따르면 인간의 몸은 매운 음식을 위험한 신호로 인식하는데 이러한 고통을 덜어 주기 위해 엔도르핀을 분비한다.

02 ㉠에서는 사람들이 매운맛에 빠지는 이유를 묻고 있다. 인간의 뇌는 몸속에 들어온 매운 음식을 뜨겁고 위험한 물체로 인식하지만 실제로 그런 것은 아니다. 그러므로 사람들이 매운맛에 빠지는 이유를 열에 노출되었기 때문이라고 할 수는 없다.

03 매운 음식을 먹으면 고온 감각 수용체가 활성화되어 땀이 나고 심장 박동도 빨라진다. 그러나 이내 이러한 상황을 해소하기 위해 엔도르핀이 분비되는데, 이것은 사람을 기분 좋게 하는 호르몬이다.

|오답 피하기| ① 매운맛은 단맛이나 신맛 같은 미각과 달리 혀에서 통각으로 느끼는 감각이다.

②, ④ 매운 음식을 먹으면 고온 감각 수용체가 활성화되어 땀이 나고 심장 박동이 빨라진다.

⑤ 매운 음식을 고통으로 인식한 뇌의 상태를 나아지게 하기 위해, 엔도르핀이 분비되고 이로 인해 사람들은 매운 음식을 먹으며 은근한 쾌감을 느끼게 된다.

04 이 글은 '매운 음식을 너무 많이 먹는 것은 좋지 않다'는 글쓴이의 의견을 포함하고 있으나 전체적으로 정보 전달의 성격이 강하다. 이와 같은 글을 요약할 때도 요약하기의 일반적인 방법, 즉 선택, 삭제, 일반화, 재구성의 방법을 활용해야 한다. 그러나 글 전체에서 중요한 부분을 선택해야지 특정 문단 위주로 내용을 정리하는 것은 적절하지 않다.

|오답 피하기| ① 글의 핵심어와 중심 문장을 찾으면 글의 내용을 요약하는 것이 수월해진다.

② 반복되거나 지나치게 세부적이어서 불필요한 내용은 요약할 때 삭제하는 것이 좋다.

③ 글에 따라 중심 문장이 명확하게 나타나지 않는 경우도 있다. 이러한 경우에는 흩어져 있는 내용들을 조합해 재구성하면 된다.

④ 지나치게 구체적인 내용들이 나열되어 있다면 그것을 포괄할 수 있는 상위 개념으로 일반화하여 요약해야 한다.

05 글쓴이는 매운 음식을 너무 자주 먹으면 건강에 좋지 않지만, 적당하게 즐기면 건강에 유익하고 현실의 고민에서도 벗어날 수 있다고 말하고 있다. (가)~(마) 중 글쓴이의 이러한 생각을 뒷받침할 수 있는 문단은, 매운 음식을 너무 자주 먹으면 안 되는 이유에 대해 설명한 (라)와 매운맛의 효능에 대해 설명한 (마)이다.

|오답 피하기| (가)에서는 매운 음식이 인기를 끌고 있는 현 상황에 대해 설명하고 있으며, (나)에서는 매운맛을 내는 성분에 대해 설명하고 있다. (다)에서는 매운 음식을 먹고 난 후 몸에서 일어나는 변화에 대해 설명하고 있다.

06 **평가 기준 확인**

상	제시된 단어를 모두 활용하여 두 문장 이상으로 서술한 경우
중	제시된 단어를 3~4개 활용하여 두 문장 이상으로 서술한 경우 / 제시된 단어를 모두 활용하였으나 한 문장으로 서술한 경우
하	제시된 단어를 1~2개 활용하여 두 문장 이상으로 서술한 경우 / 제시된 단어를 3~4개 활용했으나 한 문장으로 서술한 경우

매운 음식을 먹으면 감각 수용체가 활성화되어 처음에는 땀이 나고 심장 박동이 빨라지는 증상이 나타나지만 이내 엔도르핀이 분비되어 스트레스가 풀리는 느낌이 든다. 그러나 매운 음식을 지나치게 자주 먹으면 매운맛에 대한 민감도가 떨어지게 되어 더 매운맛을 찾게 되므로 글쓴이는 매운 음식을 적당히 먹는 것이 좋다고 말하고 있다.

교과서 따라잡기 3

01 ③　**02** ②　**03** ④　**04** ②

05 예시 답안 우투리를 잡기 위해 군사들을 보낸다. 하지만 우투리는 감쪽같이 사라졌고, 결국 우투리를 잡지 못했다.

01 (나)에서 우투리 부모는 우투리가 평범한 아이가 아니고 영웅적 면모를 가졌다는 것을 깨닫고는 걱정을 한다.

|오답 피하기| ① (나)에 '갓난아기 때부터 하는 짓이 달랐던 우투리의 비범한 면모가 드러나 있다.

② (가)에서 우투리는 '임금과 벼슬아치들이 백성들을 종처럼 부리던 때'에 태어났다고 하였다.

④ (다)에서 우투리 부모는 영웅으로 태어난 우투리와 가족들이 위험에 처할까 봐 지리산 깊은 골로 숨는다.

⑤ (나)에 태어난 지 얼마 되지 않은 아기가 방 안을 날아다니는 것을 목격하고 이를 걱정하는 우투리 부모의 일화가 제시되어 있다.

02 요약을 할 때 읽기 목적이 다르면 글에서 선택해야 하는 부분이 달라진다. 학생이 설정한 읽기 목적은 보고서의 제목인 '혼란의 시기 모두가 기다린 영웅, 우투리'를 통해 알 수 있는데, 제목에 어울리는 보고서를 작성하기 위해서는 우투리의 영웅적인 면모와 당시 사회적 상황 등의 내용을 선택해야 한다. 따라서 우투리 부모가 살던 곳이 제시된 ⓒ은 요약 목적에 비추어 볼 때 선택하지 않아도 된다.

|오답 피하기| ㉠은 우투리가 태어나던 당시의 사회적 상황을 보여 주는 부분이며, ㉢, ㉣, ㉤은 우투리의 영웅적인 면모가 드러난 부분이다.

03 (나)에 따르면 우투리가 태어난 당시에는 가난한 백성이 영웅을 낳으면 임금과 벼슬아치들은 자신들에게 해가 될 수 있다고 여겨 영웅이 힘을 쓰기 전에 죽여 버리려고 들고, 그로 인해 온 가족이 위험에 처할 우려가 있었음을 알 수 있다.

04 우투리 부모가 한 말을 모두 직접 인용할 필요는 없다. '영웅을 낳은 것을 걱정한 우투리 부모는 ~'처럼 재구성해도 무방하다.

|오답 피하기| ① 군인도 이야기 글에 등장하는 인물이기는 하지만, 이야기 글은 주인공을 중심으로 요약하는 것이 바람직하다.

③ 우투리의 비범함은 이 글의 주제에 해당하므로 삭제해서는 안 된다.

④ 우투리와 우투리 부모는 군인들의 눈을 피해 '지리산'으로 숨어들지만, '지리산'이라는 산 이름은 주제와 무관한 고유 명사에 해당하므로 글을 요약할 때 구체적인 산 이름은 언급하지 않아도 무방하다.

⑤ 군인들이 우투리를 잡으러 왔다는 내용은 우투리가 겪은 고난을 보여 주는 장면으로, 이야기 글을 요약하는 방법을 고려할 때 필요한 내용이다.

05 평가 기준 확인

상	우투리가 겪은 고난과 우투리의 비범함을 문맥에 맞게 서술한 경우
중	우투리가 겪은 고난과 우투리의 비범함 중 한 가지만 문맥에 맞게 서술한 경우
하	우투리가 겪은 고난과 우투리의 비범함 중 한 가지도 바르게 서술하지 못한 경우

(다)에 따르면 우투리가 영웅이라는 소문이 나자 임금은 군사들을 보내 우투리를 잡으려고 했다. 그러나 우투리는 그 사실을 알아차리고 이내 숨어 버렸고, 수많은 군사들은 결국 우투리를 찾지 못했다.

본문 50~51쪽

01 ④　　**02** ⑤　　**03** ④　　**04** ④

05 예시 답안 ⓐ: 성장을 저해하고, 질병을 유발하는, ⓑ: 즉석식품을 과도하게 섭취하지 말아야 한다

01 (라)에서 즉석식품에는 식품 첨가물이 많이 들어 있으며, 식품 첨가물을 장기적으로 섭취하면 건강에 문제가 될 수 있음을 밝히고 있다.

|오답 피하기| ① (가)에서 컵라면과 같은 즉석 면류뿐만 아니라 통조림, 냉동식품, 건조식품 등이 모두 즉석식품에 해당한다고 하였다.

② (나)에서 비타민은 면역, 소화, 성장 등 사람이 살아가는 데 필수적인 역할을 하며, 무기질은 신체의 골격을 형성하는 데 필수적인 성분이라고 하였다.

③ (다)에서 하루에 권장되는 나트륨의 섭취 기준량은 2,000mg에 불과한데, 즉석식품인 컵라면 한 개당 나트륨 함량은 무려 1,800~1,900mg에 달한다고 하였다.

⑤ (마)에서 즉석식품은 제조하는 과정에서 위생 문제가 발생하지 않더라도 이를 유통하는 과정에서 포장이 훼손되어 유해한 세균이 들어가 문제를 일으킬 수 있다고 하였다.

02 (마)에서는 즉석식품의 제조 및 유통 과정에서 위생상 문제가 생길 수 있음을 설명하고 있을 뿐, 즉석식품의 제조 및 유통 과정에 대해서는 설명하고 있지 않다.

|오답 피하기| ① (가)에서 '간단히 조리할 수 있고 저장이나 휴대도 편리한 가공식품을 '즉석식품'이라고 한다.'라며 즉석식품의 개념에 대해 설명하고 있다.

② (나)에서 열량과 지방의 함량이 높고, 비타민, 무기질의 함량이 매우 낮은 즉석식품 섭취로 인해 영양 불균형 상태가 된다고 설명하고 있다.

③ (다)에서 컵라면의 예를 제시하여 즉석식품에 과다한 나트륨이 들어 있음을 설명하고 있다.

④ (라)에서 발색제, 향료, 화학 조미료 등 즉석식품에 들어가는 식품 첨가물의 종류를 설명하고 있다.

03 〈보기〉에 따르면 '곱씹다'에는 생각을 곰곰이 되풀이한다는 의미가 담겨 있다. 글쓴이가 '곱씹다'라는 단어를 사용했다는 점에서 즉석식품으로 인한 문제에 대해 고민해야 할 필요성을 강조하려는 의도를 추론할 수 있다.

|오답 피하기| ①, ②, ⑤ 글쓴이는 즉석식품 섭취 전에 생각해야 할 문제가 있다고 말하고 있으므로 즉석식품 섭취에 대해 우려하고 있다고 볼 수 있다. 그러므로 즉석식품 섭취에 호의적인 입장이나 적극적인 태도를 보인다고 볼 수 없으며, 즉석식품의 편의성과 같이 긍정적인 측면에 대해 이야기할 것으로 보기 어렵다.

③ 글쓴이는 '곱씹다'라는 단어를 사용하여 즉석식품 섭취 문제에 대해 고민할 필요가 있다고 말하고 있을 뿐, 문제 해결과 관련해서는 언급하고 있지 않다.

04 ⓛ에서는 과도한 나트륨 섭취가 다양한 질병을 유발할 수 있다고 하였다. 따라서 나트륨의 과도한 섭취가 성인병을 유발하는 등 건강에 위험을 미친다는 배경지식이 있는 학생은 나트륨 섭취에 대한 글쓴이의 우려에 공감을 표할 것이다.

|오답 피하기| ① 학생은 나트륨이 사람에게 꼭 필요한 영양소라는 배경지식이 있지만, ⓛ에서 글쓴이는 나트륨이 필요한 영양소임을 알리고자 하는 것이 아니다.

② 학생은 나트륨 섭취가 사람에게 꼭 필요하다는 배경지식이 있지만, ⓛ에서 글쓴이는 나트륨의 긍정적 측면에 대해 언급하고 있지 않다. 글쓴이는 과도한 나트륨 섭취의 문제점에 대해 언급하고 있다.

③ 학생은 몸에 쌓인 나트륨 배출에 관한 배경지식이 있지만, ⓛ에서 글쓴이가 나트륨 배출을 돕는 식품을 잘 섭취하라고 설득하고 있지는 않다.

⑤ 학생은 감자, 고구마 등이 몸에 쌓인 나트륨 배출을 돕는다는 배경지식이 있지만, ⓛ에서 글쓴이는 나트륨 배출을 돕는 식품에 대해 설명하고 있지 않다.

05 평가 기준 확인

상	ⓐ, ⓑ를 모두 바르게 서술한 경우
중	ⓐ, ⓑ 중 한 가지만 바르게 서술한 경우
하	ⓐ, ⓑ를 모두 바르게 서술하지 못한 경우

이 글은 즉석식품으로 인하여 영양 불균형, 나트륨 과다 섭취, 식품 첨가물 섭취, 위생상 문제가 있는 음식 섭취 등의

문제가 발생할 수 있음을 설명하고 있다. 이를 통해 즉석식품 섭취에 주의하고 균형 잡힌 식사를 하도록 독자를 설득하려는 글쓴이의 의도를 추론할 수 있다.

교과서 따라잡기 2

본문 52~53쪽

01 ③　　**02** ②　　**03** ⑤　　**04** ④　　**05** ③
06 예시 답안 ⓐ: 경험, ⓑ: 경험을 위한 구매가 소유를 위한 구매보다 더 큰 행복을 느끼게 한다는 연구 결과를 인용하고 있다.

01 (다)에 따르면 콘서트나 여행지 등에 가서 함께 감동을 느끼는 것은 경험 선물에 해당한다. 시간 선물은 설거지나 집 청소 등을 대신 해 줌으로써 시간적인 여유를 선물하는 것을 말한다.
|오답 피하기| ① (가)에서 소비하기 전에는 소비의 필요성에 대해 고민해 보아야 한다고 하였다.
② (다)에서 마이클 노턴은 좋은 선물이 꼭 물건일 필요는 없다고 하였다.
④ (라)에서 벤 보벤은 20대에서 60대까지 1,200여 명을 대상으로 소유 자체를 목적으로 구매했던 물건과 경험을 위해 구매했던 물건 중에 무엇이 더 자신을 행복하게 만들었는지에 대한 설문 조사를 벌였다.
⑤ (마)에서 벤 보벤의 연구에 따르면 경험을 위해 구매한 물건들은 대개 타인과의 관계를 위해 사용된 것이다.

02 오랫동안 가지고 싶었던 손목시계를 구입한 것은 소유 목적의 소비로 볼 수 있다. 소유 목적의 소비는 내 수중에 지니려고 소비하는 것이다.
|오답 피하기| ①, ③, ④, ⑤ 경험 목적의 소비에 해당한다. 경험 목적의 소비는 콘서트나 전시회 방문, 수영 배우기, 친구들과의 여행 등에 돈을 쓰는 것으로, 비물질적인 경험을 중시하는 것이다.

03 글쓴이는 물질적인 소비가 비물질적인 소비보다 만족도가 낮다는 연구 결과를 제시하고 있으며, 경험을 위한 소비가 소유를 위한 소비보다 더 큰 행복을 준다는 점을 설명하고 있다. 그러므로 글쓴이가 소유 목적의 소비에 대해 부정적

인 관점을 가지고 있다고 추론할 수 있다.
|오답 피하기| ① 소비 전반이 아니라 소유 목적의 소비에 대해 추론하고 있다.
②, ③ 글쓴이가 소유가 행복을 준다고 생각하는 사람이 많다고 추측하거나 소유가 행복을 준다는 것을 전제로 설명하고 있지 않다.
④ 소유를 위한 구매에 만족한다는 내용을 근거로 소유 목적의 소비에 대해 부정적인 관점을 가졌다고 추론할 수 없다.

04 ㉠이 가리키는 것은 경험 선물과 시간 선물로, 비물질적인 선물이다. 동생이 평소에 가지고 싶다고 말한 책은 물질적인 선물에 해당한다.
|오답 피하기| ① 혼자 교실을 청소하게 된 친구를 돕는 것은 시간 선물로, 비물질적인 선물에 해당한다.
② 친구에게 음악을 추천해 주고 함께 듣는 것은 경험 선물로, 비물질적인 선물에 해당한다.
③ 주말에 경로당을 찾아 어르신을 위한 공연을 하는 것은 경험 선물로, 비물질적인 선물에 해당한다.
⑤ 설거지를 해서 부모님께 차를 마실 시간을 선물하는 것은 시간 선물로, 비물질적인 선물에 해당한다.

05 관계적 소비란 다른 사람과 경험을 공유하기 위한 소비, 혹은 타인과의 관계를 위한 소비로 볼 수 있다.
|오답 피하기| ① 자신의 즐거움을 위한 소비는 개인적 소비에 해당한다.
② 자신의 꿈과 관계가 있는 소비는 개인적 소비에 해당한다.
④ 자신에게 필요한 물건을 사기 위한 소비는 개인적 소비에 해당한다.
⑤ 타인이 구입한 물건을 따라 구매하는 소비는 타인과의 관계를 위한 소비나 타인과 경험을 공유하는 소비가 아니라 자신의 소유욕을 채우기 위한 개인적 소비에 해당한다.

06 평가 기준 확인

상	ⓐ, ⓑ를 모두 바르게 서술한 경우
중	ⓐ, ⓑ 중 한 가지만 바르게 서술한 경우
하	ⓐ, ⓑ를 모두 바르게 서술하지 못한 경우

이 글의 글쓴이는 경험을 위한 소비, 관계를 위한 소비를 하도록 독자를 설득하고 있다. 이를 위하여 마이클 노턴의

견해를 바탕으로 물질적인 것보다 비물질적인 것이 중요함을 밝히고, 벤 보벤의 연구 결과를 바탕으로 경험을 위한 구매가 소유를 위한 구매보다 더 큰 행복감을 준다는 것을 밝히고 있다.

교과서 따라잡기 3

본문 54~55쪽

01 ①　　**02** ③　　**03** ①　　**04** ③　　**05** ④

06 예시 답안 글쓴이는 남편을 사랑하는 마음으로 추억의 비용을 낸다. 이렇게 볼 수 있는 근거는 남편이 사랑하는 걸 참고 품어 주는 것이 사랑이라고 생각하기 때문이다.

01 이 글은 글쓴이 자신의 경험과 깨달음을 표현한 수필로, 글쓴이의 개성이 잘 드러난다.
|오답 피하기| ②, ⑤ 논리적 근거를 바탕으로 주장을 밝힘으로써 독자의 생각이 바뀌도록 설득하는 글은 주장하는 글(논설문)에 대한 설명이다.
③ 객관적인 정보를 전달하기 위해 쓴 글은 정보를 전달하는 글(설명문)에 대한 설명이다.
④ 정해진 형식에 맞추어 정서를 표현하는 글은 시 중에서 정형시에 해당한다. 수필은 형식이 자유로운 글이다.

02 '애물단지'는 성가신 대상을 가리키는 표현이므로, 글쓴이는 너무 많은 책을 모아 놓은 공간을 번거롭고 귀찮게 여기고 있다는 것을 추론할 수 있다.
|오답 피하기| ① '애물단지'는 성가시게 구는 물건을 가리키는 표현이므로 '나'가 책을 보관하는 공간을 무관심하게 바라보고 있다고 할 수 없다.
② '나'는 '당신'이 성가신 공간을 품고 살아가는 사람이라고 하였다.
④ '당신'이 '나'를 성가시게 하려는 의도를 파악할 수 있는 내용은 찾을 수 없다.
⑤ '나'가 책을 보관하는 공간을 작업실로 사용하고 싶어 한다고 볼 수 있는 내용은 찾을 수 없다.

03 과거에 출판사를 경영한 적이 있는 사람은 '나'의 남편이다.
|오답 피하기| ② (마)에서 글쓴이는 책을 좋아하는 남편을

'간서치'라고 말하고 있다. '간서치'는 책만 읽는 바보를 뜻하는 말이다.
③ (마)에서 글쓴이는 백 권의 책만 놓인 집을 꿈꾸고 있다고 말하고 있다.
④ (라)에서 글쓴이는 '이거 싹 다 갖다 버리자'라며 남편에게 큰소리를 치고 있다.
⑤ (마)에서 글쓴이는 책을 읽는 일은 남의 이야기에 귀를 기울이는 일, 다른 존재에 관심을 가지는 일이라고 생각하고 있다.

04 ⓒ에서 글쓴이가 남편의 어리석음을 환하다고 표현한 것은 '책들을 한사코 품으려는 어리석음'은 사랑의 속성, 즉 책에 대한 남편의 사랑에서 비롯한 것이라고 생각하기 때문이다.
|오답 피하기| ①, ⑤ 대책 없는 일이라는 것과 나아질 기약이 없다는 것은 긍정적인 측면을 나타낸 것으로 보기 어렵다.
② '사랑은 어리석음이다. 그 반대는 아니지만.'이라는 표현을 고려하면, 사랑에는 어리석음의 속성이 있지만, 어리석음에 본래 사랑의 속성이나 밝은 측면이 있는 것은 아님을 알 수 있다.
④ 어리석음과 관련하여 추억을 회상하는 내용은 나타나 있지 않다.

05 (라)에서 남편이 모은 책은 '당신을 낳고 만들고 먹이고 입히는' 존재, 즉 '시어머니'와 같은 존재로 묘사되고 있다. 따라서 ⓒ은 '남편이 보관하는 책'을 가리킨다고 볼 수 있다.
|오답 피하기| ① 백 권의 책은 글쓴이가 가지기를 희망하는 것이다.
②, ③, ⑤ '시어머니'는 책을 빗댄 표현이므로 시골집이나 남편의 부모님, 혹은 사무실을 가리킨다고 볼 수 없다.

06 평가 기준 확인

상	글쓴이의 마음과 그렇게 판단한 근거를 모두 바르게 서술한 경우
중	글쓴이의 마음과 그렇게 판단한 근거 중 한 가지만 바르게 서술한 경우
하	글쓴이의 마음과 그렇게 판단한 근거를 모두 바르게 서술하지 못한 경우

(라)에서 글쓴이는 남편의 책과 '추억의 비용'을 같이 품자고 말하고 있다. 이를 통해 글쓴이는 남편에 대한 긍정적이고 수용적인 자세, 남편을 사랑하는 마음을 보여 주고 있음을 알 수 있다. 이러한 자세는 (마)에서 '나'가 사랑이란 상대가 사랑하는 걸 참고 품어 주는 일이라고 생각하는 데에서 비롯된 것이다.

01 단어의 짜임과 새말의 형성

교과서 따라잡기 1

본문 60~61쪽

01 ②　　**02** ②　　**03** 예시 답안 세 단어에 공통적으로 들어 있는 말은 '나무'로, 단어 구성 요소 중 어근에 해당한다.

04 ⑤　　**05** ⑤　　**06** ④　　**07** ③　　**08** ③

09 예시 답안 '새-'는 '아주', '몹시', '매우'라는 뜻으로, 어근에 특정한 의미를 더해 주는 역할을 한다.

01 '사과나무'는 하나의 단어이다.
|오답 피하기| ① '사과나무', '가', '많다'는 각각 하나의 단어이다.
④ '가'는 홀로 쓰일 수 있는 말에 붙어서 쉽게 분리될 수 있는 말로 단어로 인정된다.
⑤ '나무'는 더 이상 쪼개면 원래 가지고 있던 의미가 사라지는 형태소이다.

02 형태소란 뜻을 가진 가장 작은 말의 단위이다.
|오답 피하기| ① 단어가 모이면 문장이 된다.
③ 단어에서 중심 의미를 이루는 부분을 어근이라고 한다.
④ 자립해서 쓸 수 있는 가장 작은 말의 단위를 단어라고 한다.
⑤ 단어에서 어근에 문법적 의미를 더하는 부분을 접사라고 한다.

03 평가 기준 확인

상	세 단어에 공통적으로 들어간 말과 그것이 어근임을 바르게 서술한 경우
중	세 단어에 공통적으로 들어간 말을 적절하게 서술하였으나 그것이 어근임을 밝히지 못한 경우
하	세 단어에 공통적으로 들어간 말이나 그것이 어근임을 모두 서술하지 못한 경우

〈보기〉에는 '나무'라는 말이 공통적으로 들어 있다. '밤나무'는 어근과 어근이 결합한 합성어이며, '나무꾼'은 어근

'나무'와 접사 '-꾼'이 결합한 파생어이다. 또한 '나무'는 어근 하나로 구성된 단일어이다. 따라서 세 단어에 공통적으로 들어간 '나무'는 세 단어에서 모두 어근의 역할을 하고 있다.

04 단일어란 하나의 어근으로 이루어진 단어를 말한다. 하나의 어근으로 이루어진 단어가 아닌 것은 '집안'이다. '집안'은 어근 '집'과 어근 '안'이 결합한 단어로 합성어에 해당한다.
|오답 피하기| ①, ②, ③, ④ '하늘', '바다', '가을', '얼굴'은 하나의 어근으로 이루어진 단일어로, 더 이상 쪼개면 원래 가지고 있던 의미가 사라져서, 뜻을 가진 말의 단위가 없어진다.

05 〈보기〉의 질문에 모두 '아니요'로 대답하기 위해서는 하나의 어근으로 이루어진 단어가 아니면서 접사가 결합하지 않아야 한다. 이러한 조건을 만족하는 것은 합성어이다. 합성어에 해당하는 단어는 '오르내리다'이다. '오르내리다'는 어근 '오르-'와 어근 '내리-'가 결합한 형태이다.
|오답 피하기| ① '나무'는 하나의 어근으로 구성된 단일어이다.
② '헛다리'는 접사 '헛-'과 어근 '다리'가 결합된 파생어이다.
③ '맨주먹'은 접사 '맨-'과 어근 '주먹'이 결합된 파생어이다.
④ '사냥꾼'은 어근 '사냥'과 접사 '-꾼'이 결합된 파생어이다.

06 〈보기〉의 단어에서 밑줄 친 '-이'는 모두 접사에 해당한다. 접사는 어근에 붙어 특정한 의미나 기능을 더하는 역할을 하는데, 〈보기〉에서 '-이'는 형용사를 명사로 만드는 문법적인 기능을 한다.
|오답 피하기| ① 자립해서 쓸 수 있는 말을 단어라 한다.
② 하나의 어근으로 이루어진 단어를 단일어라 한다.
③ 단어의 중심 의미를 이루는 부분을 어근이라 한다.
⑤ 문장을 이루는 요소로 띄어쓰기의 단위는 어절이라 한다.

07 〈보기〉에 제시된 문장에서 어근끼리 결합한 합성어는 '밤말'과 '낮말'이다. '밤말'은 어근 '밤'과 어근 '말'이 결합한 단어이고, '낮말'은 어근 '낮'과 어근 '말'이 결합한 단어이다.
|오답 피하기| ② '쥐', '새'는 하나의 어근으로 이루어진 단일어이다.
④ '듣고'의 기본형은 '듣다'이다. '듣다'는 어근 '듣-'으로 이루어진 단일어에 해당한다.

⑤ '듣는다'의 기본형은 '듣다'로, 하나의 어근으로 이루어진 단일어에 해당한다.

08 '밤송이'는 어근과 어근이 결합한 합성어로, '밤'과 '송이'로 나눌 수 있다.
|오답 피하기| ① '한여름'은 접사 '한-'과 어근 '여름'이 결합한 파생어이다.
② '부채질'은 어근 '부채'와 접사 '-질'이 결합한 파생어이다.
④ '돌다리'는 어근 '돌'과 어근 '다리'가 결합한 합성어이다.
⑤ '장난꾸러기'는 어근 '장난'과 접사 '-꾸러기'가 결합한 파생어이다.

09 평가 기준 확인

상	의미와 기능을 한 문장으로 서술한 경우
중	의미와 기능 중 한 가지만 한 문장으로 서술한 경우
하	의미와 기능을 모두 적절하게 서술하지 못한 경우

'새빨갛다'와 '새파랗다'에 공통으로 들어 있는 '새-'는 '아주', '몹시'의 의미를 더하는 접사이다. '새빨갛다'는 접사 '새-'와 어근 '빨갛-'이 결합한 경우이고, '새파랗다'는 접사 '새-'와 어근 '파랗-'이 결합한 경우로, 모두 파생어에 해당한다.

교과서 따라잡기 2

본문 62~63쪽

01 ① **02** ④ **03** 예시 답안 '인싸', '피팅'과 같이 상대가 이해하기 어려운 새말을 쓰면 상대가 이해를 하지 못해서 소통에 문제가 생길 수 있다.
04 ⑤ **05** ① **06** ① **07** ⑤
08 예시 답안 아니야. '혼밥'은 '혼자'의 첫 글자와 '밥을 먹음'의 첫 글자를 합한 새말로, 기존의 단어 형성 방법이 사용되었다고 볼 수 없어.

01 이 글에서는 새말이 생겨나는 이유, 그리고 새말을 만들 때 사용하는 방법, 즉 새말의 형성 방법에 대해 설명하고 있다.
|오답 피하기| ② 외국어를 무분별하게 사용하여 만든 새말의 문제점에 대해 설명하고 있다.

③ 새말이 생겨나는 과정에 대해 설명하고 있다.

④ 새말을 많이 사용할 것을 권장하지는 않았다.

⑤ 새말을 사용하는 방법으로 기존의 단어 형성 방법을 사용하는 것과 새로운 방법으로 단어를 만드는 방법을 제시하였으나, 새로운 방법으로 단어를 만드는 이유를 설명하지는 않았다.

02 국어 순화의 결과로 만들어진 새말은 '네티즌'을 순화한 '누리꾼'이다.

|**오답 피하기**| ① '리플(reply)'은 인터넷상에서 한 사람이 게시판에 올린 글에 대해 다른 사람이 대답의 형식으로 올리는 글을 의미하는 새말로, '댓글', '덧글', '답글'로 순화하여 쓸 수 있다.

②, ⑤ 새로운 물건이나 개념을 표현하기 위해 외국에서 들어온 말이다.

③ 고유어로 만든 새말로, 국어 순화의 결과로 만들어진 새말이 아니다.

03 **평가 기준 확인**

상	'인싸', '피팅'의 단어를 상대가 이해하지 못해 소통에 문제가 일어날 수 있음을 서술한 경우
중	소통에 문제를 일으킨 점원의 말을 구체적으로 서술한 경우
하	〈조건〉에 해당하는 내용을 모두 서술하지 못한 경우

〈보기〉에서 점원은 '인싸', '피팅'과 같이 외국어로 된 새말을 무분별하게 사용하였다. 그 결과 고객은 점원이 하는 말이 어떤 뜻인지 정확하게 이해하지 못하고 있다. 이처럼 무분별한 새말의 사용은 상대에게 전하고자 하는 의미를 명확하게 전달하지 못하고, 이에 따라 소통에 문제가 생길 수 있다.

04 새말은 새로운 사물이나 개념이 생겨나면서 이를 표현하기 위해 생겨난 말이다.

|**오답 피하기**| ① 특정 지역의 사람들만 사용하는 말은 지역 방언이다.

② 한국인이 쓰기 쉽고 듣기 쉬운 토박이말은 고유어이다.

③ 다른 언어로부터 들어와서 우리말로 동화된 말은 외래어이다.

④ 어떤 일이 계기가 되어 일정 기간 즐겨 쓰는 말은 유행어이다.

05 〈보기〉에 제시된 '피씨방', '빨래방', '만화방'은 어근과 어근이 결합하여 만들어진 합성어이다.

|**오답 피하기**| ②, ④, ⑤ 어근과 어근이 결합하여 합성어를 생성하는 것과 관련이 없다.

③ '빨래', '만화'는 외래어가 아니다.

06 '아점'은 '아침'과 '점심'의 첫 글자를 따서 한 단어로 줄이는 방식으로 만든 새말이다.

|**오답 피하기**| ② '쫄볶이'는 '쫄면을 함께 넣어 조리한 떡볶이'라는 뜻으로, '쫄면'의 앞 글자 '쫄'과 '떡볶이'의 뒤 글자 '볶이'를 결합하여 만든 새말이다.

③ '사랑꾼'은 어근 '사랑'과 접사 '-꾼'을 결합하는 파생의 방식으로 만든 새말이다.

④ '둘레길'은 어근 '둘레'와 어근 '길'이 결합하는 합성의 방식으로 만든 새말이다.

⑤ '무빙워크'는 움직임을 뜻하는 '무빙'과 걷다는 의미인 '워크'를 결합하여 만든 새말이다.

07 최근에는 외국어로 된 새말이 지나치게 많이 사용되고 있어 주의할 필요가 있다. 〈보기〉에서 외국어로 된 새말인 '블랙 아이스'와 '로드킬'은 상대에 따라 그 말의 뜻을 이해하는 것이 어렵게 느껴질 수 있다. 우리말을 활용하여 '블랙 아이스'를 '도로 살얼음'으로, '로드킬'을 '동물 찻길 사고'로 바꾸어 표현하면 말의 뜻을 이해하기 쉬워진다. 이와 같이 새말을 만들거나 사용할 때에는 서로 쉽게 이해할 수 있으면서 소통에 문제가 없는지 확인해 보아야 한다.

08 **평가 기준 확인**

상	'학생 1'의 말이 틀렸음을 밝히고 그 이유를 한 문장으로 쓴 경우
중	'학생 1'의 말이 틀리다는 것을 서술하였으나 그 이유가 자연스럽지 않은 경우
하	'학생 1'의 질문에 대한 적절한 답을 서술하지 못한 경우

'학생 1'은 '혼밥'이 기존의 단어 형성 방법을 사용한 것인지 물었다. '혼밥'은 '혼자'의 첫 글자와 '밥을 먹음'의 첫 글자를 합한 새말로, 기존의 단어 형성 방법이 사용되지 않았다.

교과서 따라잡기 1

본문 68~69쪽

01 ②　　02 ④　　03 ③　　04 ④　　05 ③
06 **예시 답안** '몹시'는 문장에서 주로 동사('쏟아졌다', 용언)를 꾸며 주는 역할을 하는 단어이므로 부사이다.
07 ③　　08 ④　　09 ②　　10 ④　　11 ④
12 ⓐ: 가변어, ⓑ: 용언, ⓒ: 동사

01 관형사, 부사는 문장에서 쓰일 때 단어의 형태가 변하지 않는 불변어이다.
| **오답 피하기** | ①, ③ 품사는 공통된 성질을 지닌 단어의 갈래로 의미에 따라 명사, 대명사, 수사, 관형사, 부사, 감탄사, 조사, 동사, 형용사의 9개로 나뉜다.
④ 명사, 대명사, 수사는 문장에서 주체의 역할을 한다.
⑤ 단어는 문장에서 하는 기능에 따라 체언, 수식언, 독립언, 관계언, 용언으로 나뉜다.

02 '재미있다', '시끄럽다', '빨갛다', '높다'는 사람이나 사물의 성질이나 상태를 나타내는 형용사이다.
| **오답 피하기** | ① 사람이나 사물의 이름을 나타내는 단어는 명사이다.
② 사람이나 사물의 움직임을 나타내는 단어는 동사이다.
③ 문장에서 다른 말과의 관계를 나타내는 단어는 조사이다.
⑤ 문장에서 다른 말과 직접적인 관련을 맺지 않고 독립적으로 쓰이는 단어는 감탄사이다.

03 조사는 문장에서 주로 체언 뒤에 붙어서 다른 말과의 관계를 나타내거나 의미를 더해 주는 단어를 말한다. '동생은 미래에 과학자가 되고 싶어 한다.'에서 조사는 3개로 '은', '에', '가'이다.

04 '먹다'와 '피다'는 사람이나 사물의 움직임이나 작용을 나타내는 동사이며, '맵다'는 사람이나 사물의 성질이나 상태를 나타내는 형용사이다.
| **오답 피하기** | ① '새', '어떤', '모든'은 체언 앞에서 체언을 꾸며 주는 관형사이다.
② '여보세요', '앗', '응'은 문장에서 다른 말에 의지하지 않고 독립적으로 쓰이는 감탄사이다.
③ '빨리', '너무', '정말'은 주로 용언이나 다른 부사, 문장 전체를 꾸며 주는 부사이다.
⑤ '사과', '태백산', '이순신'은 사람이나 사물 등의 이름을 나타내는 명사이다.

05 용언은 문장에서 주체를 서술하는 역할을 하는 단어로 동사와 형용사가 있다. 제시된 문장에 사용된 용언은 '집어낸다', '하얗다', '건넜다'로 총 3개이다.

06 평가 기준 확인

상	품사와 판단 이유를 모두 바르게 쓴 경우
중	품사와 판단 이유 중 한 가지만 바르게 쓴 경우
하	품사와 판단 이유 모두 바르게 쓰지 못한 경우

'학교를 마치고 집으로 오는데, 세찬 비가 몹시 쏟아졌다.'에서 '몹시'는 문장에서 용언인 '쏟아졌다'를 꾸며 주는 역할을 하므로 부사이다.

07 '그는 어제 보지 못한 드라마를 시청한다.'에서 '그'는 사람이나 사물 등의 이름을 대신하여 가리키는 대명사이다.
| **오답 피하기** | ①, ②, ④, ⑤ '계곡물', '소녀', '공기', '개나리꽃'은 사람이나 사물 등의 이름을 나타내는 명사이다.

08 수식언은 문장에서 다른 말을 꾸며 주거나 제한하는 단어로 관형사와 부사가 있다. 수식언은 형태가 변하지 않는 불변어이다. '도윤이는 좋아하는 과일을 도시락으로 챙겨 갔다.'에서 '좋아하는'은 용언의 활용형으로 동사이다.
| **오답 피하기** | ① '저'는 뒤에 오는 체언 '버스'를 꾸며 주는 관형사이다.
② '과연'은 문장 전체를 꾸며 주는 부사이다.
③ '어느'는 뒤에 오는 체언 '나라'를 꾸며 주는 관형사이다.
⑤ '헌'은 뒤에 오는 체언 '신발'을 꾸며 주는 관형사이다.

09 '저'는 뒤에 오는 체언 '꽃'을 꾸며 주는 관형사이다.

10 '아이가 중학교에 입학해서 매우 자랑스러워요.'에서 '아이', '중학교'는 명사이고, '매우'는 부사이고, '가', '에'는 조사이며, '입학해서'는 동사이며, '자랑스러워요'는 형용사이다. 체언을 꾸며 주는 관형사는 쓰이지 않았다.

11 '아, 현우는 고기보다 채소를 더 좋아해.'에서 독립적으로 쓰이는 단어는 감탄사로 '아' 1개가 쓰였다.
|오답 피하기| ① 명사는 '현우', '고기', '채소'로 3개가 쓰였다.
② 부사는 '더'로 1개가 쓰였다.
③ 형태가 변하는 품사는 동사나 형용사로 '좋아해' 1개가 쓰였다.
⑤ 주로 체언 뒤에서 다른 말과의 관계를 나타내는 조사는 '는', '보다', '를'로 3개가 쓰였다.

12 평가 기준 확인

상	ⓐ, ⓑ, ⓒ를 모두 바르게 쓴 경우
중	ⓐ, ⓑ, ⓒ 중 두 가지만 바르게 쓴 경우
하	ⓐ, ⓑ, ⓒ 중 한 가지만 바르게 쓴 경우

문장에서 쓰일 때 형태가 변하는 단어를 가변어라고 하며, 주체를 서술하는 기능을 하는 단어를 용언이라고 한다. 용언 중에서 사람이나 사물의 움직임이나 작용을 나타내는 단어는 동사이다.

교과서 따라잡기 2
본문 70~71쪽

01 ④　　**02** ①　　**03** ①　　**04** ②　　**05** ①
06 ⓐ: 용언을 꾸며 주는, ⓑ: 부사, ⓒ: 주체, ⓓ: 명사
07 ③　　**08** ④　　**09** ②　　**10** ④　　**11** ④
12 예시 답안 '함께', '실컷'의 품사는 부사로, 문장에서 용언이나 다른 부사를 꾸며 주는 역할을 하고 있다.

01 '길'은 사람이나 사물의 이름을 나타내는 명사이고, '나'는 사람이나 사물의 이름을 대신하여 가리키는 대명사이다.
|오답 피하기| ① '있다'는 형용사로, 문장에서 단어의 형태가 변하는 가변어이다.
② '은', '의', '에'는 문장에서 체언 뒤에 붙어서 다른 말과의 관계를 나타내는 관계언이다.
③ '길', '나', '마음속'은 문장에서 주로 주체의 역할을 하는 체언이다.
⑤ '언제나', '함께'는 문장에서 용언이나 다른 부사, 문장 전체 등을 꾸며 주는 부사이다.

02 '깨끗이', '절대', '무척'은 용언 '치웠다', '아니다', '고프다'를 꾸며 주는 부사이다.
|오답 피하기| ② 사람이나 사물 등의 이름을 나타내는 단어는 명사이다.
③ 사람이나 사물 등의 수량이나 순서를 나타내는 단어는 수사이다.
④ 사람이나 사물의 움직임이나 작용을 나타내는 단어는 동사이다.
⑤ 말하는 이의 놀람, 느낌, 부름이나 대답 등을 나타내는 단어는 감탄사이다.

03 감탄사는 문장에서 다른 말에 의지하지 않고 독립적으로 쓰이는 단어이다. 제시된 문장에 쓰인 감탄사는 '이야'와 '어머'이다.
|오답 피하기| ② '정말', '벌써'는 용언을 꾸며 주는 부사이다.
③ '시간'은 사물의 이름을 나타내는 명사이다.
④ '이렇게'는 '이러하게(이러하다)'가 준 말로, 사물의 상태나 성질을 나타내는 형용사이다.
⑤ '멋지구나'는 형용사이며, '됐네'는 동사이다.

04 '누구'는 사람이나 사물 등의 이름을 대신하여 가리키는 대명사이다.
|오답 피하기| ① '맑고'는 사물의 성질이나 상태를 나타내는 형용사이다.
③ '흘러내렸다'는 사람이나 사물의 움직임을 나타내는 동사이다.

④ '주렁주렁'은 용언 '열렸다'를 꾸며 주는 부사이다.
⑤ '이미'는 주로 용언을 꾸며 주는 부사이다.

05 문장에서 수식언은 '먼저', '그러나'로 2개이다.

06 평가 기준 확인

상	ⓐ, ⓑ, ⓒ, ⓓ를 모두 바르게 쓴 경우
중	ⓐ, ⓑ, ⓒ, ⓓ 중 두 가지만 바르게 쓴 경우
하	ⓐ, ⓑ, ⓒ, ⓓ 중 한 가지만 바르게 쓴 경우

㉠의 '전부'는 문장에서 주로 용언을 꾸며 주는 역할을 하는 단어로, 품사는 부사이며, ㉡의 '전부'는 문장에서 주로 주체의 역할을 하는 단어로, 품사는 사물의 이름을 나타내는 명사이다.

07 ㉢의 '처럼'은 체언 뒤에 붙어 다른 말과의 관계를 나타내는 조사이다. 앞말의 수식을 받는 것이 아니며, 문장에서 쓰일 때 형태가 변하지 않는 불변어이다.
|오답 피하기| ① '오직'은 '너'를 꾸며 주는 부사로 수식언이다. 부사는 일반적으로 용언을 수식하지만 다른 부사, 관형사, 체언, 문장 전체를 수식하기도 한다.
② '온갖'은 체언 '재료'를 꾸며 주는 관형사로, 문장에서 쓰일 때 형태가 변하지 않는 불변어이다.
④ ⓐ에 쓰인 조사는 '는', '만', '을'로 3개이며, ⓑ에 쓰인 조사는 '께서', '는', '로', '을'로 4개이다.
⑤ ⓑ에 쓰인 체언은 '할머니', '재료', '음식'으로 3개이며, ⓒ에 쓰인 체언은 '철수', '사람', '그'로 3개이다.

08 '저기 있는 저것이 우리 아빠가 사 주신 옷이다.'에서 '저기'는 말하는 이나 듣는 이로부터 멀리 있는 곳을 가리키는 대명사이다.
|오답 피하기| ① '새'는 뒤에 오는 체언 '신'을 꾸며 주는 관형사이다.
② '아무'는 뒤에 오는 체언 '사람'을 꾸며 주는 관형사이다.
③ '헌'은 뒤에 오는 체언 '옷'을 꾸며 주는 관형사이다.
⑤ '모든'은 뒤에 오는 체언 '국가'를 꾸며 주는 관형사이다.

09 문장에서 관형사는 '모든'으로 1개 쓰였다.
|오답 피하기| ① 명사는 '청년', '하늘', '비상'으로 3개 쓰였다.
③ 관계언은 '은', '로', '을'로 3개 쓰였다.
④ 가변어는 '푸른(푸르다)', '꿈꿨다(꿈꾸다)'로 2개 쓰였다.
⑤ 부사는 쓰이지 않았다.

10 '빠짐없이'는 용언 '쓴다'를 꾸며 주는 부사이다.

11 '이런들 어떠하며 저런들 어떠하리.'에는 독립언이 쓰이지 않았다.
|오답 피하기| ①의 '어머나', ②의 '앗', ③의 '응', ⑤의 '여보세요'는 문장에서 다른 말과 직접적인 관련을 맺지 않고 독립적으로 쓰이는 감탄사이다.

12 평가 기준 확인

상	밑줄 친 단어의 품사와 그렇게 생각한 이유를 모두 바르게 쓴 경우
중	밑줄 친 단어의 품사와 그렇게 생각한 이유 중 한 가지만 바르게 쓴 경우
하	밑줄 친 단어의 품사와 그렇게 생각한 이유를 적절하게 쓰지 못한 경우

'우리 함께 공부하자.'에서 '함께', '친구와 떡볶이를 실컷 먹었다.'에서 '실컷'은 용언을 수식하는 부사이다.

교과서 따라잡기 1

본문 76~77쪽

01 ③   02 ①   03 ③   04 ②   05 ④
06 모델, 플루트   07 ①   08 ①   09 ①   10 ④
11 ①   12 (1) 표준어, 방언 (2) 공식적, 비공식적 (3) ㉠, ㉡
(4) ㉡, 지역 방언

01 고유어는 옛날부터 우리말에 있었거나 우리말에 기초하여 새로 만들어진 말로서 우리 민족 고유의 정서를 표현하기에 효과적이다.
|오답 피하기| ㄱ. '고생(苦生)', '감기(感氣)', '두부(豆腐)'는 한자어에 속한다.
ㄹ. 전문적인 개념을 표현하기에 적절한 어휘는 전문 용어로, 고유어보다 한자어가 더 적합하다. 예를 들어 각종 법률 용어나 철학 용어 등은 대부분 한자어로 되어 있다. 또한 서구에서 들어온 의학 전문 용어는 대부분 외래어로 이루어져 있다. 고유어는 본디 우리말에서 비롯한 말로, 생활어나 감정어 등을 중심으로 발달되어 있다.

02 '기차(汽車)', '자동차(自動車)', '비행기(飛行機)'는 한자에 기초하여 만들어진 우리 어휘이다.
|오답 피하기| ③ 한자어는 한자에 기초하여 만들어진 말로, 한자 문화권에 속하는 우리나라에 예전부터 있었다.
④ '기차(汽車)', '자동차(自動車)', '비행기(飛行機)'는 지역적 요인과 관계있는 지역 방언이 아니다.
⑤ '기차(汽車)', '자동차(自動車)', '비행기(飛行機)'는 사회적 요인에 따라 달라지는 사회 방언이 아니다.

03 '행복(幸福)'은 한자어이다.
|오답 피하기| ①, ②, ④, ⑤ '하늘', '병아리', '별', '가을'은 옛날부터 우리말에 있었거나 우리말에 기초하여 새로 만들어진 고유어에 속한다.

04 '앨범', '서비스', '초콜릿', '노트북'은 다른 나라에서 들어온 말 가운데 우리말로 인정된 외래어이다. 외래 문물을 받아들이며 생겨난 어휘이기에 대체할 수 있는 고유어를 찾기가 어렵다.
|오답 피하기| ③, ④ 외래어는 우리말의 어휘를 보완하고 풍부하게 해 주지만, 무분별한 사용은 바람직하지 않다.
⑤ '오페라', '버스', '도넛'도 외래어이다.

05 〈보기〉에서 '따릉이', '타슈', '타반나', '타랑께'는 모두 공용 자전거의 명칭으로, 지역적 요인에 따라 달라진 지역 방언이다. 지역 방언은 같은 지역 방언 사용자들 사이에서 친밀감과 유대감을 느끼게 한다.
|오답 피하기| ① 세대에 따라 달라진 말은 사회 방언이다.
②, ③ '따릉이', '타슈', '타반나', '타랑께'는 외국에서 유입되거나 전문 지식이 반영된 말이 아니다.
⑤ '따릉이', '타슈', '타반나', '타랑께'는 지역적 요인에 따라 달라진 말들이다.

06 어휘를 어원에 따라 분류하면, '꿈', '사랑'은 고유어, '의사', '위로', '모자'는 한자어, '모델', '플루트'는 외래어이다.

07 '손'과 '어깨'는 서로 다른 신체 부위이며 '어깨'는 고유어이다.
|오답 피하기| ② '일의 승패는 네 손에 달려 있다.'에서 '손'은 '어떤 일을 하는 데 드는 사람의 힘이나 노력, 기술'을 뜻하므로, 한자어 '노력(努力)'과 바꾸어 쓸 수 있다.
③ '장사꾼의 손에 놀아나고 있었다.'에서 '손'은 '사람의 수완이나 꾀'를 뜻하므로, 한자어 '수완(手腕)'과 바꾸어 쓸 수 있다.
④ '행사장에 손이 부족해서 힘들었다.'에서 '손'은 '일을 하는 사람'을 뜻하므로, 한자어 '인력(人力)'과 바꾸어 쓸 수 있다.
⑤ '범인은 경찰의 손이 미치지 않는 곳으로 도망갔다.'에서 '손'은 '어떤 사람의 영향력이나 권한이 미치는 범위'를 뜻하므로, 한자어 '영향력(影響力)'과 바꾸어 쓸 수 있다.

08 '네티즌(netizen)'은 사이버 공간에서 활동하는 사람으로 '누리꾼'으로 순화할 수 있으며, '프로필(profile)'은 인물의

약력을 뜻하는 것으로 '인물 소개'로 순화할 수 있다.

|오답 피하기| ㄷ. '앙케트(enquête)'는 프랑스어에서 유래한 외래어로 '사람들의 의견을 조사하기 위하여 같은 질문을 여러 사람에게 물어 화답을 구함. 또는 그런 조사 방법'을 의미한다. '설문', '설문 조사'로 순화할 수 있다.

ㄹ. '인터체인지(interchange)'는 도로나 철도 따위에서, 사고가 일어나거나 교통이 지체되는 것을 막기 위하여 교차 지점에 입체적으로 만들어서 신호 없이 다닐 수 있도록 한 시설로, 교통이 혼잡한 곳이나 고속 도로 따위에 설치한다. '나들목'으로 순화할 수 있다.

09 ㉠은 유의 관계, ㉡은 반의 관계, ㉢은 상하 관계의 단어이다. '가족'과 '식구'는 유의 관계이다.

|오답 피하기| ② '채소'와 '시금치'는 상하 관계이다.

③ '곤충'과 '벌레'는 유의 관계이다.

④ '길다'와 '짧다'는 반의 관계이다.

⑤ '끈'과 '줄'은 유의 관계이다.

10 '꽃'과 '국화'는 상하 관계이다. '개'와 '진돗개'도 상하 관계이다.

|오답 피하기| ① '시작'과 '끝'은 반의 관계이다.

② '유리'와 '금속'은 특정 의미 관계를 형성하지 않는다.

③ '가다'와 '서다'는 반의 관계이다.

⑤ '음식'과 '요리'는 유의 관계이다.

11 '벌써'는 '예상보다 빠르게' 혹은 '이미 오래전에'의 뜻으로, '이미'와 유의 관계이다.

12 평가 기준 확인

상	괄호 안에 들어갈 말을 모두 바르게 쓴 경우
중	괄호 안에 들어갈 말 중 5~6개를 바르게 쓴 경우
하	괄호 안에 들어갈 말 중 3~4개를 바르게 쓴 경우

㉠은 표준어로 공식적 상황에서 사용할 수 있으며 나이, 세대, 지역, 직업 등과 관계없이 사용할 수 있다. ㉡은 지역 방언으로 비공식적 상황에서 사용하기에 적절하고 특정 지역인들 사이에서 사용된다.

01 주장하는 글 쓰기

교과서 따라잡기 1

본문 82~83쪽

01 ②　　**02** ④　　**03** ③　　**04** ⑤

05 예시 답안 (가), (나), (다)는 주장을 뒷받침하는 근거로 적절하지만, (라)는 주장을 뒷받침하기에 적절하지 않기 때문이다.

01 쓰기 상황에 따르면 학생은 우리 학교 학생들을 대상으로 가당 음료 섭취를 줄이자고 주장하는 글을 쓰고자 한다. 따라서 ㉠에 들어갈 내용으로는 '가당 음료 섭취를 줄여야 한다.'가 적절하다.

|오답 피하기| ① 탄산음료에 대해서는 언급하고 있지 않으므로 '탄산음료를 마시면 안 된다.'는 주장으로 적절하지 않다.

③ 쓰기 상황을 고려할 때 적절한 주장이 아니다.

④ 가당 음료 섭취로 인한 당이 지방으로 축적되면 비만의 위험이 높아진다는 신문 기사는 가당 음료 섭취를 줄이자는 주장을 뒷받침하는 근거에 해당한다. 따라서 '청소년기에는 비만을 줄여야 한다.'는 주장으로 적절하지 않다.

⑤ 가당 음료 섭취로 인해 기억력에 문제가 생길 수 있다는 전문가의 인터뷰는 가당 음료 섭취를 줄이자는 주장을 뒷받침하는 근거에 해당한다. 따라서 '청소년기에는 기억력을 높여야 한다.'는 주장으로 적절하지 않다.

02 주장하는 글을 쓸 때, '본론'에서는 주장을 뒷받침하는 타당한 근거를 들어 독자를 설득해야 한다. 독자의 관심을 유발할 수 있도록 문제점을 과장하는 것은 주장하는 글을 쓸 때 피해야 할 점이다.

|오답 피하기| ① 주장하는 글을 쓸 때, 글을 쓰게 된 이유 등을 밝히는 것은 '서론'에서 할 일이다.

② 주장하는 글을 쓸 때, 글의 내용에 대한 독자의 흥미를 유발하는 것은 '서론'에서 할 일이다.

③ 주장하는 글을 쓸 때, 적절한 근거를 들어 주장을 뒷받침하는 것은 '본론'에서 할 일이다.

⑤ 주장하는 글을 쓸 때, 주장을 강조하면서 마무리하는 것은 '결론'에서 할 일이다.

03 과일 첨가 음료나 커피 음료, 탄산음료에 대한 내용은 (가)~(다)에 제시되지 않았다.

| **오답 피하기** | ①, ④ (나)에서 가당 음료에 포함된 당류는 흡수 속도가 빨라서 먹는 즉시 혈당을 높이며, 급격하게 높아진 혈당은 당뇨병을 유발하는 요인이라고 하였다.
② (다)에서 설탕이 든 음료를 많이 마시면 기억력에 문제가 생길 수 있다고 하였다.
⑤ (나)에서 세계보건기구(WHO)에서 제안한 가공식품을 통한 하루 당 섭취량 기준은 50g인데, 국내 12~18세 학생의 하루 당류 섭취량은 72.8g으로, 전체 연령 집단 중 가장 높고 기준치도 초과한 것으로 나타났다고 하였다.

04 한국건강증진개발원은 당류 섭취량이 하루 권장 열량의 10%를 초과할 경우 비만, 당뇨병, 고혈압이 발생할 확률이 각각 39%, 41%, 66% 높아진다고 밝혔다. 따라서 제시된 자료를 참고할 때 하루 권장 열량의 15% 정도를 먹는 정도로 가당 음료 섭취를 제한해야 한다고 주장하는 것은 적절하지 않다.

| **오답 피하기** | ① (가)에 제시된 설문 조사 결과를 반영한 것이다.
②, ③, ④ (나)에 제시된 신문 기사 내용을 반영한 것이다.

05 평가 기준 확인

상	쓰기 상황과 연관 지어 사용할 자료와 사용하지 않을 자료를 선별한 이유를 한 문장으로 서술한 경우
중	사용하지 않을 자료를 선별한 이유를 한 문장으로 서술하지 못한 경우
하	사용하지 않을 자료를 선별한 이유를 적절하게 서술하지 못한 경우

(가), (나), (다)는 가당 음료 섭취를 줄이자는 주장을 뒷받침하기에 타당한 근거이지만, (라)는 가당 음료 섭취와 무관한 탄수화물 섭취에 관한 자료이므로 주장을 뒷받침하는 근거로 사용하기에 적절하지 않다.

01 ②　　**02** ②　　**03** ⑤　　**04** ②

05 예시 답안 ⓐ: 주장하는 글을 쓸 때에는 확실하지 않은 주관적 표현은 피하고 객관적인 근거를 제시해야 하기 때문이다., ⓑ: 우리나라 사람들은 다른 나라에 비해 평균 30분가량 적게 잔다고 한다.

01 이 글은 잠이 우리의 몸과 마음에 미치는 영향을 알고 충분하게 잠을 자자고 주장하는 글이다. 주장을 전달하는 글을 쓸 때는 주장을 뒷받침하는 타당한 근거를 제시해야 한다.

| **오답 피하기** | ① 글쓴이가 겪은 일을 바탕으로 하는 글은 경험을 전달하는 글이다.
③ 인물의 갈등을 중심으로 사건을 서술하는 글은 소설이나 희곡이다.
④ 대상에 대한 다양한 관점을 객관적으로 전하는 글은 정보를 전달하는 글이다.
⑤ 실험한 결과를 논리적이고 체계적으로 서술하는 글은 보고서이다.

02 이 글의 서론에서는 건강한 삶을 살고 싶다면 충분하게 잠을 자야 한다는 주장을 분명하게 밝혀 독자를 설득하고자 한다.

| **오답 피하기** | ① (마)에서 수면 전문가는 잠을 자지 못해서 발생하는 문제점에 대해 경고하고 있을 뿐, 예상 독자로 볼 수 없다. 예상 독자는 글에 분명하게 드러나 있지 않다.
③ 글의 주제는 '잠을 충분하게 자야 한다.'이다.
④ 글의 목적은 독자를 설득하는 것이므로 객관적인 근거를 바탕으로 주장을 논리적으로 전달해야 한다. 주장하는 글을 쓸 때는 개인의 주관적인 감정을 드러내는 표현은 피해야 한다.
⑤ 글의 목적을 고려하여 충분하게 잠을 자지 못할 경우 일어날 수 있는 문제점을 근거로 제시하는 것이 적절하다.

03 (마)에서 잠을 제대로 자지 않으면 감정적으로 불안정해지고 우울증에 걸릴 확률이 높아진다고 하였다. 따라서 우울감을 느끼는 사람은 잠을 많이 자는 경향이 있다는 것은 글의 내용과 일치하지 않는다.

|오답 피하기| ① (나)에서 잠은 우리의 두뇌를 건강하게 유
지한다고 하였다.
② (바)에서 자기 전에는 수면을 방해하는 빛을 내는 전자
기기의 사용을 줄이고, 수면에 빨리 들 수 있도록 조명의
밝기를 어둡게 하는 등의 노력을 해야 한다고 하였다.
③ (가)에서 한국은 잠을 적게 자기로 손에 꼽히는 나라라
고 하였다.
④ (라)에서 수면을 취하는 동안 우리 몸의 T세포의 기능이
강화되어 면역 반응을 활성화하는 사이토카인이 생성되어
면역력이 높아진다고 하였다.

04 (다)는 저녁형 인간의 특징에 대한 설명이다. 잠의 중요성
에 대한 정보를 근거로 잠을 잘 자야 한다는 주장을 뒷받침
하고자 하는 전체 글의 흐름을 고려할 때, (다)의 내용은
삭제하는 것이 적절하다.
|오답 피하기| ① (나)는 잠이 뇌에 미치는 영향에 대한 내
용이다.
③ (라)는 면역력을 높이는 잠에 대한 내용이다.
④ (마)는 감정을 관리하는 잠에 대한 내용이다.
⑤ (바)는 앞의 내용을 요약하고 주장을 다시 한번 강조하
는 내용이다.

05 평가 기준 확인

상	글을 적절히 고쳐 쓰고 고쳐 쓴 이유를 적절하게 서술한 경우
중	글을 적절히 고쳐 쓰거나 글을 고쳐 써야 하는 이유를 적절하게 서술한 경우
하	글을 적절하게 고쳐 쓰거나 고쳐 써야 하는 이유를 적절하게 서술하지 못한 경우

㉠은 확실하지 않은 주관적인 표현에 해당한다. 주장하는
글을 쓸 때에는 주관적이거나 애매한 표현은 피하고 타당
한 근거를 들어 주장을 뒷받침해야 한다. 따라서 〈조건〉에
제시된 연구 결과를 바탕으로 객관적인 근거를 제시해야
한다.

교과서 따라잡기 1

본문 90∼91쪽

01 ⑤ **02** ① **03** ② **04** ③ **05** ⑤
06 예시 답안 ⑩은 아동과 청소년의 비만에 대한 내용으로, 고카
페인 음료의 문제점과 밀접한 관련이 없기 때문에 사용할 자료로
적절하지 않다.

01 정보를 전달하는 글을 쓸 때는 자료를 수집하는 과정에서
글의 주제, 목적, 독자 등을 충분히 고려해야 한다. 수집한
자료는 글을 쓰는 목적과 주제에 부합해야 하며, 독자의 흥
미와 수준, 배경지식 등도 고려해서 독자에게 전할 만한 정
보로서의 가치가 있어야 한다. 하지만 주제에 대한 학생의
의견을 포함할 필요는 없다.

02 (가)는 정보를 전달하는 글 쓰기의 단계 중 계획하기에 해
당한다. 글의 목적이 '정보 제공'이라고 하였으므로 객관적
으로 정보를 전달할 것이다.
|오답 피하기| ② 실제로 있을 법한 이야기를 꾸며 쓰는 것
은 소설의 특징에 해당한다.
③ 발생한 사건을 시간 순서대로 서술하는 것은 일대기의
특징에 해당한다.
④ 주장을 뒷받침할 적절한 근거를 제시하는 것은 주장하
는 글(논설문)의 특징에 해당한다.
⑤ 감정과 생각을 운율이 있는 말로 표현하는 것은 시의 특
징에 해당한다.

03 〈보기〉에서 학생은 제목에 주제를 명확하게 드러내겠다고
하였으므로, '고카페인 음료의 문제를 알아보자'가 글의 제
목으로 가장 적절하다.
|오답 피하기| ①, ③, ④, ⑤ '고카페인 음료의 섭취가 청소
년에게 미치는 부정적 영향'이라는 글의 주제가 명확하게
드러나지 않는다.

04 ⓒ은 고카페인 음료를 확인하는 방법과 카페인을 줄이는
방법을 알려 주는 카드 뉴스이다. '어린이, 임산부, 카페인
민감자는 섭취에 주의하여 주시기 바랍니다.'라는 내용이
제시되어 있으므로 어린이, 임산부에게 고카페인 음료가
해롭지 않다고 이해하는 것은 적절하지 않다.

| 오답 피하기 | ① 질병관리청 보고서에 따르면, 청소년
의 48.7%가 일주일에 1회 이상 고카페인 음료를 섭취하고
있다.

② 식약처 보도 자료에 따르면, 몸무게가 50kg인 청소년
은 최대 125mg까지 카페인을 섭취할 수 있다.

④ 전문가 인터뷰에 따르면, 권장량 이상의 카페인을 섭취
할 경우 불면증, 식욕 부진, 구토 등의 부작용이 나타날 수
있다.

⑤ 신문 기사에 따르면, 복지부에서 2023 아동 종합 실태
조사를 발표했다. 실태 조사에 따르면 아동과 청소년의 비
만율이 눈에 띄게 늘고 있다.

05 정보를 전달하는 글의 '끝' 부분에서는 앞에서 이미 언급된
내용을 정리하고 요약한다. 따라서 '끝' 부분에서 고카페인
음료 외에 청소년의 건강에 악영향을 미치는 음식을 조사
해서 알려 주겠다는 계획은 적절하지 않다.

| 오답 피하기 | ① 정보를 전달하는 글의 '처음' 부분에서는
설명 대상을 소개하거나 글을 쓰게 된 동기, 글의 목적 등
을 밝혀 독자의 관심을 유도해야 한다. 따라서 '처음' 부분
에서 독자에게 고카페인 음료를 섭취한 경험을 떠올리도록
질문하는 것은 독자의 관심을 유발하기 위한 적절한 방법
이다.

②, ③ 정보를 전달하는 글의 '중간' 부분에서는 대상을 구
체적으로 설명해야 한다. 따라서 '중간' 부분에서 청소년의
고카페인 음료 소비가 어느 정도인지 알려 주거나 고카페
인 음료가 청소년의 신체에 미치는 영향에 대해 설명하는
것은 적절하다.

④ 정보를 전달하는 글의 '끝' 부분에서는 설명한 내용을
요약, 정리하고 글을 마무리해야 한다. 따라서 '끝' 부분에
서 고카페인 음료가 지닌 문제점에 대해 설명하는 것은 적
절하다.

상	사용하지 않을 자료를 선정하고 그 이유를 적절하게 서술한 경우
중	사용하지 않을 자료를 적절하게 선정하였으나 그 이유를 적절하게 서술하지 못한 경우
하	사용하지 않을 자료를 적절하게 선정하지 못한 경우

ⓜ은 한국의 아동과 청소년의 비만율이 늘어나고 있다는
내용의 신문 기사이다. 비만율은 고카페인 음료 섭취 문제
와 밀접하게 관련이 없다. 따라서 ⓜ은 글의 주제를 고려할
때 사용할 자료로 적절하지 않다.

교과서 따라잡기 2

본문 92~93쪽

01 ⑤　　**02** ①　　**03** ①　　**04** ④

05 **예시 답안** 양주 별산대놀이는 독립적인 여러 개의 이야기로
구성되어 있으며, 부드럽고 우아한 춤 동작이 특징이다.

01 이 글은 한국 탈춤의 종류와 특징에 대한 정보를 제공하고
있다. 따라서 다른 나라의 탈춤을 중심으로 설명하는 글을
쓰겠다는 계획은 실제 글에 반영된 내용으로 적절하지 않
다.

| 오답 피하기 | ① (바)에서 '앞으로 우리의 소중한 문화인
탈춤에 대해 관심을 가지고, 이를 보존하는 일에 앞장서야
할 것이다.'라고 하였다.

② (가)에서 하회 별신굿 탈놀이, 강릉 관노 가면극, 봉산
탈춤, 양주 별산대놀이가 유네스코 인류 무형 문화유산으
로 등재되었다고 하였으며, (나)~(마)에서 각각 탈춤의 특
징에 대해 설명하고 있다.

③ 글 전체에서 하회 별신굿 탈놀이, 강릉 관노 가면극, 봉
산 탈춤, 양주 별산대놀이의 특징에 대한 정보를 제시하고
있다.

④ (나)에서 하회 별신굿 탈놀이에서 사용되는 탈 사진을
제시하여 탈춤에 대한 정보를 효과적으로 제시하고 있다.

02 (바)에서 '탈을 쓰고 춤을 추는 전통은 많은 나라에 존재하
지만 우리나라의 탈춤이 지닌 독특한 문화가 있다.'라고 하
였다. 따라서 우리나라에만 탈춤이 있다는 것은 이 글을 적

절하게 이해한 내용이 아니다.

|오답 피하기| ② (가)에서 '한국의 탈춤은 우리 조상들의 삶을 엿볼 수 있는 전통 예술'이라고 하였다.

③ (가)에서 '탈춤은 성격에 따라 제의적 탈춤과 유희적 탈춤으로 나눌 수 있다'고 하였다.

④ (다)에서 강릉 관노 가면극은 '말이 없이 음악과 춤, 동작으로만 이루어진 탈춤'이라고 하였다.

⑤ 하회 별신굿 탈놀이는 경상북도 안동, 강릉 관노 가면극은 강원도 강릉, 봉산 탈춤은 황해도 봉산 지역에서 유래한 탈춤이라고 하였다.

03 정보를 전달하는 글의 '중간'에서는 설명 대상을 구체적으로 설명한다. 이 글에서 '중간'에 해당하는 부분은 (나)~(마)이다. (나)는 하회 별신굿 탈놀이, (다)는 강릉 관노 가면극, (라)는 봉산 탈춤, (마)는 양주 별산대놀이의 특징에 대한 설명이다. 따라서 ㉠에 들어갈 내용으로는 '봉산 탈춤의 특징'이 적절하다.

04 〈보기〉는 봉산 탈춤의 주요 등장인물의 탈 모양을 알려 주는 시각 자료이다. 따라서 〈보기〉의 자료는 봉산 탈춤의 특징에 대해 설명한 (라)에 제시되어야 한다.

05 평가 기준 확인

상	〈보기〉의 내용을 활용하여 양주 별산대놀이에 대한 정보를 형식에 맞게 한 문장으로 서술한 경우
중	〈보기〉의 내용 중 일부만 활용하여 양주 별산대놀이에 대한 정보를 형식에 맞게 한 문장으로 서술한 경우
하	〈보기〉의 내용을 활용하여 서술하지 못한 경우

〈보기〉는 양주 별산대놀이의 특징에 대한 내용이다. 〈보기〉에 따르면 양주 별산대놀이는 부드럽고 우아한 춤 동작이 특징이며, 독립적인 여러 개의 이야기로 구성되어 있다.

03 경험을 담은 글 쓰기

01 ④　　**02** ④　　**03** ①　　**04** ⑤　　**05** ④

06 예시 답안 어린 시절 선물 받은 강아지가 선물한 연민의 감정

01 이 글은 글쓴이가 어린 시절에 아버지에게서 강아지를 선물 받았던 경험을 토대로 당시에 느꼈던 정서를 진술하게 표현한 작품이다.

|오답 피하기| ① 겨울밤을 배경으로 하고 있으나, 시골에서 도시로 이사 온 후의 이야기이다.

② 백설기를 아껴 먹었던 내용이 나오지만, 글쓴이가 글을 쓸 때 떠올린 주요한 경험으로 볼 수는 없다.

③ '나'가 강아지를 동정하며 연민을 느끼는 내용은 나오지만, 누군가로부터 동정을 받았던 일과 관련한 내용은 제시되어 있지 않다.

⑤ 서울이 유목적이고 도시적인 환경이라는 내용이 글의 앞부분에 나오기는 하지만 이것을 바탕으로 시골을 그리워한다고 말하기는 어렵다.

02 '나'는 접시에 담은 물과 아껴 먹다 남긴 백설기를 강아지에게 주었다.

|오답 피하기| ① 중학교 2학년 때 아버지는 '나'에게 처음으로 선물을 주는데, 그것은 '나'가 선물이라고 부르는 '강아지'이다.

② 강아지는 '나'의 집에 온 날 '나'가 백설기와 물을 주며 정성을 쏟는데도 불구하고 밤새 울었다.

③ 겨울밤에 아버지는 일평생 처음으로 '나'에게 강아지를 선물하였으며, 그 이전이나 뒤로 한 번도 '나'에게 선물을 준 적이 없다.

⑤ 아버지의 코 고는 소리는 '천둥 치듯' 했지만 '나'는 강아지의 가느다랗고 여린 낑낑거림을 더 정확하게 들었다.

03 '나'는 한밤중에 낑낑거리며 우는 강아지가 배가 고파서 그런 것이라고 생각해 아껴 먹다 남겨 둔 백설기를 강아지에

게 준다. 그런데 강아지가 관심을 보이지 않자 줬던 백설기를 도로 가져온다. 강아지에게 서운하기만 했다면 물도 가져오는 것이 맞지만 혹시나 강아지가 물을 마시고 싶어할까 봐 걱정되는 마음에 물은 그냥 두고 온다. 그러므로 '나'가 ㉠과 같이 행동한 이유는 강아지가 걱정되었기 때문이다.
|오답 피하기| ② 강아지는 물에 전혀 관심이 없이 낑낑거리며 다리를 떨며 울기만 했다.
③ 아버지는 코를 골며 자고 있으며, 강아지의 울음소리에 잠을 깬 사람은 '나'이다.
④ '나'는 백설기를 아껴 먹었지만, 강아지를 위해서 백설기를 내어 주었다.
⑤ '나'는 백설기는 도로 가져왔고 물은 그냥 두었다.

04 〈보기〉에서는 연민이 사랑을 전제로 하는 감정이라고 설명하고 있다. 이를 바탕으로 할 때 '나'가 강아지에게 연민을 느꼈다는 것은 강아지를 사랑하기 때문이라고 말할 수 있다.
|오답 피하기| ① 강아지를 선물로 받은 후 '나'는 자신의 소중한 것을 내어 주게 되었고, 상대를 걱정하며 밤새 잠을 설치게 되었다. 이것은 이전보다 성숙한 태도라고 볼 수 있으나, '대가'를 바라지 않는 어른이 되었다고 말하기는 어렵다.
② '나'는 강아지에게 연민의 감정을 느끼지만 이것을 바탕으로 관심과 연민의 차이를 아는 사람이 되었다고 말할 수는 없다.
③ '나'는 아버지가 집에 들어오면서 만난 식구가 '나'였기 때문에 '나'에게 선물을 준 것이라고 생각한다. 아버지가 특별한 의도를 갖고 '나'에게 선물을 준 것은 아니다.
④ 도시적이고 유목적인 '서울'로 이사 온 이후의 일이지만, 이를 통해 도시에서의 삶이 '나'를 내적으로 성숙하게 만들었다고 말할 수는 없다.

05 '나'는 아버지에게 선물로 받은 강아지를 밤새 돌보는 경험을 통해 난생처음 '연민'이라는 감정을 느끼게 되고, 이것을 '선물'이라고 표현하고 있다. 이를 통해 선물이란 실체를 가진 물건일 수도 있지만 어떤 감정이나 깨달음일 수도 있음을 알 수 있다.

상	제시된 두 단어를 활용하여 글쓴이의 경험과 정서가 드러나게 서술한 경우
중	제시된 두 단어를 활용했으나 글쓴이의 경험과 정서가 부분적으로 드러나게 서술한 경우 / 제시된 단어 중 하나를 활용해 글쓴이의 경험과 정서가 드러나게 서술한 경우
하	제시된 두 단어를 활용했으나 글쓴이의 경험과 정서가 드러나지 않게 서술한 경우 / 제시된 단어 중 하나를 활용해 글쓴이의 경험과 정서가 부분적으로 드러나게 서술한 경우

아버지가 어느 날 문득 선물한 강아지로 인해 '나'는 누군가를 신경 쓰며 돌보는 일을 경험하게 된다. 이를 통해 이전에는 몰랐던 '연민'이라는 감정마저 느끼게 되었다.

교과서 따라잡기 2

본문 100~101쪽

01 ②　　**02** ④　　**03** ④　　**04** ③　　**05** ④
06 예시 답안 몸은 힘들었지만 마음은 뿌듯했을

01 '나'의 징크스가 어떤 것인지는 알 수 있지만 '나'가 징크스를 믿게 된 사건에 대한 내용은 언급되어 있지 않다.
|오답 피하기| ① (가)에서 '나'는 꼬리에 꼬리를 물고 이어진 우연한 불행 때문에 불길함을 느낀다고 하였다.
③ (가)에서 '나'는 자전거 손잡이에 체육복이 걸려 실밥이 풀어지고 짜증이 나서 자전거를 걷어찼다.
④ (가)에서 '나'는 집에 도착해 케이크와 음료수를 먹고 난 후 오늘치의 불행이 끝났다는 생각에 안도감을 느낀다.
⑤ (나)에서 '나'는 옆집 할머니와 인사를 제대로 나눈 적이 없지만 '유난히 하얀 머리카락'을 보고 계단을 오르는 사람이 옆집 할머니라는 것을 알게 되었다.

02 '나'는 계단을 오를 때는 아무도 만나지 못했으나, 학원에 가기 위해 계단을 내려가는 길에 계단을 오르는 옆집 할머니를 만났다. 따라서 '나'가 계단을 오르기 전에 옆집 할머니와 인사를 나눈 것은 아니다.
|오답 피하기| ①, ② '나'는 아침에 가방 속 물통이 새서 책이 다 젖고, 오후에는 누군가가 찬 축구공에 머리를 맞았음을 (가)에서 확인할 수 있다.

③ 계단을 올라가다가 자전거 손잡이에 체육복이 걸려 실밥이 풀어졌다.

⑤ 집에서 케이크와 음료수로 안도감과 달콤함을 맛본 '나'는 내려오는 길에 자신이 넘어뜨린 자전거를 계단 손잡이 난간 쪽으로 옮겨 놓았다.

03 계단을 힘들게 올라갔다가 다시 내려와 학원에 가던 '나'는 힘겹게 계단을 오르는 옆집 할머니를 만났다. 할머니를 도와준다면 계단을 또 오르락내리락해야 한다는 생각에 계단을 오르지 말아야 할 이유를 찾았다. 그러나 '나'는 이런 생각을 하는 스스로를 '사악한 내'라고 표현하고 있다. 그러므로 글쓴이가 자신을 ㉠과 같이 묘사한 이유는 힘겹게 계단을 오르는 할머니를 돕고 싶지 않다는 마음이 들어서라고 볼 수 있다.

|**오답 피하기**| ① 옆집 할머니는 모르는 사람이 아니며, '나'는 할머니를 도왔다가 위험한 일이 아니라 몸이 힘든 일이 생길까 봐 걱정하고 있다.

② '나'는 불행이 이어지는 징크스를 갖고 있지만 지금은 징크스가 이어질까 봐 걱정하는 상황이 아니다.

③ 학원에 늦지 않겠다는 것은 할머니를 돕지 않기 위해 핑계를 찾은 것이지 학원에 늦으면 어떤 문제가 생기는지는 알 수 없다.

⑤ 할머니의 마음을 알 수는 없지만 '나'가 할머니를 돕는다면 할머니는 분명히 고마워할 것이다.

04 '나'는 오늘 하루 자신을 따라다닌 불행을 '징크스'라고 말하지만 그것이 자신을 얼마나 오랫동안 고통스럽게 했는지에 대한 내용은 제시되어 있지 않다.

|**오답 피하기**| ① '176계단의 형벌'이라는 부분을 통해 계단을 오르는 일을 '형벌'에 비유했음을 알 수 있다.

② 이어지는 물음과 혼잣말을 통해 '나'가 내적으로 갈등하고 있음을 알 수 있다.

④ '이렇게 너를 속이며 숨어 있는 게 너에겐 더한 형벌이야.'를 통해 '나'는 할머니를 돕지 않을 경우 더 괴로워한다는 것을 알고 있다.

⑤ '그래 나는 이런 아이가 아니야.'를 통해 '나'는 내적 갈등을 끝내고 할머니를 돕기로 결정했음을 알 수 있다.

05 할머니께 인정받은 것과 관련된 내용(ⓓ)은 언급하고 있지 않다.

|**오답 피하기**| ① ⓐ: 엘리베이터 공사를 할 때의 경험을 소재로 하고 있다.

② ⓑ: '나'는 계단을 내려가다가 힘겹게 계단을 올라오시는 할머니를 돕기 위해 다시 계단을 올라갔다.

③ ⓒ: 글의 시작 부분을 '오늘 뭔가 불길한데… 나는 징크스에 약하다.'로 시작하고 있다.

⑤ ⓔ: '오늘 나의 징크스는 확실히 끝났다. 그리고 영원히 불행은 없을 것이다.'로 글을 마무리하고 있다.

06 **평가 기준 확인**

상	몸의 상태와 마음의 상태를 대조하여 문맥에 맞게 서술한 경우
중	몸의 상태와 마음의 상태 중 하나의 내용을 서술한 경우
하	몸의 상태와 마음의 상태 중 하나도 문맥에 맞게 서술하지 못한 경우

계단을 다시 올라가 할머니를 모셔다 드리고, 다시 계단을 내려오는 일이 나이가 어린 '나'에게도 쉬운 일은 아니었다. 그러나 할머니를 도와드리며 '나'는 자신의 마음을 어지럽히던 고민들과 이별하고 뿌듯함을 느낄 수 있었을 것이다.

01 추론하며 듣기

교과서 따라잡기 1

본문 106~107쪽

01 ④ 02 ③ 03 ③ 04 ①

05 예시 답안 욕심 부리지 말고 적당히 소유하며 많은 이들과 더불어 행복한 '라곰'의 삶을 살아보라고

---

01 '라곰'의 단점에 대한 내용은 방송에 나오지 않았다.

|오답 피하기| ① (가)에서 방송의 제목이 '아침을 여는 단어 하나'임을 밝히고 있다.

② (가)에서 라곰은 스웨덴을 비롯한 북유럽 사람들의 품성을 설명하는 말로 스웨덴어 사전에는 '알맞은, 적당히'라고 풀이된다며 라곰의 개념을 설명하고 있다.

③ (나)에서 라곰은 바이킹의 전통에서 찾을 수 있다며 라곰의 유래에 대해 설명하고 있다.

⑤ (라)에서 라곰의 삶을 사는 구체적인 방법에 대해 설명하고 있다.

02 (다)에 따르면 스웨덴인의 품성을 설명하는 '라곰'은 자신의 삶에서 더 많은 것을 추구하는 대신 현재 자기가 가진 것에 만족하고 감사하는 태도를 기본으로 한다. 따라서 스웨덴인들이 더 많은 행복을 추구하기 위해 노력하기 때문에 긍정적으로 평가한다는 것은 적절하지 않다.

|오답 피하기| ①, ② (가)에서 말하는 이는 늘 스스로 절제하고 타인을 배려하기 위해 노력하는 스웨덴인들을 긍정적으로 평가하고 있다.

④, ⑤ (가)에서 스웨덴인들은 타인의 감정이 상할 수 있는 대화는 자제하고 갑작스러운 상황이 생겨도 불만을 표시하지 않는다고 하였다. 이는 '라곰' 정신에서 비롯된 것으로 말하는 이는 이러한 태도를 가진 스웨덴인들을 긍정적으로 평가하고 있다.

03 (다)에서 '라곰'은 가진 것의 크기와 무관하게 만족하는 태도에서 비롯된다고 하였다. 따라서 '라곰'이 충분한 소유와

연결된다는 관점은 적절하지 않다.

|오답 피하기| ① (마)에서 말하는 이는 '빨리빨리'의 삶을 사는 한국인들도 '라곰'할 수 있다고 말하고 있다.

② (다)에서 '모든 것이 유한하므로 나의 것을 절제하면 더 많은 사람들이 더 풍성한 행복을 누릴 수 있습니다.'라고 했으므로 '라곰'은 더 많은 사람을 행복하게 하는 삶의 태도임을 알 수 있다.

④ (라)는 '라곰'을 실천하는 방법으로 '잠시 멈춤'을 예로 들었는데, 이에 따르면 하고 있는 일들을 잠시 멈추면 긍정적인 감정을 회복하고 집중력을 높일 수 있다.

⑤ (가)에서 스웨덴을 비롯한 북유럽 사람들의 느긋한 성품은 '라곰'과 관련이 있다고 하였다.

04 〈보기〉는 각자 예측한 대로 상황이 흘러가지 않아 약간의 손해가 생기는 경우 무턱대고 화를 내는 사람들의 이야기이다. 버스가 멈춘 것이 당황스러울 수는 있으나 왜 버스가 멈춘 것인지 조금 느긋하게 생각하면 화를 내지 않을 수 있다. 즉 '라곰'한다면 느긋하게 행동할 수 있는 것이다. 따라서 말하는 이의 관점을 고려할 때 적절하지 않은 것은 ①이다.

05 평가 기준 확인

상	'라곰'이라는 단어를 포함하였고 (가)에 제시된 '라곰'의 개념을 활용하여 문맥에 맞게 서술한 경우
중	'라곰'이라는 단어를 포함하였으나 (가)에 제시된 '라곰'의 개념을 일부만 활용하여 서술한 경우
하	'라곰'이라는 단어를 포함하였으나 (가)에 제시된 '라곰'의 개념을 활용하지 않은 경우

'제작 의도'에 따르면 말하는 이는 더 많이 가지려고 발버둥 치다가 타인에게 피해를 끼치고, 그 피해가 다시 자신에게 돌아오는 경우가 많기 때문에 방송을 준비했음을 알 수 있다. 따라서 말하는 이는 많이 가지는 삶이 좋다고 여기는 사람들에게 욕심 부리지 않고 모두와 더불어 행복하게 사는 '라곰'의 삶이 얼마나 가치 있는지를 전하고자 한 것이다.

01 ②　02 ①　03 ④　04 ⑤　05 ①
06 예시 답안 ⓐ: 과도한 빛이 들어오면, ⓑ: 잠들기 직전에는 스마트폰을 멀리하세요

01 '주중에 쌓인 피로를 ~ 건강도 나빠집니다.'를 통해 전문가는 부족한 잠을 주말에 몰아서 자는 것을 좋지 않게 생각한다는 것을 알 수 있다.
|오답 피하기| ① '늦은 밤에는~켜 두세요.'를 통해 전문가는 밤에는 간접 조명을 켜 두는 것이 좋다고 여기고 있음을 알 수 있다.
③ '휴일의 취침 ~ 맞춰야 합니다.'를 통해 전문가는 매일의 취침 시각과 기상 시각을 동일하게 맞춰야 한다고 생각하고 있음을 알 수 있다.
④ '이유는 저마다 다르지만 ~ 일상생활 때문에 생깁니다.'를 통해 전문가는 건강하지 못한 수면의 원인은 각자의 일상에 있다고 말하고 있음을 알 수 있다.
⑤ '우리 뇌 속 ~ 무엇보다 중요합니다.'를 통해 전문가는 수면의 규칙성을 확보해야 건강한 삶을 살 수 있다고 생각하고 있음을 알 수 있다.

02 ㉠에서 학생은 잠드는 게 너무 어렵고, 오래 자도 피곤하다고 말하고 있다. 학생이 이와 같이 말한 이유는 수면 관련 전문가에게 잘 자는 방법을 배우고 싶기 때문이다.

03 ㉡에서 전문가는 자신은 20년 이상 수면에 어려움을 겪는 환자를 치료해 왔다고 말하고 있다. 이를 통해 전문가가 해당 분야에서 오랫동안 경험을 쌓은 사람임을 알 수 있다. 담화 상황에서 전문가의 말은 인터뷰 내용의 신뢰성을 높이는 효과가 있다.
|오답 피하기| ① ㉡과 수면의 특성은 연관이 없다.
② 말하는 이의 전문성을 드러내어 인터뷰 내용에 대한 신뢰감을 주는 것이지 수면의 어려움을 호소라는 학생들의 참여를 유도하기 위한 것이 아니다.
③ 수면과 관련된 학생들의 경험을 떠올리는 것은 관련이 없다.

⑤ ㉡에서 말하는 이는 전문가이며, ㉡을 통해 고민을 말하고 있지 않다.

04 전문가는 수면의 규칙성을 지키는 것이 무엇보다 중요하므로 휴일의 취침 시각이나 기상 시각을 평일과 동일하게 맞춰야 한다고 말하고 있다. 따라서 취침 시각을 상황에 따라 다르게 맞춰도 된다고 말하지 않을 것이다.
|오답 피하기| ① 전문가는 건강한 잠은 충분한 수면 시간, 우수한 수면의 질, 규칙적인 수면의 3가지 조건이 만족되어야 한다고 하였다. 따라서 주말에 늦잠을 자는 것은 건강한 잠이 아니라고 말할 것이다.
② 전문가는 주말에 늦잠을 자는 수면 패턴이 습관이 되면 수면의 규칙성이 무너져 건강에 좋지 않다고 말할 것이다.
③ 전문가는 수면의 규칙성을 지켜야 한다고 했으므로 당장 피곤하다고 느낄지라도 평일과 주말 모두 같은 시각에 기상해야 한다고 말할 것이다.
④ 전문가는 주말에 늦잠을 자면 주중에 쌓인 피로가 풀리는 것처럼 느낄 수 있지만 건강의 균형과 수면의 규칙성을 고려할 때 주말에 늦잠을 자는 것은 건강을 더 해치는 일이라고 말할 것이다.

05 '보약'은 몸의 기력을 보충해 주는 약이다. '잠이 보약이다'는 따로 지어서 먹는 약만큼 잠이 인간의 몸을 건강하게 하는 중요한 역할을 한다는 의미의 속담이다. 전문가가 ㉣의 속담을 인용한 이유는 잘 자는 것의 중요성을 강조하기 위해서이다.

06 평가 기준 확인

상	ⓐ, ⓑ를 모두 바르게 찾아 서술한 경우
중	ⓐ, ⓑ 중 한 가지만 바르게 서술한 경우
하	ⓐ, ⓑ를 모두 바르게 서술하지 못한 경우

설문 조사 결과 우리 학교 학생들의 90% 이상이 스마트폰을 보다가 잠드는 것으로 나타났다. 전문가의 말에 따르면 멜라토닌은 숙면을 돕는 물질인데, 강한 빛이 들어오면 멜라토닌 합성이 중단되어 숙면을 취하지 못하게 된다. 따라서 전문가는 잠들기 직전에는 스마트폰을 멀리 하라고 당부할 것이다.

02 문제 해결을 위한 토의

교과서 따라잡기 1

본문 114~115쪽

01 ① **02** ③ **03** ③ **04** ③ **05** ④
06 예시 답안 ⓐ: 선생님들의 엄격한 규제, ⓑ: 학생들이 자발적으로 스마트폰 사용 규칙을 만들도록 하는 것

01 이 말하기는 문제를 해결하기 위한 협력적인 말하기인 토의이다. 상대방을 설득하기 위한 경쟁적인 말하기는 토론이다.
|오답 피하기| ② 토의는 공동의 문제가 있을 때 해결 방안을 찾기 위한 말하기이다.
③ 토의를 할 때는 참여자의 발언을 수용하며 경청해야 한다.
④ 토의를 할 때에는 타당한 근거를 들어 자신의 의견을 뒷받침해야 한다.
⑤ 토의를 할 때 서로 맞서는 의견이 있다면 상호 간의 의견을 절충하기 위해 노력해야 한다.

02 사회자는 학기 초에 진행되었던 스마트폰 사용 실태 조사에서 우리 학교 학생들의 스마트폰 사용 시간이 매우 긴 것으로 나타났다며 토의의 배경을 설명한 뒤, '지나친 스마트폰 사용 문제를 어떻게 해결할 것인가?'를 주제로 이야기를 나누어 보겠다며 토의 주제가 무엇인지 안내하고 있다.

03 민지는 스마트폰은 학생들이 학업으로 스트레스를 받을 때 가장 손쉽게 스트레스를 해소할 수 있는 수단이라며 스마트폰 대신 학교에서 스트레스를 풀 수 있는 수단을 마련해 주어야 한다고 말하였다. 그러나 학교에서 스마트폰 사용 가능 시간을 정해 주어야 한다고 말하지는 않았다.
|오답 피하기| ① 진혁은 스스로 스마트폰 사용 시간을 조절하는 것에 어려움을 겪는 학생이 많다는 것은 스마트폰 사용을 엄격하게 규제해야 할 필요성이 있다는 것을 보여 준다며 학교에서만이라도 스마트폰을 사용하지 않도록 선생님들의 엄격한 규제가 필요하다고 말하였다.
② 솔잎은 강제적으로 스마트폰 사용을 금지하면 학생들의 반발만 키울 것이므로 학급 회의를 통해 학생들이 스스로 규칙을 만들어 스마트폰 사용 시간을 조절하도록 해야 한다고 말하였다.
④ 솔잎은 점심시간을 늘려 학생들이 운동할 수 있는 시간을 주거나 점심시간에 음악실을 노래방처럼 이용할 수 있도록 하면 스트레스를 해소할 수 있다고 말하였다.
⑤ 진혁은 학교에서 스트레스를 풀 수 있는 수단에는 어떤 것이 있을지 함께 학급 회의를 통해 논의하자고 말하였다.

04 토의 참여자는 다른 사람의 감정을 상하게 하는 발언을 자제하고 문제 해결을 위한 최선의 방안을 찾기 위해 협력해야 한다. ㉠에서 솔잎은 강제적으로 스마트폰 사용을 금지하자는 진혁의 발언에 대해 '말씀을 듣고 있자니 답답할 따름'이라며 진혁의 감정을 상하게 할 수 있는 발언을 하였다. 따라서 토의를 방청한 학생들은 솔잎에게 상대방의 감정을 상하게 하는 발언을 자제해 달라고 말할 것이다.
|오답 피하기| ①, ④ 솔잎은 상대방의 말을 끊고 끼어들거나, 토의 주제에서 벗어난 발언을 하지는 않았다.
② 솔잎은 스마트폰 사용을 금지하는 것이 학생들의 반발을 키울 수 있음을 근거로 들어 진혁의 의견을 반박하고 있다.
⑤ 솔잎은 진혁의 발언을 경청하였다. 솔잎의 문제는 상대방의 발언을 경청하지 않은 것이 아니라, 상대방의 감정을 상하게 하는 발언을 한 것이다.

05 ㉡에서 진혁은 '좋은 의견입니다.'라며 민지와 솔잎의 의견에 동의하고 있다. 나아가 학급 회의 시간에 스마트폰 사용 규칙을 정하도록 하면서 학교에서 스트레스를 풀 수 있는 수단에는 어떤 것이 있을지 함께 논의하게 하자며 민지와 솔잎이 제시한 문제 해결 방안을 구체화하고 있다.
|오답 피하기| ① ㉡에서 진혁은 사회자에게 별도로 발언권을 얻지 않고 솔잎의 발언이 끝난 후 발언하고 있다.
② ㉡에서 진혁이 다양한 자료를 근거로 제시하고 있는 것은 아니다.
③ ㉡에서 진혁이 토의의 내용을 요약하고 있지 않다.
⑤ ㉡에서 진혁은 갈등이 일어나지 않게 하기 위해 상대방의 의견에 단순히 동조하는 것이 아니다. 진혁은 민지와 솔잎의 의견에 동의하면서 학급 회의를 통해 문제 해결 방안을 찾아보자고 적극적으로 발언하고 있다.

상	ⓐ, ⓑ를 모두 바르게 서술한 경우
중	ⓐ, ⓑ 중 한 가지만 바르게 서술한 경우
하	ⓐ, ⓑ를 모두 바르게 서술하지 못한 경우

스마트폰 사용에 대한 엄격한 규제가 필요하다는 의견이 있었지만, 이보다는 학급 회의를 통하여 자발적으로 스마트폰 사용 규칙을 만들도록 하자는 것으로 의견이 모아졌다.

교과서 따라잡기 2

본문 116~117쪽

01 ② **02** ① **03** ② **04** ④ **05** ⑤
06 예시 답안 ⓐ: 주제와 상관없는 이야기를 한 점, ⓑ: 한민의 말을 끊고 끼어들어 말한 점

01 학생들은 학교의 음식물 쓰레기 발생을 줄이기 위한 의견을 제시하고 있다.
오답 피하기 ①, ⑤ 학교생활에 대한 정보 전달이나 학교의 입장을 따르도록 학생들을 설득하는 것이 아니라, 문제 해결을 위한 대화를 하고 있다.
③ 학생들의 어려움을 확인하는 것이 아니라 학교의 문제를 해결할 방안을 찾고 있다.
④ 토의에서는 찬반 입장을 확인하는 것이 아니라 공동의 문제를 해결하기 위한 방안을 찾는 것을 목표로 한다. 논쟁이 되는 사안에 대한 찬반 입장이 분명하게 드러나는 것은 토론이다.

02 사회자는 '오늘은 '급식실에서 발생하는 음식물 쓰레기의 양을 어떻게 줄일 것인가?'를 주제로 토의합니다.'라며 토의 주제가 무엇인지 소개하고 있다.

03 재윤은 급식을 많이 남기는 이유가 학생들이 올바른 식습관의 필요성을 알지 못하기 때문이라고 말하였다. 학교에서 올바른 식습관의 필요성을 알리지 않은 점에 대한 문제를 제기하고 있지는 않다.

오답 피하기 ① 한민은 첫 번째 발언에서 학생들이 원하는 메뉴가 잘 나오지 않기 때문에 학교 음식물 쓰레기가 증가한다고 말하고 있다.
③ 한민은 두 번째 발언에서 학급 회의를 통해 학생들의 입맛에 맞는 메뉴를 파악하면 학교 음식물 쓰레기를 줄일 수 있다고 말하고 있다.
④ 지원은 두 번째 발언에서 다음 달에 나올 메뉴를 영양 선생님께서 미리 학생들에게 공개하고, 대체하기를 원하는 메뉴가 무엇인지에 대한 학생들의 의견을 듣고 반영하면 학교 음식물 쓰레기를 줄일 수 있다고 말하고 있다.
⑤ 재윤은 세 번째 발언에서 학생들의 입맛에 맞는 메뉴의 비율을 늘려야 한다는 한민의 의견에 동의한다면서 학생들도 영양 성분을 고려하여 대체할 메뉴를 알려 주면 좋겠다고 말하고 있다.

04 사회자가 토의 참여자들이 의견을 절충하도록 제안하는 내용은 나타나 있지 않다.
오답 피하기 ① 사회자는 '오늘은 '급식실에서 발생하는 음식물 쓰레기의 양을 어떻게 줄일 것인가?'를 주제로 토의합니다.'라며 토의 주제를 소개하고 있다.
② 사회자는 우리 학교 음식물 쓰레기가 매년 증가하는 추세에 있다는 영양 선생님의 말씀을 토의 배경으로 제시하고 있다.
③ 사회자는 '오늘은 그 원인이 무엇인지 먼저 이야기를 나누고, 다음으로 이의 해결 방안에 대해 논의해 보겠습니다.'라며 토의 순서를 안내하고 있다.
⑤ 사회자는 학교에서 음식물 쓰레기가 증가한 이유에 대해 한민, 재윤, 지원이 발언한 내용을 토의 중간에 정리하여 말하고 있다.

05 전체 메뉴를 자율 배식하는 것은 시간이 너무 오래 걸리므로 일부 메뉴를 자율 배식하는 것으로 의견이 모아졌다.
오답 피하기 ① 음식물 증가 원인에 대한 한민의 의견이다.
② 음식물 증가 원인에 대한 재윤과 지원의 의견이다.
③ 한민과 지원이 제시한 해결 방안이다.
④ 재윤이 제시한 해결 방안이다.

상	ⓐ, ⓑ를 모두 바르게 찾아 서술한 경우
중	ⓐ, ⓑ 중 한 가지만 바르게 서술한 경우
하	ⓐ, ⓑ를 모두 바르게 서술하지 못한 경우

한민이 일회용 쓰레기가 많이 나오는 급식 메뉴 구성에 대해 이야기한 것은 토의 주제에서 벗어난 내용이다. 재윤이 한민의 말을 끊고 자신의 생각을 이야기한 것은 한민을 존중하지 않는 부적절한 태도이다.

매체

01 매체의 특성

교과서 따라잡기 1
본문 122~123쪽

01 ③ 02 ③ 03 ⑤ 04 ⑤ 05 ④
06 ㉠: 대중 매체, ㉡: 개인 인터넷 방송
07 ② 08 ② 09 ⑤ 10 ② 11 ④
12 (1) ㉠은 전문가 집단이, ㉡은 개인이 제작한다. (2) ㉠은 일방향으로, ㉡은 쌍방향으로 소통한다.

01 대중 매체는 많은 사람에게 대량으로 정보와 생각을 전달하는 매체이다.
|오답 피하기| ① 대중 매체는 수용자가 생산자와 소통하거나 내용에 참여하기가 비교적 어렵다.
② 대중 매체는 전문가 집단이 역할을 분담하여 체계적으로 제작한다.
④ 대중 매체는 다수에게 정보와 생각을 전달한다.
⑤ 직접 만나서 대화로 소식을 전하는 것은 매체를 거치지 않은 소통이다.

02 개인 인터넷 방송은 생산자와 수용자의 실시간 소통이 가능하다.
|오답 피하기| ① 개인 인터넷 방송은 인터넷의 발달로 가능해진 매체이다.
② 개인 인터넷 방송은 쌍방향 소통이 가능하다.
④ 개인 인터넷 방송은 내용과 표현의 규제가 비교적 적어 자유로운 표현이 가능하다.
⑤ 신문, 잡지, 영화 등은 대중 매체이다.

03 텔레비전 뉴스는 전문가 집단이 체계적으로 역할을 분담하여 만든다.
|오답 피하기| ① 텔레비전 뉴스는 방송법의 규제를 받는다.
② 텔레비전 뉴스는 주로 사회적, 정치적 문제를 다룬다.
③ 텔레비전 뉴스는 대중에게 정보를 알리는 목적을 가지고 있다.
④ 텔레비전 뉴스 제작 과정에 수용자가 참여하기 힘들다.

04 개인의 관심사를 반영한 소재를 개인이 생산자가 되어 여러 역할을 전담하여 제작하며, 개인 진행자와 참여자 간 실시간 의사소통이 활발한 매체는 개인 인터넷 방송이다. 개인 인터넷 방송은 규제를 적게 받아서 비교적 자유롭게 표현할 수 있다.

05 대중 매체는 세대와 지역을 가리지 않고 많은 사람에게 영향을 미치고 있다. 특히 정보 통신 수단이 발달하면서 개인 인터넷 방송의 영향력이 커지고 있다. 개인 인터넷 방송은 이용자의 취향, 가치관 등에 따라 서로 다른 영향을 줄 수 있다.

|오답 피하기| ㄱ. 개인 인터넷 방송은 인터넷을 통해 전 세계와 연결되어 있다.

06 **평가 기준 확인**

상	㉠과 ㉡을 모두 바르게 쓴 경우
중	㉠과 ㉡ 중 한 가지만 바르게 쓴 경우
하	㉠과 ㉡ 중 한 가지도 바르게 쓰지 못한 경우

대중 매체는 전문가 집단이 제작하며 정치적, 사회적 이슈 등 넓은 범위의 소재를 다루며, 대중에게 미치는 영향력이 커서 방송법의 규제를 받는다. 반면 개인 인터넷 방송은 개인이 제작하며 개인의 관심사를 반영한 소재를 주로 다루어 내용과 표현의 규제가 비교적 적다.

07 상호 작용적 매체란 여러 사람이 정보를 주고받으며 쌍방향으로 소통하는 매체이다. 주로 온라인상에서 정보나 의견을 공유한다.

08 사회 관계망 서비스는 개인적 관심사를 다루는 경우가 많으나 허위 사실 유포나 명예 훼손 등 부적절한 내용에 대해서는 법적 책임이 있다.

|오답 피하기| ①, ③, ④, ⑤ 사회 관계망 서비스는 시간의 제약을 받지 않고 멀리 떨어진 사용자 간에 실시간으로 정보를 공유할 수 있다. 또한 개인의 흥미와 관심에 따라 이용 여부와 수준을 결정할 수 있다.

09 도서관 누리집은 공적인 정보를 공유하는 공간이므로 줄임말, 유행어 등을 피하고 표준어를 사용해야 한다. 존댓말, 맞춤법에 맞는 표기 등의 사항도 준수해야 한다.

10 블로그 운영자는 공유 내용이 다른 사람에게 끼칠 영향력을 생각하여 책임감 있게 운영해야 한다. 공유하려는 정보가 저작권, 초상권 등 다른 사람의 권리를 침해하는 내용은 아닌지, 다른 사람의 개인 정보를 포함하고 있지는 않은지, 지역에 대한 거짓 정보가 담겨 있지는 않은지 점검해야 한다. 여행지에서 개인이 돈을 주고 산 특산품 사진은 게시물로 올려도 무방하다.

11 개인 인터넷 방송은 비교적 자유로운 표현이 가능한 매체이지만, 음원을 무료 배포하는 것은 타인의 저작권을 침해하는 행위이므로 삼가야 한다.

|오답 피하기| ①, ②, ③, ⑤ 개인 인터넷 방송의 진행자는 매체에서 다루는 내용이 초상권 등을 어기고 개인 정보를 노출함으로써 타인의 권리를 해치지 않는지, 공유하려는 정보가 정확한지 확인하는 등 수용자에게 미칠 영향력을 생각하는 책임감 있는 태도를 지녀야 한다.

12 **평가 기준 확인**

상	첫째 문장과 둘째 문장의 형식을 지키며 그 내용을 바르게 쓴 경우
중	첫째 문장과 둘째 문장 중 한 가지만 바르게 쓴 경우
하	첫째 문장과 둘째 문장의 형식을 지키지 않았으며 그 내용도 적절하게 쓰지 못한 경우

신문 기사는 대중 매체로 전문가 집단이 제작하며 일방향으로 소통한다. 개인 인터넷 방송은 개인이 제작하며 생산자와 수용자가 쌍방향으로 소통할 수 있다.

01 ④   02 ⑤   03 ①   04 ①
05 예시 답안 학교 누리집이나 지역 신문 등의 매체를 이용할 수 있다.   06 ①   07 ②   08 ⑤
09 개방적, 허용, 기호

01 상호 작용적 매체에는 학교 누리집이나 공공 기관 누리집 등 공적 정보를 공유하는 매체가 있으며, 개인 블로그나 사회 관계망 서비스 등 개인의 견해를 피력할 수 있는 매체도 있다. 어느 경우에도 표현의 자유가 공공의 이익을 해치는 방향으로 이루어져서는 안 된다.
| 오답 피하기 | ① 상호 작용적 매체는 매체 이용자들이 쌍방향으로 소통하는 매체이다.
② 상호 작용적 매체에는 공공 기관 누리집, 개인 블로그, 사회 관계망 서비스 등이 있다.
③ 상호 작용적 매체를 이용할 때는 매체 이용자를 존중하고 배려하는 태도로 바른 언어 표현을 사용해야 한다.
⑤ 상호 작용적 매체를 이용할 때는 저작권, 초상권 등 다른 사람의 권리를 침해해서는 안 된다.

02 예상 독자의 관심사는 동아리이고, 동아리 홍보와 동아리 가입 설득이 주요 목적이므로 급식실의 우수한 식단을 홍보하는 것은 적절하지 않다.

03 사회 관계망 서비스는 실시간으로 정보 공유가 가능하다.
| 오답 피하기 | ② 사회 관계망 서비스에서는 생산자와 수용자 간 쌍방향적 소통을 한다.
③ 사회 관계망 서비스는 인터넷을 사용하는 사람들이라면 거리와 상관없이 교류할 수 있다.
④ 사회 관계망 서비스는 누구나 가입할 수 있고 정보 생산자가 될 수 있다.
⑤ 사회 관계망 서비스를 통해 개인적인 생각을 밝힐 수는 있지만, 타인을 공개적으로 비난하는 것은 바람직하지 않다.

04 독서 블로그에는 주로 읽은 책에 대한 소개 글이나 감상 등

의 게시물을 올릴 수 있다. 블로그 운영자는 공유하려는 내용이 다른 사람에게 끼칠 영향력을 생각하여 책임감 있게 행동해야 한다. 공유하려는 정보가 개인 정보는 아닌지, 저작권, 초상권 등 다른 사람의 권리를 침해하는 정보는 없는지 살펴보아야 한다.
| 오답 피하기 | ②, ③, ④, ⑤ 타인의 저작권, 초상권을 침해하거나 개인 정보가 담겨 있는 내용이므로 블로그 게시물로 적절하지 않다.

05 **평가 기준 확인**

상	적절한 매체 두 가지를 한 문장으로 바르게 서술한 경우
중	적절한 매체 두 가지 중 한 가지만 바르게 서술한 경우
하	적절한 매체 두 가지 중 한 가지를 불완전하게 서술했으며 문장의 형식을 갖추지 못한 경우

학교 구성원이나 지역 시민들에게 공식적으로 정보를 전달하고자 하는 목적을 가지고 있으므로 학교 누리집이나 지역 신문 등의 매체를 이용할 수 있다.

06 현대 사회에서 매체를 바탕으로 한 소통의 목적은 정보 전달, 설득, 친교, 정서 표현 등 다양하다.
| 오답 피하기 | ② 현대 사회에서는 매체를 바탕으로 한 소통의 범위와 파급력이 커지고 있다.
③ 현대 사회에서는 매체를 바탕으로 한 소통의 속도가 빨라지고 있다.
④ 현대 사회에서의 매체 사용에서는 문자, 음성, 소리, 이미지, 동영상 등이 결합된 복합 양식성이 강해지고 있다.
⑤ 현대 사회에서의 매체 사용은 표절, 가짜 뉴스, 개인 정보 침해 등의 부작용이 드러나기도 한다.

07 교장 선생님의 정년 퇴임식에 상영할 영상 편지에 교장 선생님의 비밀을 공유하는 것은 적절하지 않다.
| 오답 피하기 | ① 영상 편지는 제작하고자 하는 목적과 주제에 맞게 제작해야 한다.
③ 영상 편지를 제작할 때는 음악 및 자막, 영상이 잘 어우러질 수 있도록 해야 한다.
④ '교장 선생님의 퇴임 축하' 영상 편지를 제작하는 상황이므로 제작자인 학생들의 창의적 의견을 반영할 수 있다.

⑤ '교장 선생님의 퇴임 축하' 영상 편지를 제작하는 상황이므로 학생들의 인터뷰를 통해 교장 선생님의 퇴임을 축하드린다는 메시지를 전달할 수 있다.

08 매체 언어를 사용할 때는 타인에 대한 비방, 개인 정보 유출, 표절이나 불법 복제 등 지적 재산권을 침해하는 행동을 해서는 안 된다. 바람직한 매체 문화의 발전을 위해 명확하고 간결한 표현으로, 사실이 확인된 정보나 본인의 생각을 표현하는 것이 필요하다.

09 **평가 기준 확인**

상	빈칸에 들어갈 적절한 말 세 가지를 모두 바르게 답한 경우
중	빈칸에 들어갈 적절한 말 세 가지 중 두 가지만 바르게 답한 경우
하	빈칸에 들어갈 적절한 말 세 가지 중 한 가지만 바르게 답한 경우

사회 관계망 서비스는 개인의 생각을 자유롭게 공유하고 인간관계를 형성하는 개방적 공간이다. 대체로 격식을 덜 차린 표현을 사용하는 것도 허용되며, 문자 언어뿐 아니라 '좋아요', '공감' 단추 등의 기호를 이용해 소통하기도 한다.

MEMO

중학 신입생 예비과정

국어

전국 중학생 **4명** 중 **1명**은, 이미

"EBS 중학프리미엄"

EBS 중학프리미엄이면,
기본부터 응용까지 **중학 학습 완벽 해결!**

(*2024.7월 기준)

EBS 교재 강좌

☑ EBS 전용 교재로 수준별/단계별 맞춤 학습!
☑ 내신 기본서+과목별 특화 강좌 총 망라!
☑ 기본부터 탄탄하게 다지는 중학 공부!

   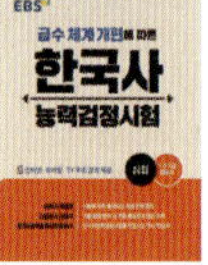

교과서·참고서 강좌

☑ 교과서별 내신 강좌로 학교 시험 완벽 대비!
☑ 시중 유명 참고서·학습서 해설 강의 제공!
☑ 다양한 주제와 빈틈없는 커리큘럼!

EBS 중학 회원이라면,
누구나 중학프리미엄 0원 프리패스!

☑ 연간 약 **710,000원**의 프리패스가 무료!
☑ 중학생의 **자기주도학습**이 즐거워진다!